Equivox Multicultural
Chicago, 2023

*Această carte este bazată pe întâmplări, locuri și fapte reale, **cu excepția** celor care sunt produsul imaginației mele. Dacă vă regăsiți aici, s-ar putea să fie pură întâmplare... Celor care au dorit să NU fie menționați în această carte, le-am îndeplinit dorința...*

Nebunatici

și
Cuminți

Cenaclul Retro

Anda Cristolțean

"Unde-i Retro-i Armonie, Muzică și Poezie
Și așa ca Retro nu sunt mulți..."

"Iar când lumina-mi va zâmbi prin frunze,
Și prin păduri voi hoinări hai-hui....
Voi scrie despre Retro o poveste,
Pe care n-am mai spus-o nimănui "

- Poveste, Anda

Dedicată
tuturor
celor care
mai cred în minuni

Dragă cititorule,

Bine ai venit în lumea Cenaclului Retro! Îți mulțumesc că ai poposit aici și că mă însoțești în această călătorie. Vom hoinări împreună printre momentele cenaclului Retro, printre amintiri, prin versuri, proză și imagini...

Vreau să-ți mărturisesc că inițial am început să scriu această carte pentru Retro, doar pentru Retro... Apoi, mi-am zis: *"Sunt prea frumoase toate aceste clipe, ca să nu le împărtășesc cu cine e dornic să citească și să-și umple sufletul cu armonia cenaclului Retro..."* Urmează o incursiune în călătoria și armonia cenaclului Retro, la cinci ani aniversari, prin ochii și imaginația mea. Pur și simplu... Mulți dintre cei ce vor citi această carte se vor regăsi în ea într-o formă sau alta... celor care se ofensează ușor le recomand să se oprească aici și să rămână cu mulțumirea sufletească și amintirile lor despre Retro...

Aș dori ca lectura acestei cărți să inspire și să ajute multe generații să-și croiască un drum armonios prin artă.

Dacă ești înzestrat cu un talent prin care poți să-i bucuri pe cei din jur, te îndemn să o faci! Este mare nevoie de așa ceva în lume....

M-a inspirat și ajutat, de-a lungul acestui proces - deloc ușor - în primul rând familia mea, căreia îi mulțumesc din suflet.

Paul - care a publicat o carte la 20 de ani - m-a ghidat și ajutat să transpun multe texte, imagini, și notițe din "caietul" Retro, în care am scris (de mână) această poveste.

Andrei, care m-a încurajat să continui, să nu renunț, în momentele când eram pierdută pe aripi de timp.

Sonia, care s-a implicat și a lucrat cu mult sârg și dăruire la coperta acestei cărți, încercând să cuprindă în ea mănunchiul de gânduri așa cum l-am redat eu.

Ştefan, care mi-a încurajat toate ideile şi m-a acompaniat de multe ori (se pare că inspiraţiei şi imaginaţiei le prieşte o atmosferă în acorduri de chitară), deşi i-am spus mai în glumă, mai în serios, să se gândească bine la ce va urma...

Şi nu în ultimul rând îi mulţumesc **Cenaclului Retro**.

Fără toţi cei care au fost implicaţi mai mult sau mai puţin în Cenaclul Retro, această carte nu ar fi existat.

Cu gratitudine, Anda

Impresii

Am citit cartea. Este cea mai de suflet carte pe care am citit-o.

Ştii ce apreciez la voi?... că v-aţi creat un teren în care să rămâneţi creativi şi curioşi de nou, cu averea adusă de acasă în cufere. Şi cred că aceasta este esenţa Cenaclului Retro. Într-un fenomen foarte personal şi deopotrivă familial, aţi încercat, generos, să îi antrenaţi şi pe cei care au avut curajul să îşi pună în valizele imigraţiei, DOR, sub toate formele lui!

Am scris DOR, pentru că "dor românesc" este un pleonasm.

Şi când spun sub TOATE formele, este dor de ţara, de familie, de anii tinereţii, dor de şcoala noastră, de primul apartament, tradiţiile, distracţiile şi cultura ce ni s-au prezentat nouă din partea vieţii, dor de cuibul social, de ieşirile la munte, dor de şansele şi neşansele care ne-au întărit şi ne-au împins înspre aici şi azi.

Ce bine că nu ne-am debarasat de acest DOR !

Laetitia Alex-St. Patrick, ziarist

CUPRINS

UN NOU ÎNCEPUT

Se spune că ochii sunt ferestrele sufletului....
"Eu ţin ochii dechişi. Ţine-i şi tu.
Hai să facem puţin curent pe lumea asta..."

*Ianuarie 2020
Conversaţie - undeva, cândva... Anda & Ştefan

"Sunt două feluri de a trăi viaţa: una, să nu crezi în minuni, a doua, să crezi că totul este o minune" spun zâmbind, citând faimoasele vorbe ascunse undeva în memorie.
"Ori să-ţi creezi propriile minuni..." adaugă Ştefan.
De când ne-am cunoscut am ales nu numai să credem în minuni, dar să şi facem în aşa fel, încât ele să se întâmple. Retro este una din aceste minuni, un fenomen cultural născut din dorinţa de a bucura cât mai mulţi oameni, de a-i face să simtă şi să trăiască româneşte, chiar şi foarte departe de casă.
Câteodată mă gândesc că aş vrea să ţin timpul pe loc, să rămânem undeva blocaţi pe o aripă a orei şi să ne bucurăm continuu de momente ca acestea.

Primăvara 2011
"Ce zici, cum ar fi să pornim un cenaclu?" Şi aşa s-a pornit o idee, ...un mod unic de a trăi şi simţi româneşte, în diaspora din Chicago.
* Pentru mai multe informaţii vă rog să vizitaţi pagina cenaclului Retro @ *www.cenaclulretro.org*

Ligia şi Anişoara

Cândva, demult... o amintire dragă, pierdută într-un *anotimp de dor*, pe care încerc să o scot la lumină, aşa cum mi-o amintesc...

Pe Ligia şi pe mama ei Anişoara, pe Iulian, Olezia şi Sorin îi cunoscusem cu mulţi ani în urmă în casa unor buni prieteni, Mihaela şi Nicu. Mult mai târziu şi absolut întâmplător am descoperit că acei prieteni ne sunt de fapt verişori, mai îndepărtaţi, e adevărat, dar sunt parte din familie... Mari iubitori de muzică şi poezie, Mihaela şi Nicu ne invitau des la ei la petreceri şi întotdeauna ne rugau să aducem chitara; şi uite aşa, fiecare petrecere se transforma într-o seară culturală, la care participau toţi cei dornici să cânte, să recite şi să se simtă bine. Dacă mai aduceam şi-un microfon (şi de obicei aduceam) riscam să fie acaparat de o persoană talentată (mai mult sau mai puţin) şi trebuia să "controlez" vrând nevrând situaţia.... Ca să echilibrez lucrurile jonglam cu microfonul printre oameni... O întreagă poveste aici cu mult umor şi nonşalanţă...

Şi uite aşa la o petrecere (nu-mi amintesc sigur cu ce ocazie, ştiu doar că nu era multă lume) Mihaela ne prezintă pe Ligia şi Iulian, Olezia şi Sorin. Tot atunci am cunoscut-o şi pe mama Ligiei, Ana de Sighişoara, o doamnă cu sufletul poezie şi cu poezia în suflet. Nici unii nu bănuiam că în acea seară frumoasă de vară (cândva în 2010), în acea casă de oameni buni la suflet şi cu mare drag de artă, se puneau bazele unei legături mult mai trainice.

Din vorbă în vorbă depănăm amintiri din Cluj şi împărtăşim dragostea pentru muzică şi poezie cu seninătate şi candoare.

În Mai 2011, când am organizat primul cenaclu: Cenaclul Vox Maris, la sala bibliotecii româneşti cu suportul lui Steven, Ligia şi Anişoara au fost primele doritoare să recite din versurile proprii şi nu numai, iar reuşita acelei activităţi s-a datorat în mare parte şi lor.

* Îmi propun demult să depăn amintiri, să ofer cititorilor o mică parte din povestea cenaclului Retro şi *viaţa* îmi stă în cale.... însă, am pus mâna pe creion, şi am lăsat să curgă amintirile aşa cum le ştiu eu.

O incursiune în timp –
de la Cireşarii la Cenaclul Vox Maris şi Vox Maris Band

Cireşarii au un loc special în sufletul nostru. Cine au fost *Cireşarii*? Şi de ce am decis să scriu despre ei?

Pe scurt, *Cireşarii* a fost o trupă rock formată din copii între 7-12 ani, frumoşi şi talentaţi, care între 2009 şi 2010 au fost senzatia evenimentelor româneşti în zona Chicago.

Şi acum povestea în detaliu.

Ca multe alte familii cu copii de această vârstă, a fost o perioadă în viaţa noastră, în care în ziua de vineri, duceam copiii la biserică, la ora de religie urmată de dansuri populare româneşti.

Era foarte greu - biserica era în Chicago, noi locuiam în suburbie - conduceam cel puţin o oră şi jumătate, în fiecare Vineri, când era mai aglomerat pe autostradă. Dar făceam asta ca să expunem copiii la tradiţiile româneşti, la limba şi cultura noastră.

La un moment dat Ştefan vine cu o idee: "Mă gândesc să mă ocup de copii şi să fac o trupă rock, ce zici? Andrei cântă bine la vioară, Paul la pian, mai adunăm câţiva copii şi ne apucăm de treabă."

Îi zâmbesc. Îl admir pentru dorinţa lui de a aduce bucurie oriunde se află şi în orice împrejurare. "Nu cred că e o idee rea, îi ţinem şi pe copii ocupaţi cu ce le place, iar aşa ceva - trupă rock - formată numai din copii, va fi ceva inedit..." îi răspund.

S-a făcut anunţ în biserică, s-au găsit doritori şi aşa că, în iarna anului 2009, Ştefan a început repetiţiile; componenţa: Andrei-vioară, Paul-orgă, Giani-tobe, Alicia-voce, Diana-voce, Loredana-voce, Răzvan-vioară, Dragoş-orgă, Radu-chitară bas.

Ni s-a dus vorba, şi aşa a apărut într-o zi cu soare, Dan, entuziasmat şi super încântat, oferindu-se să ajute trupa rock, cu ce poate. Atunci l-am cunoscut pe Dan, pe Mirela, pe copiii lor şi aşa a început o aventură frumoasă în lumea rock.

Cireşarii au fost un fenomen artistic extraordinar. Sper că acei copii (care sunt acum adulţi) au amintiri frumoase despre acele zile, repetiţii şi spectacole. Ei au fost extraordinari, iar părinţii lor foarte implicaţii.... Unii chiar mai mult decât implicaţi.

Într-o seară ne sună **N**, tatăl unui copil din Cireşarii. Îl văd pe Ştefan cum se schimbă la faţă.

"Ce s-a întâmplat?" îl întreb nedumerită.

"Trebuie să luăm o decizie legată de *Cireșarii*" îmi răspunde.

Îmi povestește ce-i spusese **N**; nu pot să cred. Și așa am aflat că în tot efortul pe care-l pusesem în munca noastră cu acești copii minunați, unii adulți (părinți) au aruncat cu *noroi*, prin comportamentul lor de mahala, "*fapte care ne-au scandalizat*" – cum bine spun versurile lui Topârceanu...

Ștefan e supărat, dar decis: "Nu mai putem continua așa. Terminăm cu Cireșarii..."

Cu mare durere a trebuit să încheiem cu trupa *Cireșarii*. Știm că nu a fost vina nici unui copil, și credeți-ne că noi am suferit cel mai mult.

Dan și Ștefan au continuat să cânte, când la unul, când la altul acasă, iar debutul lor ca "*Ștefan și Dan*" s-a întâmplat de fapt în iunie 2010 la Rockford. Fusesem invitați la un eveniment de Sânziene organizat la Rockford, oraș înfrățit cu Cluj-Napoca. Au început să cânte, încet, timid, însă au încântat publicul și l-au încurajat să participe. Am zâmbit, i-am filmat și m-am bucurat pentru bucuria lor. Apoi au participat și la alte evenimente organizate în comunitate, printre care festivalul românesc organizat de biserica Nașterea Domnului și Romanian Heritage Festival organizat de Steven Bonica.

*Mai 2011

Am organizat Cenaclul Vox Maris la sediul bibliotecii românești de la Romanian Heritage Center, cu suportul lui Steven Bonica. Eu nu-l știam foarte bine pe Steven, însă Ștefan îl știa de ceva vreme. Steven fusese foarte încântat de perspectiva de a promova cultura, tradiția și arta românească. Foarte receptiv la ideile lui Ștefan, ne-a oferit sala pentru acest eveniment.

S-au adunat doar câțiva iubitori de frumos. Muzică și poezie cu Ligia, Anișoara, Călin (atunci de fapt l-am cunoscut pe Călin), Doru, Dan și Ștefan. Tot atunci i-am cunoscut și pe Adi și Dan R. care tocmai aflaseră de acest eveniment în comunitate.

Vă invit la un exercițiu de imaginație. Suntem în sala biblitecii în Mai 2011, la Cenaclul Vox Maris. Cât de frumos, ușor, calm decurge totul... Versurile și cântecele se leagă armonios, cărțile parcă vibrează și dansează cu noi. Se îngemânează o colaborare frumoasă. De fapt se pun bazele trupei Vox Maris.

La final, Steven ia microfonul și ne povestește cu simplitate și căldură, povestea lui, cum a ajuns el în America, cum simte și trăiește românește, și de ce face el tot ce face pentru comunitate. Știu că m-a impresionat. Acel moment în care Steven a simțit că vrea să împărtășească zbuciumul călătoriei lui pe pământ american m-a marcat și m-a făcut să-l simt mai aproape de misiunea noastră.

A încheiat spunând: "Am fugit din România plin de ură și cu o furie de nedescris. Am fost așa de marcat de tot ce mi se întâmplase încât primul lucru pe care l-am făcut a fost să-mi schimb numele din Ștefan, în Steven. După aceste momente prin care voi mă faceți din nou să mă simt mai aproape de patria mama, e prima dată când îmi pare rău că mi-am schimbat numele."

Atunci s-au pus bazele lui Vox Maris Band. Băieții au continuat să se întâlnească, să organizeze spectacole, să aducă ceva inedit în comunitate. E o mare bucurie să știu că în momentul în care scriu această carte, Vox Maris Band sărbătorește 10 ani de la înființare. Și că nu și-au uitat începuturile.

Ligia
Faină înregistrarea.
Felicitări, Sorin pentru contribuția ta.
Felicitări, Ștefan pentru ideea și prezența ta în cadrul trupei Vox Maris.
Amintirile rămân. Mi-a plăcut cum au prezentat pe ani: 10, 9, 8 ... istorie, multă munca și dăruire

De fapt asta e un video sărbătorind cei 10 ani
Frumos Realizat intr-adevăr
Și l-am văzut și pe Ștefan pe acolo
Felicitari dragul meu

Acum e Sorin, după cum am mai zis. Bravo Vox Maris!
Noi trebuie sa ieşim cu ceva TARE la 5 ani!

8:30 PM

Anakin
Multumesc dragelor, sa nu uitam ca Ligia, Anisoara si Calin au participat la prima editie in Mai 21 2011. Felicitari!

8:37 PM

Ligia
Mare bucurie să vă întâlnim şi să deschidem pagini de poezie şi muzică împreuna. Şi mare bucurie să vă cunoaştem pe voi ♥

8:49 PM

Mulţumesc şi eu dragă Ligia şi Anda, e într-adevăr o mare bucurie şi împlinire sufleteasca sa fim fost si sa continuam sa fim parte a unor proiecte menite sa dăruiască frumosul şi sa deschidă inimile semenilor. Îmi doresc ca povestea sa rămână fără de sfârşit

8:49 PM

* *Ştefan este **Anakin** (în telefonul meu...) Ştefan a activat în Vox Maris Band până la începutul anului 2016. La un moment dat mi-a spus: "Nu mai am 'fun'. Cum ar fi să continuăm cu ideea de cenaclu... Am putea implica mai multe persoane şi cred că am putea bucura mai multă lume." Zis şi făcut.*

*Începuturi
*Renaștem Elogiind Trăirile Românești Oriunde-am fi...**

Povestea noastră a început ca orice poveste ... cu multă pasiune și dragoste față de muzică, poezie și artă, în general.

A început cu doi prieteni buni, trubaduri, veșnic îndrăgostiți de frumos care prin cântecele lor au înseninat publicul prezent în vara anului 2010, la Festivalul Românesc din Rockford. S-au numit simplu: Ștefan si Dan. Curând au urmat și alte prezențe scenice la evenimente culturale din Chicago.

In luna Mai 2011 a avut loc primul spectacol al Cenaclului Vox Maris, găzduit de Steven Bonica la Romanian Heritage Center. La acest spectacol au luat parte oameni minunați care prin arta lor au îmbogățit sufletele celor prezenți. Alături de Ștefan Cristolțean, Anda Cristolțean și Dan Păduraru, au prezentat piese muzicale Adrian Nechiti, Dan Rizo, Monica Mureșan și Doru Bândilă (fluier). Poetele Ana Munteanu Drăghici și Ligia Ana Grindeanu (mamă și fiică) au recitat poezii din propriile creații și au conturat emoții și simțiri pe care nu le credeam posibile, așa departe de țară. Călin Mărincaș a încântat publicul cu o serie de epigrame și poezii scrise de unchiul său, Florea Florescu. O prezență inedită au reprezentat grupul de copii Cireșarii, îndrumați de Ștefan Cristolțean și Dan Păduraru: Diana și Ștefan Păduraru-Iovănescu, Andrei și Paul Cristolțean.

După acel spectacol s-a conturat Vox Maris Band, care este activă și astăzi, cu spectacole și înregistrări de succes. Ștefan a activat în Vox Maris Band până la începutul anului 2016, după care ideea de a reporni Cenaclul a revenit și împreună cu Anda au convocat la masa rotundă a prieteniei, vocile si talentul celor interesați din comunitatea românească.

Astfel, la începutul lunii Decembrie 2016, încă sub emoția Sărbătorii Zilei Naționale a României, a avut loc renașterea Cenaclului Vox Maris, cu un spectacol la Romanian Heritage Center, sponsorizat de firma Diversital. Membrilor fondatori li s-au alăturat Corina Vlad, Bogdan Iuhas, Costin Movilă, Liviu Roman și mezzo-soprana Nicoleta Roman.

Doamna poeziei româneşti, Ana Munteanu Drăghici a rămas aproape de membrii cenaclului prin promovarea creaţiilor şi activităţilor în reviste şi publicaţii din ţară, prin cuvântul bun şi cald de acasă, rotunjit în versuri incluse în recitalurile poetice ale grupului, dovedind că "depărtările sunt aproape când le cheamă gândurile..."

A crescut popularitatea şi potenţialul acestui cenaclu, iar în Ianuarie 2017, la invitaţia Bisericii Naşterea Domnului din Chicago prin doamna Preoteasă şi domnul Părinte Lupescu, a avut loc un spectacol dedicat marelui poet naţional Mihai Eminescu. Spectacolul a fost conceput de Ligia Grindeanu şi prezentat de Anda Cristolţean. Membrilor cenaclului li s-au alăturat oameni dragi, cu suflet frumos, care au contribuit la reuşita acestui eveniment: Laura Sisu (actriţă), Cătălin Nicolae (actor), Roxana Iacob, Laurenţiu Cristian Nicolae, Iulian Grindeanu, Monica Mihaela Voicu şi Ionel Voicu.

In 1 Aprilie 2017, cenaclul s-a conturat în acorduri de primăvară, în veşminte noi, cu un alt nume: Cenaclul RETRO. Li s-au alăturat mulţi artişti şi iubitori de frumos: Alina Celia Cumpan (poetă), Traian Bălan, Oana Moise (artist plastic), Decebal Sorin Griza. Evenimentul a fost găzduit de Mariana Torz la Romanian Heritage Center.

Dorinţa noastră este să vă aducem frumosul în viaţă şi lumina în suflet. Vă invităm să fredonăm împreună cântece dragi, să ne amintim de versurile din bibliotecile de acasă, să creăm versuri, imagini şi melodii noi, să simţim româneşte şi să visăm împreună... Dacă plecaţi de la spectacolele noastre mai bogaţi cu "O Stea", noi ne-am îndeplinit misiunea.

Povestea noastră continuă ca orice altă poveste cu: Va urma...
    Ligia Grindeanu şi Anda Cristolţean
                    *Motto: Corina Vlad
                                        Chicago, Mai, 2017

*Articol publicat pe pagina www.cenaclulretro.org şi pe Facebook, Decembrie, 2016. Adaptat în Decembrie 2022 pentru conţinutul acestei cărţi.

Renaştem cu ocazia unui eveniment organizat de Mariana, cumnata mea, care închiria pe atunci, un birou în sediul Romanian Heritage Center. Acolo avea acces la sala bibliotecii şi voia să adune câţiva prieteni pentru a sărbători o promoţie.

Vă invit aşadar la o călătorie în timp.

O seară friguroasă de noiembrie. Sună telefonul, Ştefan răspunde: "Am şi eu o rugăminte la tine", se aude vocea ei." Poţi să aduci şi chitara la evenimentul de duminică şi să cânţi pentru a destinde atmosfera?"

Atât i-a trebuit lui Ştefan. Să-l rogi să ia chitara să cânte, e ca şi cum i-ai spune să respire. Închide telefonul şi-mi zice foarte senin:

"Avem un eveniment duminică. Vom cânta la Mariana." Mă uit la el mirată, neîncrezătoare: "Şi cine va cânta? Ce?"

"Nu-ţi face griji", zice el. "Vor fi acolo mulţi dintre prietenii noştri şi mai vorbim cu Ligia, Anişoara, Corina, Laura, Cătălin..."

Pe Ligia şi Anişoara, Laura, Cătălin îi cunoşteam... dar de Corina nu auzisem.

Corina

"Cine e Corina?" întrebare firească.

"Ai văzut-o probabil dar poate nu îți mai amintești, a fost la câteva evenimente Vox Maris... Nu-ți face griji, va fi bine." îmi răspunde Ștefan, Sâmbătă ieșim la plimbare cu Charley, cățelul nostru. E o zi friguroasă de iarnă. Soarele ne zâmbește cu dinți printre crengile golașe. Ștefan primește un mesaj, scoate telefonul din buzunar, citește textul și-mi spune:

"Mi-a scris **A**, a ajuns de urgență la spital. Nu mai poate veni mâine." Era de înțeles; încremenesc. "Sper că totul e bine!"

"Și eu. Nu mi-a dat amănunte, dar dacă e acolo, o să fie bine îngrijită." Notă mentală, "*o să mă rog pentru ea.*"

Mă întorc și-l privesc în ochi. "Ce facem mâine? Că nu avem foarte multe în program."

Îmi răspunde: "Nu-ți face griji."

Asta e una din calitățile lui Ștefan care-l face să se deosebească mult de toți ceilalți. E ceva special, ceva ce liniștește și calmează chiar și în momente foarte dificile. Pentru mine următoarea zi, în care trebuia să prezentăm un program artistic în fața unei mulțimi, era un moment dificil, chiar stresant. "*Nu-ți face griji.*"

Cum să pot rămâne calmă? Cine prezintă, ce prezintă, ce avem în program... la partea asta cu organizarea intru până-n pânzele albe. La asta mă pricep poate prea bine... Fără **A**, rămâne doar Ștefan, Corina, Ligia, Anișoara și alți prieteni care se oferiseră să adauge câte ceva în program. Ștefan era desigur cel care îi acompania cu chitara. Eram dotați doar cu o chitară, amplificator și microfon.

"Tu o să prezinți."

"Eu?" Mă uit la el uimită; nu glumește. "De ce eu? Știi că nu-s tare confortabilă să vorbesc la microfon și nici nu știu ce să spun."

"Anda, trebuie să ai mai mare încredere în tine. Știu că poți mult mai mult decât îi lași pe cei din jur să vadă...Și de altfel cine vrei să mă prezinte? Tu ai prestanță pe scenă, iar cuvintele o să vină de la sine...nu-ți face griji"

Pe urmă schimbă vorba: "Am întrebat-o pe Corina ce cântă. Uite, tocmai mi-a răspuns." Am rămas la un colț de stradă, Charley nedumerit, eu zâmbitoare și un pic neîncrezătoare. la să vedem.

Îmi arată textul: *"Decembre, La o cană cu vin, Şi totuşi iubirea, Doru, La fereastra ta."*

Nu-mi vine să cred. Îmi place de fata asta deja, îmi place că e hotărâtă şi ştie ce vrea. A doua zi punem toate cele necesare în maşină şi ajungem la sala unde totul era pregătit pentru eveniment; mâncarea pe mese (undeva mai în spate), iar scaunele aranjate ca de spectacol. Cunoşteam sala bibliotecii şi ne era dragă. Avusesem parte de evenimente frumoase acolo, în special primul cenaclu din 2011. Aerul şi energia ce se desprinde din cărţi îmi aduce aminte de casă, de România. Acest sentiment a rămas cu noi şi poate de aceea, de câte ori am avut ocazia să folosim acea sală pentru spectacolele Cenaclului Retro, nu am ezitat.

Ştefan îşi aranjează sculele - amplificator, microfon, chitară, cabluri, etc - apoi ne socializăm cu invitaţii; îi cunoaştem aproape pe toţi, mai puţin pe partenerii de afaceri ai Marianei. Apare Corina, şi Ştefan îmi face cunoştinţă cu ea. Corina, o persoană miniona, firavă, dar cu o energie deosebită. O privesc şi mă gândesc zâmbind la textul trimis cu o zi înainte... Îi arăt programul şi ea îmi mărturiseşte că are emoţii, că n-a mai cântat într-un asemenea cadru. O încurajez şi-i spun să se uite la mine când o năpădesc emoţiile. O să-ncerc să-i transmit putere şi încredere. Mă uit spre sală, aproape plină; evit să mă uit la Corina, ca să nu-i transmit ce simt acum...

Se termină partea de *business* şi Mariana ne face semn. Ştefan îşi ia frumos chitara şi începe nişte acorduri simple. Mă apropii timid de microfon... numai eu ştiu ce-i în sufletul meu.

"Bună seara, prieteni! Vă invităm la o seară de muzică şi poezie. Şi pentru că se apropie luna decembrie vom începe cu "Treceţi batalioane române Carpaţii".

Bogdan se ridică din sală, vine pe scenă (sau mai bine zis locul unde aşezasem microfonul) şi dă tonul la cântec. Sala cântă cu noi. Bogdan are o voce puternică impunătoare care dă spectatorilor pornirea de care au nevoie. Urmează momente frumoase, versuri recitate de Ligia şi Anişoara, împletite cu romanţe, cântece folk, cântece rock. Îmi tremură şi mie vocea dar mă controlez destul de bine şi până la urmă nu mi se pare chiar aşa de rău. Ba chiar îmi place. E rândul Corinei. O simt cum tremură şi în acelaşi timp o simt cutezătoare, puternică şi neînfrântă în zborul ei. Privirile ni se întâlnesc. O încurajez. "E bine Corina, e bine. Mergi înainte!" Aplauze aplauze, aplauze...

După ultima piesa a lui Ştefan se aud în continuare aplauze, aplauze ...apoi moment de linişte; lumea din sală rămâne în aşteptare. Spectatorii stau calmi pe scaune şi nu vor să se ridice, nu vor să mai plece... momente de linişte. E adevărat că spectacolul durase doar vreo 45 de minute, însă spectatorii ne transmit din priviri (şi nu numai): "Mai vrem." Ştefan anunţă: "Aici se încheie spectacolul nostru, după cum am mai zis..." Spectatorii aşteaptă... linişte... momente de suspans. Ştefan continuă într-un sfârşit: "O să mai cânt o piesă... dar atât avem în program."

Bucurie, entuziasm, aplauze... mai vrem.... după spectacol felicitări, poze, întrebări "Cine sunteţi? Sub ce nume vreţi să apăreţi pe FB?" Ciudat... ne năpădesc amintirile.

Noi suntem de fapt Cenaclul Vox Maris.

FB = facebook

Ligia Grindeanu
Anii au trecut...poezia și muzica au rămas în sufletul nostru ☀️

Like · Reply · 24w   👍 3

> **Anda Si Stefan**
> **Ligia Grindeanu** a chiar înflorit și in multe alte suflete... Te-ai fi gandit atunci?...😢
>
> Like · Reply · 24w   👍❤️ 2

> **Ligia Grindeanu**
> **Anda Si Stefan** , cu voi înfloresc anotimpurile 🌸
> ❤️ 2

Corina Vlad
Mulțumesc pentru provocare! Timida de " prima oară" și chitara imprumutata, nu regret ca am spart gheata căci peste amintiri încă mai simți vibratiile primelor acorduri și te pierzi în acel : " a fost odată " și " va urma"!

Love · Reply · 24w   👍❤️ 4

> **Anda Si Stefan**
> **Corina Vlad** o prezenta timida atunci, exploziva și fermecătoare acum. O flacara vie 🔥
>
> Like · Reply · 24w   👍❤️ 2

* Ianuarie 2017

Şi pentru că toate acestea trebuiau să poarte un nume, li s-a spus Eminescu

Suntem rugaţi de preotul bisericii Naşterea Domnului să organizăm un spectacol dedicat marelui poet naţional Mihai Eminescu. Începem să ne organizăm, întrebăm prieteni, cunoştinţe dacă vor să participe. Cu ceva ani în urmă, imediat ce am rămas în America, chiar noi am participat la un astfel de eveniment, organizat pe atunci de "Cenaclul Mihai Eminescu". Se strâng doritori şi începem repetiţiile. De fapt, dacă-mi aduc bine aminte am făcut o singură repetiţie la Ligia şi Iulian acasă, iar Ligia ne-a pregătit un scenariu pe care îl folosise într-un context similar, cu ceva timp în urmă.

Ziua evenimentului ne întâmpină cu sala plină, scena plină, oamenii încântaţi de ce se întâmplă, de muzica şi poezia cu care energizăm sala. Noi, încântaţi de ce se întâmplă, de felul cum ne conectăm prin muzică şi poezie. Putem spune că e nevoie de cât mai multe astfel de evenimente. *"Eminescu să ne judece."*

Zăresc undeva în spatele sălii, doi membri ai trupei Vox Maris. Mă bucur să-i văd şi mă gândesc, ce frumos din partea lor că au venit să ne susţină. Ştefan s-a retras din "band" la începutul lui 2016, dar am rămas cu toţii prieteni, iar acum avem nevoie unii de suportul celorlalţi.

De fapt, Ştefan îmi spune mai târziu, că ei veniseră să ne transmită, să ne schimbăm numele din Cenaclul Vox Maris în altceva, ca să nu fie confuzie în comunitate. Eu însă vreau să cred că ceea ce s-a întâmplat atunci pe scenă i-a încântat şi le-a luminat sufletele.

Ca dovadă, i-am văzut şi la alte spectacole, mult mai târziu...

Sugestia lor referitoare la numele cenaclului a fost însă de bun augur. S-au propus multe nume. Ne-am distrat bine în "chat-ul" grupului. Îmi pare rău că nu am păstrat textele de atunci. Îmi amintesc că s-a propus numele: Cenaclul Eternitatea – Ştefan zice: "Voi nu ştiţi că este un cimitir în Cluj numit Eternitatea?"

Eu cred că fiecare oraş are un cimitir numit Eternitate.

Ştefan a venit în final cu ideea: "Cenaclul Retro, şi am să vă explic şi de ce" a continuat. "Este legat de muzica din timpurile noastre pe care vrem să o readucem în actualitate, şi se termină cu RO, deci păstrează și ideea dorului de România." Sincer, cred că a *câștigat* această goană după un nume nou, prin această simplă explicație. Și uite așa odată cu primăvara, în Martie 2017, Cenaclul Vox Maris a îmbrăcat o "haină nouă" în forma unui nume nou, și de atunci ne numim Cenaclul Retro. Prietenii noștri de la Vox Maris Band au mai fost la spectacolele noastre, și i-am simțit aproape în artă și cultură. Este impresionant cum arta, în orice formă, aduce oamenii mai aproape și ne oferă momente și legături frumoase, de neuitat.

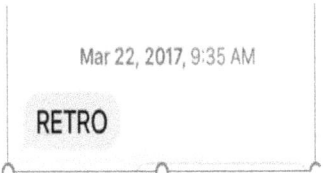

* Februarie 2017

<u>Alina</u>

Sâmbătă friguroasă de iarnă. Ştefan îmi propune să mergem în Chicago la protest. Îi spun că mi-am făcut planuri să merg la o expoziţie de sculpturi în gheaţă la Lake Geneva. El insistă, eu insist, şi uite aşa e prima dată când hotărâm să petrecem sâmbăta separat, fiecare cu planurile sale...Eu plec spre Lake Geneva, el cu chitara în spate (că altfel nu se putea) spre Chicago...

Sculpturile în gheaţă, atmosfera unui orăşel mic pe marginea unui lac, aburul ceaiului cald, zâmbetele, conversaţia cu prieteni dragi mi-au umplut ziua. Noi, două mame cochete cu trei copilaşi năzdrăvani. Raluca cu ai ei doi şi eu cu Sonia. Ne bucurăm întotdeauna să petrecem timp împreună. La întoarcere mă sună Ştefan. Eram pe drum înapoi spre casă, mai precis Raluca conducea, copiii în spate, eu co-pilotul. Se întunecase deşi nu era decât ora 5.

Îmi zice: "Poţi veni să mă iei?"

"Dar unde eşti?" îl întreb.

El: "La prietenii mei..." (îmi dau seama că nu reţinuse numele gazdei). Mă întorc spre Raluca:

"Cât mai avem până acasă?" o întreb,

"Cam o oră" îmi răspunde ea.

"Ştefan, până ajung acasă mai e o oră. Cum ai ajuns acolo? Unde ţi-e maşina?" Câte întrebări aş mai avea.

Îl aud calm şi vesel. "Nu-ţi face griji. Îţi povestesc când ajungi aici."

Zâmbesc... iară şi-a găsit Ştefan prieteni...

Ajung acasă, o las pe Sonia, sunt obosită dar ce să-i faci, trebuie să merg după Ştefan, că numai un soţ am şi l-am pierdut printre prieteni. Tot acolo apare Alina. Nu o ştiu, dar aflu că scrie poezii, iar în februarie are lansare de carte. Şi uite aşa într-o seară frumoasă de februarie (2017) suntem invitaţi la lansarea de carte a Alinei, iar Ştefan e invitat să adauge un pic de muzică unei seri frumoase de poezie..

* Sfârşit de Februarie 2017

Traian

E iarnă, e zăpadă, e februarie. Evenimentul Alinei are loc la Stan Mansion. Lume multă, lume bună... Lansare de carte: poezie, emoții, moment teatral...cam liniște. E nevoie de MUZICĂ. Alina prezintă momentul muzical. Aplauze, aplauze, aplauze. După mine (desigur sunt subiectivă) a fost cel mai frumos moment... era nevoie ca Muzica să dea aripi Poeziei. La sfârşit bucurie, felicitări, discuții. Ştefan mă cheamă să mi-l prezinte pe Traian. "Vino să-ți prezint un domn care e tare încântat de muzică". Se vede pe fața lui cât de mult i-a plăcut sunetul chitării.

În drum spre casă Ştefan îmi spune că ar trebui să mai *punem* de un cenaclu. Am atras deja aşa de mulți iubitori de muzică şi poezie. Încep pregătiri serioase. În martie organizăm o *masă rotundă a prietenie* cum a numit-o Ligia în articolul "Începuturi" la care am invitat prieteni mai vechi şi mai noi, iubitori de artă, muzică şi poezie. Mai precis, în 11 Martie 2017, am invitat la noi mulți prieteni şi cunoscuți cu care ne-am conectat prin cântec şi poezie de-a lungul timpului. Ştefan îmi spune: "L-am chemat şi pe Traian "

"Bine, dar nu-l cunoaştem deloc" îi răspund.

"Nu-i nimic, o să îl cunoaştem."

Am început să ne organizăm, să plănuim spectacolul din Aprilie. Casa a fost plină, cu mâncare, băutură, cameni dragi, energie bună... de fapt aşa este întotdeauna, când ne întâlnim cu prietenii şi familia. S-a cântat, s-au recitat poezii, s-au format comisii (de FB, technic, website, etc). Am deschis brațele tuturor doritorilor de astfel de evenimente şi am observat că sunt mulți, mulți doritori. Am lansat şi ideea unui nume nou... fiecare venea cu o propunere bună, dar fiindcă eram mulți, la un moment dat, curgeau prea multe idei şi mult prea repede. Nu cu mult timp după acea seară, tot Ştefan scria în "chat" Retro, şi Retro a rămas.

Am organizat repetiții după repetiții. La spectacolul din aprilie "În Acorduri de Primăvară" au debutat în cenaclu, Alina, Traian şi Oana. Spectacolul a avut un succes fantastic, s-au ridicat standardele şi s-au pus pilonii noilor colaborări şi evenimente.

Au *curs* mesajele pe "social media" - faima de trei zile- toți eram fericiți, și participanți și public. Ștefan îmi spune când ajungem acasă: "Ai văzut câți oameni am făcut fericiți?"
Mi-am dat seama că asta era de fapt misiunea Cenaclului Retro:
"De a aduce bucurie și fericire celor din jur prin muzică și poezie."
Tot atunci, în sală, printre spectatori era Sorin - am aflat asta cu mult mai târziu de la Corina. Ea îl invitase…

* Aprilie 2017
Sorin
Ni se duce vestea … Ștefan îmi spune că l-a sunat cineva de la Biserica Sfânta Maria și că suntem invitați să facem un spectacol acolo. Îmi spune că l-a invitat la noi acasă, la următoarea repetiție să ne vadă, să ne cunoască, să discutăm detalii.
Vine ziua cu pricina. Ștefan, Traian, Corina, Laura erau deja prezenți și repetau de zor când apare un domn prezentabil la ușă. Îi deschid și-i zâmbesc…și el îmi zâmbește, mă prezint, se prezintă…îl simt stingher…îl invit înăuntru și-l prezint celorlalți. Se așează timid pe canapea și ascultă cuminte, și privește … simt că nu mai rezistă, că trebuie să participe. Ștefan îl întreabă:
"Cânți la un instrument?"
"Bas" răspunde el.
"Foarte bine, avem un bas. Anda, aduci tu basul nostru din camera Soniei?"
Și uite așa se înfiripă o relație deosebită între noi și Sorin. Basul prinde viață în mâinile lui. Nu mai poate fi oprit. Și ce bine se potrivește în Cenaclul Retro.
După ce se termină repetiția și rămânem singuri, Ștefan îmi spune:
"Cât mă bucur că am cunoscut un basist bun. Chiar aveam nevoie."
"Ai grijă ca cenaclul nostru să nu se transforme iar în *band*", îi răspund.

= Apoi au început discuții =

NEBUNATICI

Sunt momente în viață care rămân ascunse prin cotloanele sufletului. Momente bune și momente mai puțin bune. Așa e și-n Retro; nu e totul perfect, însă eu zic că frumusețea constă și în imperfecțiune. Cât de delicată este definiția frumuseții...

Am trecut cu bine peste multe momente și vreau să cred că am învățat cu toții din asta. O citez aici pe Nina Tărchilă al cărei pasaj literar a apărut pe Facebook exact când se-ntâmpla un moment mai puțin bun în Retro. Să numim asta coincidență?

De atunci am trecut cu bine peste multe momente asemănătoare iar gândurile de mai jos devin din ce in ce mai actuale... Privind înapoi realizez că toate aceste momente au același numitor comun... *sâmburele discordiei.*

" Oamenii ni se dezvăluie nu prin ceea ce spun ei despre ei, nu prin zgomotul pe care-l fac pe pereții facebookului sau aiurea! Oamenii ni se vor dezvălui întotdeauna prin ceea ce fac, prin gesturile de grijă față de alții, prin implicare, prin credințe dovedite de fapte și confirmate în timp, prin răbdarea și firescul cu care-i ascultă pe ceilalți, prin bunul simț arătat într-o conversație, prin discreție și decență dar și prin invidii, orgolii și frustrări pe care nu și le pot stăpâni nici măcar când își declamă superioritatea cu care se cred investiți de vreo grație divină. Poate de asta n-am crezut niciodată în cei prea zgomotoși în a-și enunța alegerile, calitățile, viața personală. Valorile mele se opresc la bun simț, la respect de sine și de ceilalți, la bunătate și la atingerile alea sufletești curate ca neaua de care nu toți sunt în stare! Cine trebuie să-ți rămână alături, îți va rămâne dincolo de orice furtună. Cine vrea să te cunoască cu adevărat, o va face aplecându-se cu căldură și fără să te judece,

asupra sufletului tău. Cine contează, ştie cu siguranţă cine eşti. Cine alege să se uite la viaţa unui om prin gaura cheii, nu-şi demonstrează decât limitele proprii. În rest ... aplauzele? Doar vânt. Faimă? Nimicuri trecătoare care hrănesc orgolii goale de conţinut. Discipoli? Poate cei mai încrâncenaţi duşmani de mâine. Generozitatea, verticalitatea şi disponibilitatea sufletească pentru prietenie şi iubire va face întotdeauna diferenţa între oameni pentru că asta implică dăruire de sine şi nu oricine e capabil să-şi trăiască sentimentele dincolo de propriul egocentrism.
Astăzi vreau să vă mulţumesc celor care-mi sunteţi dragi. Nu cu vreun motiv special. Doar ... pentru că-mi sunteţi... :)"

Nina Tărchilă

Ştiu că s-au auzit multe versiuni legate de momentele mai tensionate. Asta e versiunea mea - ca urmare punctul meu de vedere. Incerc să fiu imparţială şi creativă în acelaşi timp. Celor care se recunosc în aceste momente, nu vă simţiţi ofensaţi. Bucuraţi-vă de atenţia acordată. Înseamnă că aţi lăsat un semn în Retro. Nu mă certaţi vă rog, dojeniţi-mă doar...

În toate aceste momente voi păstra anonimatul celor implicaţi.

Eu încă mai cred în bunătate, sinceritate, simplitate şi dragoste. Sincer, nu cred că cineva a fost rău intenţionat în toate momentele care urmează. Eu cred că pur şi simplu, tot ce s-a întâmplat ne-a învăţat pe toţi să fim mai buni, şi ne-a ajutat să mergem mai departe.

* Mai 2017

Moment - La cafea...

Pregătiri pentru spectacolul din 4 iunie 2017 "Armonii de vară". Repetiţii, voie bună... se înfiripă ceva frumos. După o repetiţie la Corina, cu multe zâmbete şi veselie, apar foarte repede, pe Facebook, multe, poate prea multe poze şi video-uri. Comitetul PR (publicitate şi reclamă) la treabă ... pe cei mai mulţi din Retro nu îi interesează sau deranjează aceste poze/video-uri, ba chiar se bucură de un pic de *faimă* pe Facebook; e bine.

Însă seara, Ştefan primeşte un telefon (plângere) cum că se cam exagerează cu publicatul anumitor poze, etc... Îmi spune: "Aveţi şi voi grijă ce se pune pe FB..."eu fiind parte din acel comitet. A doua zi, cafea şi şedinţă cu comitetul PR, trei persoane în direct la telefon. Începem discuţiile şi printre altele zic: "Ni s-a sugerat să cenzurăm un pic ceea ce se face public pe pagina cenaclului".

N-am dat nume. Atât... Atât a şi trebuit, probabil.

A, persoana care făcuse postările pe FB, (nu dormise bine??) s-a răstit la mine: "Da' ce crezi tu, că voi puteţi să-i ţineţi pe oameni cum vreţi voi? Lasă-i să apară public cât de mult."

Am înmărmurit rămânând fără cuvinte. Din fericire era şi **B** în acel comitet şi asculta timidă, ba chiar rămăsese mută. Am simţit-o uimită, la un alt capăt al firului. Nu ne aşteptam la o aşa reacţie.

A ţipa mai mult la mine şi mă *lovea* direct şi pe neaşteptate cu furia ei. Nu-i spusesem că de fapt anumite persoane din grup - culmea, cele cu care ea se înţelegea foarte bine şi-i erau tare dragi - au fost nemulţumite de faptul că ea trata pagina cenaclului pe FB ca şi pagina ei personală...

Mă gândeam: de ce-mi trebuie mie aşa ceva? **B** mi-a spus mai tîrziu, că nu înţelege de ce şi um s-a pornit acea revoltă... Am rămas şocată şi cu un gust amar. E greu să lucrezi cu oameni...

Şi aşa mi s-a tulburat o dimineaţă frumoasă de primăvară cu cafea şi poezie, şi am rămas cu semne de întrebare:

"De ce mă mai complic?"

Da, au mai fost şi situaţii neplăcute, dar Retro a trecut cu graţie şi tact peste ele.

"Şi-mi pare-aşa ciudat că se mai poate găsi atâta vreme pentru ură, când viaţa e de-abia o picătură între minutu-acesta care bate şi celălalt...

Şi-mi pare neînţeles şi trist că nu privim la cer mai des, că nu culegem flori şi nu zâmbim, noi, care-aşa de repede murim."

Magda Isanos

Laura & Cătălin

Pe actorii Laura şi Cătălin îi cunoscusem cu mulţi ani în urmă. Sunt primii, de care ştim noi, care au format o organizaţie teatrală aici în Chicago, atât de departe de ţară. Ei au reuşit să pună în scenă multe piese teatrale mai vechi, mai noi, de care publicul are aşa mare nevoie. Ţin minte că atunci când au avut spectacole, eu şi Stefan am fost de multe ori la acelaşi spectacol... aşa de mult ne-a plăcut ce au reuşit ei să facă. Laura şi Cătălin au reuşit să aducă România mai aproape de suflet. Respect şi preţuire pentru ceea ce fac aceşti doi actori în comunitatea românească. Pe Laura o auzisem cântând şi la spectacolele Vox Maris.

Cât de uşor şi frumos s-au integrat în Cenaclul Retro. Deşi nu au putut participa la toate spectacolele şi repetiţiile noastre, îi simţim cu noi, parte din noi: Laura transmite emoţia de câte ori e pe scenă, Cătălin transmite veselia, bucuria, umorul. Actori de mare clasă pe care avem bucuria să-i simţim aproape de sufletul Retro.

Marius

Ne pregăteam pentru spectacolul "Armonii de vară", din iunie 2017. Într-o seară ne sună Laura să ne întrebe dacă poate să-l primească la o repetiţie (care se organiza la ea acasă) pe Marius un mare iubitor de artă, care auzise de noi şi şi-a exprimat dorinţa de a recita din creaţia proprie, în cadrul spectacolului.

Bineînţeles că am răspuns cu entuziasm şi ne-a bucurat dorinţa lui de a participa la evenimentele cenaclului. Şi aşa a apărut Marius pe scena Retro. Ne-a impresionat de la început prin modestia, calmul şi talentul său. Ţin minte că aflasem atunci că Marius a jucat într-un serial de mare success, şi am vrut să adaug asta la prezentare, însă el m-a luat deoparte şi m-a rugat să nu-l scot în evidenţă...Mult mai târziu am văzut şi eu acel serial... impresionant.

A urmat spectacolul, un mare succes, fotografii, prieteni, cunoştinţe noi... Acum au devenit amintiri...

Prezenţa lui Marius şi implicarea lui în crearea unor scenarii, a adus un plus spectacolelor noastre. Calmul, modestia şi umorul lui caracteristic ne bucură întotdeauna.

*Toamna 2017

Moment

Sunt multe momente despre care nu ştiu dacă merită să scriu şi totuşi scriu. Acesta e unul dintre ele.

Ne pregătim pentru spectacolul de toamnă, repetăm de zor cu bucurie şi pasiune. Însă cu o seară înainte de spectacol se întâmplă ca Regele Mihai să părăsească această lume. Discuţiile încep la ultima repetiţie – repetiţia generală.

A propune să anulăm sau să amânăm spectacolul. E profund marcat de acest eveniment. Se aud şi alte voci... unii sunt de acord, alţii nu. După câteva momente **C** ia microfonul.

"Considerând că Cenaclul Retro nu are nici o apartenenţă politică, şi că toţi am depus mare efort să facem acest spectacol, iar ceea ce vom prezenta e prea înălţător şi frumos ca să se piardă, propun să continuăm cu spectacolul, iar la început să ţinem un moment de reculegere pentru acest trist eveniment."

Văd pe faţa tuturor o uşurare. Mai puţin pe faţa lui **A**, care e foarte înverşunat şi nemulţumit ... ne spune că el nu va participa... şi-aşa au urmat alte discuţii. Şi iar ne-am dat seama, cât e de greu să lucrezi cu un grup de oameni, fiecare diferit în felul său, fiecare talentat în felul său. Spectacolul a fost reuşit, a stârnit emoţii, bucurii şi multe, multe sentimente frumoase.

Ne întâlnim să sărbătorim şi să punem bazele viitoarelor evenimente Retro.**B** ne întreabă:

"Aţi văzut ce scris **A**? Despre faptul că unii şi-au anulat (amânat) spectacole şi alţii nu....?"

Nu, nu am văzut. Sincer, nu petrec prea mult timp pe Facebook sau alte surse. Se pare că alţii au citit iar, printre rânduri, se pare că **A** a *împroşcat* (după cum zice **B**) în Cenaclul Retro, cu noroi. Citesc articolul şi simt într-adevăr o *săgeată de răutate* îndreptată către noi. Subtil, e adevărat, dar răutatea, la fel ca şi bunătatea sunt contagioase. Iar noi suntem mulţi şi diferiţi. Unele săgeţi ajung la ţintă...şi rănesc. Încerc să ignor, Ştefan la fel...el nici măcar nu se uită pe Facebook ... dacă am lua în considerare toate răutăţile lumii, am sta pe loc. Preferăm să mergem mai departe.

B e însă înflăcărată (poate prea supărată - mă întreb de ce...) şi strigă: "Eu propun să îl dăm afară din cenaclu".

Sunt un pic surprinsă. Această reacţie mi se pare prea dură... Dacă mă întrebi pe mine şi pe Ştefan, e loc pentru toată lumea în universul muzicii şi poeziei. Însă realizez că sunt voci care spun altfel.

C: "Eu simt că **A** nu face parte din Cenaclul Retro, el vine să urce pe scenă pentru expunere, el ne foloseşte de fapt. E foarte uşor să te bucuri de aplauze, oameni buni şi frumoşi, de armonie, fără să dai prea mult în schimb."

Mă gândesc la anumite situaţii, şi-i dau dreptate. In vară, când ne organizam în comitete pentru bunul mers al lucrurilor, **A** a refuzat propunerea mea de a face parte din comitetul care se ocupa de pagina de *Facebook* a cenaclului. Eu voiam să-i ofer oportunitatea de a se face util, de a ajuta şi a simţi că nu e lăsat la o parte şi face parte din Cenaclul Retro. A refuzat frumos, spunând că nu are timp, fiind implicat în mai multe proiecte personale.

D spune:" Să ştiţi că de când îl cunosc, ştiu că el e hotărât să reuşească în viaţă singur. Lui nu-i trebuie un grup. Sigur, îi place expunerea, dar cam atât."

B insistă:" Ce facem? Îl dăm afară?"

Ştefan:" Suntem prea mulţi şi avem păreri diferite; eu propun să votăm."

Suntem mulţi într-adevăr şi observ că opiniile care se aud sunt ale celor care au vocea mai tare. Petrecem prea mult timp dezbătând această problemă. Păcat de o seară aşa frumoasă.

C continuă: "Dacă nu rezolvăm situaţia acum şi aici, vom petrece mult timp din repetiţii discutând non-sens, nu vom ajunge nicăieri, şi ne va afecta în continuare.".

E o situaţie nouă; nu vrem şi nici nu ştim cum s-o rezolvăm...

Următoarea repetiţie. Cântăm, repetăm, recităm. La sfârşit **B** zice: "Ce facem cu **A**?" Iar încep discuţiile. Sincer, mult zgomot pentru nimic. Îmi dau seama că între **B** şi **A** au circulat texte în trecut, poate chiar şi sentimente (din partea lui **B**?) de aceea e aşa înverşunată? Votăm aşadar şi ajungem la concluzia că **A** va fi exclus din cenaclu. Întrebare: cine îl anunţă? Se hotărăşte ca **E** să îl anunţe. Nu ştiu exact cum şi în ce formă a fost anunţat însă părea confuz, când mai târziu l-am întâlnit şi am discutat un pic despre Cenaclul Retro şi el.

Se pare ca **E** n-a ştiut cum, sau nu a putut să-i spună de ce s-a ajuns la această situaţie. Deşi, **A** ştia foarte bine ce se întâmplase, voia doar să mai creeze un pic de vâlvă. Mai târziu, Ştefan l-a sunat, a limpezit lucrurile frumos şi elegant cum numai el ştie, şi i-a dorit mult succes în viitor. Şi mult succes a şi fost.

Ne mai întâlnim cu **A** la evenimente în comunitate, vine cu drag la spectacolele noastre, ne anunţă şi invită la anumite proiecte....

am rămas prieteni în artă şi sincer ne bucură succesul lui în arena culturală a comunităţii.

* Septembrie 2017

Lucian şi Monica

La spectacolul "Armonii de vară" (2017) Traian invitase doi prieteni despre care am aflat mai târziu că fuseseră muzicieni profesionişti în România. Atunci i-am întâlnit pe Monica şi Lucian... îi remarcasem printre spectatori şi am simţit că le-a plăcut mult spectacolul din acea vară. Imediat după aceea, Traian îl sună pe Ştefan să-l întrebe când ar putea veni Lucian la repetiţie.

Monica şi Lucian, două prezenţe calde, au adus valoare în cenaclu, integrându-se foarte uşor. Am avut momente frumoase, repetiţii fructuoase şi zile senine. Cu un tact pedagogic aparte, Lucian şi-a luat rolul în serios şi a început să-şi pună amprenta tot mai mult pe partea muzicală. Monica a intervenit discret, simplu, cu vocea ei de privighetoare, cum o caracteriza Anişoara mai târziu. În România se bucuraseră de multe aprecieri cu mult timp în urmă, iar această apropiere de cenaclu Retro, le-a făcut bine, aşa cum şi nouă ne-a făcut bine.

Lucian: "Nu ştiţi voi de când aştept eu o asemenea trupă..."

*Octombrie 2017

Radu

Pe Radu l-am cunoscut prin intermediul presei. După unul dintre spectacolele noastre (Armonii de Toamnă, 2017) ziarul Tribuna Românească publica un articol despre acest spectacol. Neaşteptat... ce surpriză frumoasă! Sorin vine cu ziarul la o repetiţie. Citim, ne bucurăm şi iar citim....

"E foarte bine că e scris de cineva din afară grupului" spune Ligia. Sigur, e important să aflăm opinia celor din sală.

Cine a scris articolul? Sorin răspunde: "Radu." Cine e Radu?... Și uite așa a apărut Radu încet și cuminte în viața cenaclului. Cred că cel mai bine e să-l las pe el să se descrie așa cum a făcut-o după spectacolul de Crăciun din 2019, când ne-a făcut tuturor o mare bucurie prin mesajul și poezia dedicate Cenaclului Retro.

"După cum știți sunt două feluri de emigranți români: sunt unii care încearcă să se rupă complet de țara din care au plecat. Eu am fost unul din aceia; am pierdut legătura cu România. Acum, în jur de doi ani jumate i-am întâlnit pe acești oameni minunați și am în suflet o fericire imensă că am putut să fac parte din acest spectacol și alte spectacole cu Cenaclul Retro. Și acum, pentru prima dată în viață am încercat să scriu o poezie -nu știu dacă a ieșit bine, dar m-am inspirat de la cel mai mare poet român - Mihai, te rog să mă ierți."

Gratitudine pentru Retro

Nu credeam să-nvăț a iubi din nou
Cântul, jocul, poezia
Ochii mei 'nălțam visători la steaua capitalistă
Când deodată voi ați apărut în cale-mi
Acest grup de oameni buni și visători
Amalgam poetic, muzical și vesel
Cerebrali, spirituali și nebunatici
Creatori de muzică și de poezie
Mi-ați adus în suflet dor de neam român,
Ați răscolit ființa mea carpatină
Și mi-ați umplut inima de bucurie
Când eram pierdut în vârtejul American
Voi m-ați oprit, mi-ați cântat "Bade Ioane"
Și pe mine, mie, m-ați REDAT!

Radu Russell Răcean, *Chicago, Decembrie 2019*

> Ligia ›
>
> Este frumos mesajul. Dacă ne mai întreabă cineva care este misiunea noastră, se poate citi aceasta mărturisire poetică

> De aceea e bine sa nu lasam amintirile sa se prăfuiască

Moment - Centenar 2018

Suntem invitați să participăm la spectacolul Centenar 2018 de către domnul Tavi Cojan, un om deosebit, mare iubitor de artă, care și-a dedicat mult din viață organizând evenimente culturale pentru diaspora. Suntem onorați și plăcut surprinși să aflăm că inițiativa de a include Cenaclul Retro în acest moment istoric îi aparține Consulatului Român din Chicago. Însă întâmpinăm o mare problemă; la câți suntem în cenaclu, și la câte avem de spus, e greu să ne încadrăm în doar 15 minute. Ce putem prezenta în doar 15 minute? Pentru noi și mesajul nostru, nu e de ajuns. Textele curg în *chat*. E bucurie, entuziasm, însă se simte și un pic de stres. Ce facem noi în 15 minute???

Ștefan vorbește cu organizatorii, negociază un pic mai mult timp ... și vine cu o propunere: la partea muzicală, să ne reprezinte Monica, iar la partea poetică Marius. Toată lumea e de acord. Ne pregătim; de fapt nu avem mult de pregatit, noi cei care nu vom participa direct suntem însă gata să-i susținem pe cei vor reprezenta Cenaclul Retro la un eveniment de o așa amploare.

Cu vreo două săptămâni înainte de spectacol Monica primeşte o veste tristă; suferim alături de ea… ca urmare nu mai poate participa la acest eveniment, deci schimbăm repertoriul. Alegem două cântece şi două poezii şi ne pregătim intens. Spectacolul are loc la Copernicus Center în Chicago; ajungem de dimineaţă, treburile se complică, sunt mulţi invitaţi, iar verificarea sunetului ia foarte mult timp. Ni se încearcă răbdarea şi nervii, rămânem calmi, schimbăm repertoriul … ascultăm comentarii în dreapta şi-n stânga, rămânem calmi şi ne bucurăm de orice moment: c-aşa-i în Retro…

Suntem rupţi de oboseală însă foarte încântaţi. Începe spectacolul. Impresii… Spectacol frumos, artişti de valoare, organizare bună.

Aş fi dorit însă să văd şi să aud mai multe momente cu tematica unirii. Până la urmă participam la o mare sărbătoare naţională.

E rândul nostru. Suntem în culise, pregătiţi. Apare un organizator şi i se adresează lui Ştefan:

"Vă rog să reduceţi momentul vostru…cât de scurt se poate; suntem deja în criză de timp. Ceilalţi artişti au depăşit cu mult limita!"

Ştefan: "Bine, nici o grijă"

Organizatorul pleacă… Comentarii în urma lui: "Chiar aşa? chiar noi? Nu.."

Ştefan către noi:"Acum e momentul, facem ce ştim şi cum ştim mai bine. Go Retro!"

Intrăm pe scenă, toţi, cu steagul României cu tot, sărbătorim, cântăm, recităm, transmitem mesajul şi entuziasmul; să nu uităm de ce suntem toţi aici, şi spectatori şi artişti. Ridicăm sala în picioare. Este singurul moment care, în acel spectacol, a ridicat sala în picioare. Nu am fost perfecţi însă ceea ce a contat în acele clipe, este ce am reuşit să transmitem publicului.

După spectacol… emoţii, bucurie, supărare. Am fost surprinsă să aflu că **A** a fost foarte dezamăgit…

B îmi şopteşte: "Se pare prezenţa steagului românesc pe scena spectacolului Centenar a fost cauza acestei mari dezamăgiri."

E intervine şi ea: "Greu de înţeles… sunt convinsă că fiecare are fiecare poate găsi motive de bucurie sau supărare… "

Eu, ca şi majoritatea grupului mi-am agăţat în suflet tabloul în care sala era în picioare şi cânta cu noi "Un cântec istoric ne-aduce aminte..."

Asta e imaginea cu care îmi hrănesc amintirile şi mă bucur.

Tot atunci, maestrul Nicolae Feraru, o persoană deosebită atât ca artist cât şi ca om, a remarcat: "Poţi să fi un artist perfect, şi să prezinţi numărul tău fără nici o greşeală, dacă nu te conectezi cu publicul, înseamnă că nu transmiţi emoţii, înseamnă că nu ai făcut nimic." Jos pălăria Maestre, tot respectul!

Moment- Cutia Pandorei -SAU- Prea multă linişte...
Sunt în parcare la şcoală să o iau pe Sonia de la activităţile extra-şcolare. Îl sun pe **A**, pentru că pur şi simplu, aveam o întrebare.
"Anda, îmi cer iertare, trebuie să-ţi povestesc. Uite ce s-a întâmplat; dacă Retro se dezbină este numai din cauza mea", se precipită **A**.
Eu rămân mască, sunt complet uimită...Habar n-am despre ce vorbeşte.
"Nu ai vorbit cu Ştefan?" îşi dă el seama că s-a precipitat.
"Nu" îi răspund.
"Atunci, hai să-ţi povestesc. În primul rând vreau să-mi cer iertare dacă din cauza mea o să se întâmple multe lucruri neplăcute în Retro. Sunt extrem de supărat. Am vorbit şi cu Ştefan mai devreme... Deci, hai să încep: i-am invitat pe **C**, **D** şi **E** la noi acasă, să mai povestim, să jucăm cărţi.. Şi uite aşa, după ce am petrecut bine, cu mâncare, vin şi voia bună, iar a început discuţia despre Retro. La un moment dat **C** a afirmat iar: *Ce credeţi voi, că eu nu mai pot fără Retro?* ca şi cum pentru el acest cenaclu n-ar fi mare lucru. N-am mai putut, am explodat, l-am făcut cu ouă şi cu oţet... nu mi-am putut imagina atâta ipocrizie în oameni. Retro ne-a schimbat tuturor viaţa într-un mod aşa de frumos, mai ales lui...că sincer nu-l ştia aproape nimeni în comunitate, înainte de a fi parte din Retro. Nici nu ştiu de câte ori a afirmat chiar el asta... Deci mi-am vărsat nervii şi amarul pe el."
Îl ascult în parcarea pustie, la liceu. Sonia întârzie un pic, şi bine face. O aud şi pe **B** în fundal, intervenind din când în când. Se aud şi copii lor care se pare că au ajuns de la şcoală. Eu sunt încă în parcare aşteptându-mi copila. **A** încă nu şi-a terminat, povestirea:
"Te rog să mă crezi că n-am mai putut. Cred că mi s-a umplut paharul, s-au adunat multe lucruri care **C** le-a zis, le-a făcut şi eu le-am ignorat, dar acum n-am mai putut. **B** încerca să mă calmeze."
Mai târziu **B** îmi mărturisea:

"A fost singura dată când de la noi din casă a plecat cineva supărat."
Ştiu, îi cunosc bine şi-i dau dreptate: mi se pare imposibil să nu
pleci vesel şi binedispus din casa lor.

A continuă: "L-am sunat toată dimineaţa, după ce m-am trezit cu
păreri de rău, să-mi cer iertare, dar nu-mi răspunde. Draga mea **B**,
m-a certat un pic, însă cred că i se cam *zdruncină* şi ei imaginea
creată. Îmi pare rău şi mi-e ruşine şi vă rog să mă iertaţi şi voi.
Nu vreau ca situaţia asta să destrame ceea ce s-a clădit cu atâta
drag şi dăruire". Sunt şocată de ce aud.

"Nu-ţi face griji **A**, linişteşte-te. Tu ai făcut tot ce ai putut. Tu ţi-ai
cerut iertare. Ce e între voi nu are cum să aibă vreun efect în Retro,
o să vă rezolvaţi voi problemele cu timpul." îi spun.

Îmi pare sincer rău, şi pentru **A** pentru **C**, **D** şi **E**. Nouă ne sunt dragi
toţi şi fiecare are farmecul său în Retro.

Şi uite aşa a început o perioadă în care, deşi speram ca Retro să nu
fie afectat, am simţit cum se destramă un pic armonia noastră.

Nu am expus această situaţie. Ştefan aştepta ca acest foc mocnit să
se stingă – cei implicaţi să-şi rezolve problemele fără ca ceilalţi din
cenaclu să afle. " Cei din Retro trebuie protejaţi " îmi spunea.

Situaţia asta a durat câteva luni. Aveam repetiţii, ne întâlneam, ne
bucuram, însă simţeam tensiunea. Cei în cauză, vorbeau unii cu alţii
însă, deşi se iertaseră şi spuneau că au trecut peste asta... era ceva
putred în relaţia lor care nu mai putea genera bucurie. Telefoanele
sunau la noi (intermediarii). Mai bine zis Ştefan era bombardat cu
telefoane şi mesaje. El era calm şi sfătuia, şi nu-şi pierdea răbdarea.
Aş spune că a încercat mult prea mult să-i ţină pe toţi aproape şi
să-i facă pe toţi fericiţi într-o situaţie greu, dacă nu imposibil de
rezolvat. A dat dovadă de mare tact şi a arătat încă o dată că el e
liderul cenaclului Retro.

Ascultam păsurile lui **A**, ale lui **C**, **D**, ba mai apărea şi **E** cu veşnicele
lui comentarii: "De ce ne numim cenaclu şi nu grup? Ăla ce caută pe
scenă? Aia de ce cântă? Cine l-a chemat pe cel de la sunet?"

A început o distanţare în cenaclu; armonia dintre noi a început
să se disipeze.

Toţi am remarcat că se lucra mult mai mult la partea muzicală.
Probabil că era nevoie... Greu de înţeles pentru cei care nu cântă.
La repetiţii se ignora complet poezia, structura spectacolului,

mișcarea de scenă, conecţia cu publicul. Nimic altceva nu mai era important. Doar muzica... cenaclul se transformase într-un fel de *band*, lucru de care ne ferisem de la-nceput.

*Am citit undeva că fiecare lucru are fisuri, tocmai pentru a face loc luminii să pătrundă...

Tu nu ai fost creat să fi rău,

Nu ai cum să fi rău, Omule!

Pentru că ţie,

Doar ţie,

Ţi-a fost dăruită

Puterea vindecătoare

A cuvântului

Anda- Noiembrie 3, 2020

Cugetare inspirată de cuvintele atât de înţelepte ale Anei de Sighişoara *"puterea vindecătoare a cuvântului"*

Cenaclul RETRO

Moment – Frustrări

Aşa s-a întâmplat că **D** a plecat frustrat de la o repetiţie generală deoarece totul se tărăgăna pe partea muzicală...iar cei neimplicaţi în muzică îşi aşteptau cuminţi rândul la microfon...problema era că rândul lor nu mai venea. O admir pe **D** pentru răbdarea de care a dat dovadă, şi îndrăzneala de a-şi retrage participarea la unul dintre spectacole cu o seară înainte de a fi pe scenă. Bineînţeles că această situaţie dramatică a creat nişte emoţii şi nemulţumiri.

B şi **C**, au fost foarte *loviţi* de atitudinea lui **D** şi au sugerat una-două să o dăm afară din cenaclu.

Aşa s-a mai întâmplat că de câte ori cineva propunea ceva mai deosebit, de exemplu: **E** să-şi facă intrarea în scenă din spatele spectatorilor - astfel încât să aducem ceva nou şi variat, ba nu aveam cabluri pentru microfoane, ba era o problemă cu sunetul, etc.. Aveam multe idei, însă din păcate ne loveam de preconcepţii şi nu puteam avansa. Cum am mai zis, ARMONIA - ceea ce defineşte Cenaclul Retro- era pe punctul să se piardă cu totul.

Moment

Repetiţie la bibliotecă. Se simte tensiunea în aer .... Vine momentul care **B** trebuie să-şi repete partea.

D, care trebuia să-l acompanieze, iese din cameră. Ceilalţi văd, simt că ceva nu e bine, dar nu înţeleg. Nu înţelegem nici noi, parcă se împăcaseră şi lăsaseră trecutul în trecut... Nu e bine. Cum ajungem acasă sună telefonul. **B** ne spune că nu mai vine la Retro, că renunţă fiindcă nu mai poate fi în jurul lui **D** şi e clar că **D** nu vrea să plece. Se pare că el consideră că e dreptul lui să rămână. Îl admir pe **B** pentru sinceritatea şi calmul de care dă dovadă şi îl înţeleg. Ştiu că îi este foarte greu să renunţe la Retro. Locul lui e aici. Cum de fapt şi locul lui **D** e aici. Ce se întâmplă?

Parcă o aud pe Sonia răspunzând: *"Drama*, asta se întâmplă. Voi sunteţi mai ceva ca şi adolescenţii, mami. Mai avem şi noi *drame* în grupul nostru de prieteni, dar nimic nu se compară cu Retro."

Paul: "Ar trebui să scrii o carte."

Andrei: "Dacă n-ar fi momentele astea nu aţi simţi că trăiţi. Era prea multă linişte... "

36

Nu ne place ce se întâmplă. Speram să nu se ajungă la asta. Se pare că focul mocnit nu s-a stins ba din contră arde mai tare și distruge totul în jur. Bineînțeles, află și restul membrilor că se întâmplă ceva neplăcut. Câțiva sunt surprinși, nu știu ce să creadă, mai precis pe cine să creadă. Se discută mult, se fac *bisericuțe* ... îi lăsăm să ajungă la concluziile proprii. E adevărat că întotdeauna sunt mai multe părți și puncte de vedere.

Un proverb african spune că până atunci când leul își va spune povestea, vânătorul va fi întotdeauna eroul.

Nu am să insist aici, și nici n-am să dau mai multe detalii - deși sunt convinsă că mulți dintre cititori sunt dezamăgiți, însă pot spune că a fost greu...pentru întregul cenaclu. Ne-am bucurat de prezența tuturor pe scenă și am apreciat întotdeauna ceea ce fiecare a adus în fața publicului... Dar trebuie să mergem mai departe.

*Decembrie 2019
<u>**Cătălin**</u>
Spectacol de Crăciun: "Colindători cu vise"
În Decembrie 2020 am vizionat acest spectacol pe *Youtube* și am retrăit emoțiile din nou. Dacă virusul ne-a interzis să ne întâlnim și să colindăm împreună, am putut măcar să recreez atmosfera de Crăciun cu colinde sfinte, cu fulgi de nea și cu țurțuri la ferești.
Îmi amintesc cu drag acel spectacol; sala plină, holurile pline (din nou), sentimentul acela de "sacru"- colinde tradiționale românești, piese mai noi, poezii, brăduț frumos împodobit, "Fetița cu chibrituri", ceata de copii ... și-mi amintesc cum i-am remarcat în sală pe Călina și Cătălin. După spectacol au rămas cu noi și i-am cunoscut; simpli și rafinați... plini de bucuria și emoțiile acelui spectacol de Crăciun.
*Ianuarie 2020 - ne pregătim pentru un spectacol dedicat lui Mihai Eminescu. Se pare că și acest spectacol a devenit o tradiție. Se propun multe... ajungem la concluzia că ar fi frumos să dăm oportunitatea tuturor celor interesați să aducă o mică "ofrandă"

culturală celui ce e recunoscut ca cel mai mare poet al neamului. Zis şi făcut. Însă greu de pus în practică. Invităm oameni dragi din comunitate, adulţi şi copii şi... ne complicăm din punct de vedere logistic. E destul de greu să lucrezi cu oameni. E greu să ne organizăm chiar şi când suntem doar noi; e foarte multă muncă în spatele unui spectacol, dar să mai "adaugi" cam tot atâtea momente în program, să încerci să lucrezi cu oameni pe care nu-i cunoşti, nu ştii cât sunt de serioşi, nu ştii dacă vin în timp la spectacol... e foarte dificil... Ligia a făcut o treabă extraordinară, fiind deosebit de răbdătoare şi de îngăduitoare, schimbând programul de vreo câteva ori ca să-i acomodeze pe toţi. Ne-am străduit, adaptat şi ajutat pe toţi cei ce au participat la acel spectacol.

Atunci l-am cunoscut mai bine pe Cătălin: timid, calm şi cald, şi foarte săritor.

A îmi spune:" Uite cu persoana asta aş mai lucra."

Îi zâmbesc şi răspund:" Într-adevăr, aduce un plus la armonia din cenaclu"

Lăsăm lucrurile să curgă natural. Îl invităm la repetiţie. E cuminte, tăcut, îşi face treaba...am un sentiment că nu vrea să deranjeze şi sunt convinsă că ne analizează aşa cum şi noi îl analizăm.

Simplitatea, bunătatea, felul lui cuminte şi glasul dulce al viorii ne cuceresc. Ce mai; aduce o doză de linişte şi armonie. E unul de-al nostru. Îmi place enorm cum transmite texte vocale în *chat* şi ne îndeamnă, chiar ne învaţă anumite lucruri printr-un fel atât de blajin că ţi-e drag să-l asculţi. Zici că a venit direct dintr-o poveste ca să facă Povestea Retro mai frumoasă.

"Prin dumbrava minunată hai,
De mână să ne plimbăm sub cer...." – glasul dulce al viorii

"Mulţumim Cătălin pentru lecţiile pertinente de profesionist explicate cu mare talent pedagogic, pe înţelesul tuturor. Corinuta poţi să pui lingura de lemn la locul ei în cui că Ursuleţul nu are nevoie de ea 🔧 Eu aş insista pe un punct important pe care l-ai menţionat şi tu, şi anume că e foarte indicat să ascultăm cât putem de mult liniile vocale originale, atât melodiile cât şi accentele, încât să fim cu toţii pregătiţi şi pe aceeaşi pagina pe când ne întâlnim. În acelaşi

timp, să urmăm şi instrucţiunile tale cu vocalize şi modulări de sunete. Ca să putem face mixajul frumos şi uşor, e nevoie ca fiecare parte să fie în armonie cu celelalte, altfel va fi mai greu... Abia aştept să ne vedem la treabă sâmbătă dragilor! Go Retro

Ştefan – *de prin texte adunate*

=Valoarea unui om constă în capacitatea lui de a iubi=

Ştefan

Se întâmplă un fenomen ciudat. Pe cel care e mai aproape de tine, în general ai tendinţa să-l treci cu vederea, să-l iei aşa cum e, şi să-ţi închipui că toată lumea îl cunoaşte prin *ochii tăi (căprui)*... Aşa s-a întâmplat şi cu mine; despre Ştefan scriu cu mult mai târziu....

Mă gândeam că de fapt nu e nevoie să scriu, el este cunoscut de toţi, îndrăgit de cei mai mulţi...el este inima şi sufletul acestui cenaclu.

El vine cu multe idei bune, întotdeauna ascultă şi părerile celorlalţi, el e cu pasiunea pentru muzică, familie, prieteni şi mai ales cu bucuria de a-i vedea pe cei din jur fericiţi. Aşa apare frumosul în tot ceea ce face... câteodată mă gândesc că mulţi nu merită să-l aibă în preajmă. Vreau să cred că împreună, am atras ca un magnet, mulţi oameni frumoşi odată cu crearea acestui cenaclu. Întotdeauna mi-a spus: "Lasă-i să vină, cei care nu-şi au locul lângă noi, se *vor cerne*. Viaţa îşi urmează cursul, nu trebuie să forţăm nimic."

Prima piesă pe care eu i-am cântat-o la chitară, cu mulţi ani în urmă, a fost "Dumbrava minunată." Apoi, ca multe alte cântece din studenţie, această piesă şi-a aşteptat cuminte rândul pe rafturile prăfuite ale amintirilor.

Şi iată că într-o seară de Martie (2020), într-o atmosfera caldă, cu foc în şemineu şi Retro alături - am pus mâna pe chitară şi am cântat-o, aşa timid, uşor, cum o ştiam eu...Ce reacţie... *probabil că se aliniaseră planetele* - se pare că a plăcut mult şi s-a propus să se lucreze la ea, ba chiar să o prezentăm în spectacole. Chiar acuma când scriu, ştiu că spectacolul din stagiunea de vară 2021 se intitulează "În dumbrava minunată cu Cenaclul Retro" ...

Şi asta pentru că Ştefan s-a apucat de lucru, a scuturat-o bine de praf, i-a dat un ritm 'jazzy', şi uite aşa a renăscut dumbrava noastră. Ştefan: talent rar întâlnit, pasiune în tot ceea ce face şi înainte de toate dragoste, multă dragoste.

Biografia unui suflet

Nu-mi deschide sufletul,
În el mai există lumină,
Care te-ar putea ... orbi.

Nu-mi deschide sufletul,
Căci durerea pe care o vei afla,
Te-ar putea îngenunchea.

Nu-mi deschide sufletul,
În el mai există şi întuneric
Care te-ar înspăimânta.

Nu-mi deschide sufletul,
Lasă-mă să ţi-l arăt eu...

Ştefan Cristolţean 06/02/2001 – Chicago

Călin

O prezenţă caldă, simplă şi sinceră. Când mă gândesc la Călin retrăiesc primul eveniment al Cenaclului din Mai 2011. Are aceeaşi prezenţă scenică, aceeaşi nonşalanţă şi recită din acelaşi autor, unchiul său, Florea Florescu... Eh... câteodată mai schimbă autorii... Însă simţi cât de mult înseamnă Cenaclul Retro pentru el. Probabil nu aşa de mult ca fotbalul - pasiunea lui - dar undeva pe acolo.
Nu demult am avut un spectacol de toamnă - de fapt ultimul spectacol din 2021- "Din nou împreună". Călin s-a pregătit frumos şi chiar ne-a surprins plăcut cu poeziile şi efortul depus...
Este de admirat cum ne susţinem şi ne încurajăm unii pe alţii.
Ţin minte că înainte de spectacol, discutam cu Corina şi Călin,
iar printre altele m-am referit la faptul că Cenaclul Retro va sărbători cinci ani, în Martie 2022.
Călin m-a corectat zâmbind: "De fapt a împlinit 10 ani anul acesta"
L-am privit un pic uimită. Deci îşi aminteşte, iar acel Mai 2011 e foarte important pentru el. M-am bucurat...
Cu ceva timp înainte fusese ziua lui. Atunci am făcut o repetiţie generală, la care a adus bucate şi şampanie...La noi toate repetiţiile se transformă în armonie şi voie bună, dar mai cu seamă când avem

motive mai speciale, ca acesta. Îmi spune: "Eu am renunţat la meci în seara asta ca să fiu aici; aşa ceva nu mi se întâmplă des. Asta e a doua oară, prima dată am renunţat tot pentru Retro."

Altădată, repetiţie la noi, toată lumea era pregătită. Îl surprind pe Călin cum îşi caută poezii în "*carneţelul cu versuri*" de acum douăzeci de ani. În general fetele aveau carneţele cu versuri. Am văzut unul similar la Olezia cu o altă ocazie şi mi-a fost drag...

mi-a fost drag să trăiesc pentru o clipă, în trecut. Sunt puţini cei care mai păstrează acele carneţele, dintr-o lume de neimaginat azi, o lume fără internet, *Facebook* ori computere...

Dar să revin la momentul cu Călin.

Mă întreabă "Ce zici de poezia asta?"

Citesc "*Aş vrea să fiu copac şi-aş vrea să cresc lângă fereastra ta...*" *Magda Isanos.*

Îi spun:" Frumoasă alegere, însă tocmai am recitat-o într-un spectacol. Poate nu-ţi mai aminteşti, Căline. Oricum, poezia asta ar trebui recitată de către o femeie..."

Alt moment, Călin ni se destăinuie: "Ştiţi de ce mă încurc câteodată pe scenă?...şi de fapt mi se întâmplă asta şi pe terenul de fotbal, nu contează că am jucat de mai mult de douăzeci de ani...Pentru că am emoţii..."

Emoţii... dacă simţi şi transmiţi emoţii, ţi-ai îndeplinit misiunea.

Moment - Iarna pe uliţă

Am prezentat aceasta poezie în două spectacole de Crăciun în 2017 şi 2018. În ideea de a implica cât mai multe persoane din public şi, vorba lui Ştefan, de a face cât mai mulţi oameni fericiţi, m-am gândit să-i invit să recite câteva strofe din această frumoasă poezie de iarnă. Deci m-am apucat de treabă, am selectat doar câteva strofe din poezie, am contactat pe cei care ştiam că doresc să se implice în acest proiect; le-am trimis materialul (pe roluri) i-am rugat să repete acasă şi... ne-am întâlnit la spectacol.

Partea cea mai grea a fost cea technică. Cum ajunge microfonul de la unul la altul? participanţii fiind împrăştiaţi printre spectatori. Cumva, am rezolvat problema folosind două microfoane...

Vine momentul inedit. Încântare şi emoţii... totul iese bine. La final de spectacol, în drum spre casă mă sună Raluca. Îi simt bucuria în voce. Ne felicită încă odată şi-mi spune:
"Ştii ce mi-a zis Adeline? Că ea vrea să fie în Retro când va fi mare."
Adeline a mai participat şi la alte evenimente organizate de noi.
A recitat poezia "Ce-ţi doresc eu ţie dulce Românie " într-un spectacol dedicat marelui poet naţional. Talentul, candoarea, mândria de a fi româncuţă (născută departe de România), bucuria de a recita în limba maternă, toate la un loc, au fermecat publicul.
La al doilea spectacol de iarnă, la o repetiţie în care discutam programul, când am propus din nou "Iarna pe uliţă", s-a auzit o voce "Anda, de ce ţii tu neapărat să te complici? Şi de ce să mai participe şi alţii din sală? "
Am rămas cu un gust amar, deci misiunea cenaclului e înţeleasă chiar şi-n mijlocul nostru foarte diferit. Însă am continuat proiectul şi am pus iar în scenă, cu ajutorul unor tineri minunaţi, această minunată poezie. Da, m-am complicat, însă ştiu că am plantat nişte "sâmburi ai creaţiei" în sufletele generaţiei viitoare. Şi pentru asta mă bucur...Discuţii de acel gen, am mai avut. Ideea de a crea oportunităţi celor ce vor să fie pe scena Retro nu e nouă. Însă de multe ori simţeam piedici din interiorul grupului. Ţin minte un moment:
A:"Suntem bine cum suntem. Ne facem treaba, putem să lucrăm la multe idei noi, suntem destui. De ce să mai aducem pe alţii? "
M-au întristat astfel de comentarii.
"**A**" i-am spus, "Vreau să-mi răspunzi la o întrebare. Gândeşte-te bine. Ţie ţi-a schimbat viaţa, Cenaclul Retro?"
S-a gândit un pic: "Sigur că da ... şi sunt recunoscător "
"Şi atunci de ce să nu încercăm să facem asta pentru cât mai mulţi... atât cât putem" am zis.
Şi aş vrea să le mulţumesc tuturor celor care într-un fel sau altul au participat la evenimentele noastre, iar prin talentul şi dăruirea lor ne-au ajutat să ne îndeplinim misiunea.

Alexandru Grindeanu
Andreea şi Dănel Haidău
Carmen, Ruxi şi Gina Griza
Andreea Bălan

Adeline Sîrbu
Stephanie Sălăjean
Geta Haţegan Pupek
Johnny şi Lucas Raicu

Nebunatici și Cuminți

Robert și Lucas Ciocan
Rebecca Răcean
Daniel Feraru
Bogdan Groza
Roxana Iacob,
Olimpia Tudor
Florin Romoșan

Dana Ghiurcuța
Adrian Donisa,...
Athena și Ana Mărincaș
Iulia Romoșan
Ionuț și Marc Dima
Dana și Victor Lari

...și mulți alții.

Ați fost și sunteți minunați.

CUMINȚI

*Din spectacole-adunate
<u>**PREZENTARE:** **Cenaclul RETRO Spectacolul ARMONII, iunie 2017**</u>

Bună seara și bine ați venit la un nou spectacol al Cenaclului Retro. Acum că ne-ați deschis poarta sufletelor voastre vom continua cu o scurtă poveste...povestea noastră....
Vara anului 2010: *Ștefan și Dan* concerte
Mai 2011: primul spectacol al Cenaclul Vox Maris (atunci) la Romanian Heritage Center
Început de Decembrie 2016: din nou împreună, încă sub emotia Zilei Naționale a României
Ianuarie, 2017: un spectacol dedicat marelui poet Mihai Eminescu (la Biserica Nașterea Domnului din Chicago)
Aprilie, 2017: În acorduri de primăvară, cu un alt nume, Cenaclul RETRO
Salutăm prezența la spectacolul nostru
Doamna Consul Mihaela Deaconu
Consulul General al României la Chicago, domnul Tiberiu Trifan
Povestea noastră continuă aici și acum și vă invităm să fredonăm împreună cântece dragi, să simțim românește și să visăm împreună la început de iunie...

Numele: Ligia Grindeanu
Locul de unde vine din România: Sighișoara
Definește-te în două (sau mai multe) cuvinte: Ai răbdare să mă rostești, ai răbdare, de dragul secundei care a trecut
Pasiuni/hobby-uri: Natura, poezia, muzica, muzica sufletului
Secrete: Îi place să danseze

Numele: Anda Cristolţean
Locul de unde vine din România: Satu- Mare
Defineşte-te în două (sau mai multe) cuvinte: Simplă şi complicată.
Pasiuni/hobby-uri: Sunt fascinată de ordinea (sau dezordinea?) Universului. Mă copleşeşte atâta frumuseţe în jur, şi cred că e în puterea noastră s-o vedem, s-o simţim şi s-o transformăm într-un stil de viaţă.
Secrete: Simt o energie binefăcătoare în natură şi-n artă.

Numele: Laura Şişu
Locul de unde vine din România: Brăila
Defineşte-te în două (sau mai multe) cuvinte: Iubesc muzica şi teatrul
Pasiuni/hobby-uri: Actriţă şi mămică a 3 copii
Secrete: Nu are nici un secret
Veţi asculta o interpretare feminină, în această seară prin vocea caldă a Laurei Şişu.

Numele: Călin Mărincaş
Locul de unde vine din România: Cluj Napoca
Defineşte-te în două (sau mai multe) cuvinte: Carismatic şi cuminte
Pasiuni/hobby-uri: Soccer şi filozofie
Secrete: Sinteza NWO

Numele: Ştefan Cristolţean
Locul de unde vine din România: Cluj-Napoca, la o aruncătură de băţ de Cetatea lui Gelu
Defineşte-te în două (sau mai multe) cuvinte: trăiesc viaţa cu intensitatea unui meci de hochei
Pasiuni/hobby-uri: Muzica, poezia, pictura, arta în general mă relaxează
Secrete: De-abia aştept să mă întorc pe gheaţă

Numele: Corina Vlad
Locul de unde vine din România: Satu-Mare
Defineşte-te în două (sau mai multe) cuvinte: Suflet de copil
Pasiuni/hobby-uri: Natura şi călătoriile
Secrete: Compune poezii

Numele: Traian Bălan
Locul de unde vine din România: Bucureşti
Defineşte-te în două (sau mai multe) cuvinte: *Laidback traveler.*
Pasiuni/hobby-uri: *Ski (downhill), travel and books*
Secrete: *What you see is what you get*

Numele: Marius Stan
Locul de unde vine din România: Urziceni, Ialomiţa
Defineşte-te în două (sau mai multe) cuvinte: creator, lider şi servitor
Pasiuni/hobby-uri: Scrisul, cititul şi privitul
Secrete: Este îndrăgostit de IA! ... Dacă nu aţi ghicit, IA este Inteligenţa Artificială
Un secret pe care nu ni l-a dezvăluit, dar suntem siguri că unii dintre dumneavoastră îl ştiţi, Marius Stan a interpretat personajul Bogdan în serialul Breaking Bad.

Numele: Decebal Sorin Griza
Locul de unde vine din România: Banat (reşiţean - până după liceu şi timişoarean - până înainte de a deveni şi american)
Defineşte-te în două (sau mai multe) cuvinte: frumos, deştept, talentat si mai ales modest, un tip absolut obişnuit, cu gusturi din cele mai simple: mă mulţumesc cu ce este mai bun şi frumos
Pasiuni/hobby-uri: o groază: pescuitul, grădinăritul, drumeţiile, cântatul cu prietenii şi de unul singur pe coclauri, organizarea de mişcări pe facebook (cea mai recentă: #numairezist - poftiţi cu toţii)
Secrete: câteva mici, dar de frică să nu le spun la alţii, încă nu mi le-am divulgat nici mie.
Pasiuni/hobby-uri: Urc munţii ca să am de unde coborî, fac schimb de replici cu soacra mea şi ochiuri în apă cu piatra
Secrete: Detest sandalele şi manelele

Numele: Cătălin Nicolae
Locul de unde vine din România:
Defineste-te in doua (sau mai multe) cuvinte:
Pasiuni/hobby-uri:
Secrete:
După cum vedeţi unii dintre noi nu ne conformăm, pur şi simplu…

Numele: Alina Celia Cumpan
Locul de unde vine din România: localitatea Mercina, judeţul Caraş Severin
Defineşte-te în două (sau mai multe) cuvinte: Nu pot să mă definesc în două cuvinte, eu însumi sunt o definiţie incompletă a propriilor trăiri din cuvinte. Pentru mine cultura e un stil de viaţa şi de terapie.
Pasiuni/hobby-uri: pentru că scrisul e doar dulcea mea povară, mi-am făcut din ascultarea tăcerii o pasiune şi din studiul oamenilor şi emoţiile lor un hobby
Secrete: trăiesc clipa întoarsă din mine

În trecere...
Numele: Ion Berghia - Prof. univ. Dr. Ion Berghia
Univ. Al. I. Cuza – Iaşi, Născut în Basarabia
Poet, prozator, eseist, care scrie şi satiră.
Preşedinte al organizaţiei revistei Dor de Bucovina. Profesor de limba şi literatura română.

*Această prezentare a fost iniţiată de mine printr-o simplă formă Google. I-am rugat pe toţi să completeze acest document online. Acestă idee e de altfel folosită mult în educaţie, în idea de a angaja studenţii să lucreze împreună la un proiect în group. A dat roade frumoase aplicată la Retro...

*Și de ce nu, un exemplu despre cum funcționăm în armonie.
SAU ***Desfășurătorul***, cum îl numește Ligia. Acest scenariu a fost alcătuit de Ligia cu subsemnata, ascultând părerile și ideile tuturor celor implicați... ore întregi petrecute să aducem în fața publicului un spectacol de calitate.

Pe portativul iubirii, 18 Mai 2019

Stefan: Bună seara prieteni și *bine ați venit la spectacolul **Cenaclului RETRO**" Pe portativul iubirii". Ne bucurăm să vă revedem într-un număr atât de mare și sperăm să vă încălzim sufletele după o iarnă atât de lungă.*

Ligia: Cheia luminii   Ana de Sighișoara

Pe portativul de iubire,
Cheia luminii se desprinde
În gamele ce ne animă
Pe portativul de iubire!
O cheie sufletul deschide
Dacă-i întinsă de o mână
Ce armonia va decide
Când florile-mpletesc cunună.

Anda:
Game minore și majore
Învăluie-n îngemănare
Secunde rotunjind o oră
A cerului slavă cântare.
Vă invităm așadar la o întâlnire în game minore și majore,
"Pe portativul iubirii". Începem cu piesa

Șoapte de iubire compusă *și interpretată de* **Lucian Blaga**
Ligia   Ceea ce ni se întâmplă   Ligia Ana Grindeanu
Corina   **Două mâini**   **Bosquito**

Anda: *Iarna a trecut, primăvara e aici și e timpul să aflăm cum stăm cu dragostea....Eu aș zice că dragostea-i destin străvechi, cu cireșe la urechi... Sorin, tu ce zici?*

Sorin: *Eu unul, cred în dragoste la prima vedere...*

Sorin	**Dragoste la prima vedere**	**Ilie Micolov**
Ligia	Poveste sentimentală	Nichita Stănescu
Corina	**Regăsire**	**Traian Alex Bălan**
Anda	Nuanțe	Anda Cristolțean

Ștefan: Pentru cei din Cluj și pentru cei care au locuit în acest oraș universitar pentru o perioadă, "U" nu este doar o litera. Este simbolul unor inimi pătimașe care bat pentru clubul sportiv universitar , "U" Cluj. Anul acesta se împlinesc 100 de ani de la înființarea lui, iar piesa următoare este un tribut adus tuturor suporterilor și sportivilor acestui frumos club.

Ștefan	**Te iubesc, dar nu ca pe "U"**	**Ștefan Cristolean**
Anda	Gelozie	Adaptare după George Topârceanu

Traian: *Hmmm, dacă mă gândesc mai bine, am și eu ceva de zis...*

Traian	**Canadiana**	**Pasărea Colibri**
Sorin	**Imi place Tamara**	**Alexandru Andrieș**
Monica	**Eu îți spun "La revedere"**	**Monica și Lucian Blaga**
Călin	Rea de plată	George Coșbuc

Pauză: 10-15 minute

Scenetă   În jurul unui divorț   George Topârceanu

Sorin: *Și ce să facem, dacă Zoe avea ochii căprui...*

Vorba aceea... "Când îți vorbește o femeie, observă ceea ce îți spune cu ochii"

Radu	**Ochii tăi**	**Ștefan Hrușcă**

Traian: *Ah, ochii fetelor...au fost întotdeauna o inspirație pentru artiști. Mă întreb ochii cui l-au inspirat pe Ștefan? Oare să fi fost ochii albaștri?*

Ștefan	**Ochii tăi căprui**	**Ștefan Cristoltean**

Anda:

Aș vrea să fiu copil, cu un ram de salcâm,
Desculță pe caldarâm,
Să stau, și să socotesc,
Cât de mult te iubesc.

Monica	**Cine m-a facut om mare**	**Delia**
Ligia	Corbul și vulpea	Florin Iordăchescu

Traian   **Din prea mult sau prea puțin**   **Vasile Șeicaru**
Ligia:
Rămâi pe loc acolo unde ești...
Să nu te miști... Și dacă ne iubești --
O!... dacă ne iubești cu-adevărat
Așteaptă-ne la fel încă un an...
Un an măcar... Atât... Un singur an...
Sorin:
Iubire, bibelou de porțelan
Ați recunoscut versurile? Sper să recunoașteți și cântecul

Sorin   **Romanță fără ecou**   **Mondial**
Anda: *Romantici, nostalgici, cu vise și parfumuri, ... Atâta timp cât încă ne mai hrănim sufletele cu muzică și poezie, atâta timp cât încă ne mai ținem de mână (pe furiș sau nu), romantismul nu e demodat. Iar cavaleri, încă există...și sunt printre noi,*

Corina   **Dragostea-i destin străvechi**   **Vasile Șeicaru**
Sorin:
Iubita mea, cândva, într-adevăr
Într-un târziu neliniștit de vară
Vom fi ca doua jumătăți de măr
Uitate pe o bancă într-o gară...

Monica, RETRO   **Dragostea mea**   **Holograf**
Ligia:
Amurgul zări ne conturează
În farmecele reveriei
Un curcubeu ce lin dansează
Un portativ al poeziei...
Anda:
Ne strecurăm cerul în noi
La întâlnirea veșniciei,
Când strălucim la unison
În farmecele reveriei

Traian   **Poveste din cartier**   **Traian Alex Bălan**

Radu: Rețeta pentru o relație reușită - sfaturi între prieteni:
Ștefan: 1. E important să găsești o femeie frumoasă, deșteaptă și care să nu fie geloasă

Călin: 2. E important să găsești o femeie care se pricepe să gătească numai bunătăți

Sorin: 3. E important să găsești o femeie care să nu se supere când întârzii, ba din contră, să-ți sară în brațe și să te sărute tandru.

Traian: 4. Cel mai important este ca aceste femei să nu se cunoască între ele. Că dacă se cunosc uite ce se intamplă....

Ștefan   N-am nimic in frigider   Ștefan Cristolțean

Radu: Rețeta pentru o relație reușită - sfaturi între prietene:

Anda: 1 E important să găsești un bărbat căruia să nu-i fugă ochii după altele atunci când vă plimbați de mână

Ligia: 2. E important să găsești un bărbat pe care să te poți baza oricând, să fie romantic, să-ți aducă flori în fiecare zi

Anda: 3. E important să găsești un bărbat care să gândească matur, așa, ca un om mare

Corina: 4. Dar cel mai important este să nu-ți pierzi speranța...și răbdarea.

Anda și Ligia: prezentarea membrilor Cenaclului Retro

Ștefan: *După cum ați văzut, noi cei din RETRO suntem inteligenți, frumoși și tineri, suntem perfecți și sublimi, și doar odată pocnim din degete și imediat s-a făcut primăvară! Vă mulțumim că ați fost alături de noi și în această seară. Încheiem aici cu speranța că veți fi alături de noi și data viitoare.*

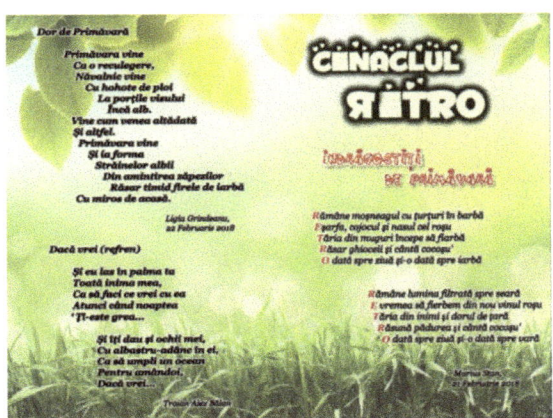

*Şi acum un exemplu despre cum funcţionăm în armonie <u>cu contribuţia celor dornici să participe</u> la evenimentele noastre

Eminescu să ne judece...

"Trebuiau să poarte un nume..." - Duminică, 19 Ianuarie 2020

*Acest scenariu a fost alcătuit în cea mai mare parte de Ligia.

Anda, Radu, Retro: **Dor de Eminescu** <u>(pe scenă sunt Retro şi Cătălin)</u>

Anda: Cuvânt de deschidere

Ligia: Trebuiau să poarte un nume; *recită pe Intro instrumental Cătălin 0-0:32*

Eminescu n-a existat/ A existat numai o ţară frumoasă /La o margine de mare/Unde valurile fac noduri albe/ Ca o barbă nepieptănată de crai

Şi nişte ape ca nişte copaci curgători/ În care luna îşi avea cuibar rotit.

Anda: Sara pe deal; *recită pe instrumental Cătălin 0:33- 1:33*

Sara pe deal buciumul sună cu jale, / Turmele-l urc, stele le scapără-n cale, Apele plâng, clar izvorând în fântâne;/Sub un salcâm, dragă, m-aştepţi tu pe mine.

Ligia: Pe lângă plopii fără soţ; *recită pe instrumental Cătălin 1:33-2:15*

Pe lângă plopii fără soţ/ Adesea am trecut;
Mă cunoşteau vecinii toţi -/ Tu nu m-ai cunoscut.
La geamul tău ce strălucea/ Privii atât de des;
O lume toată-nţelegea -/ Tu nu m-ai înţeles.

Cătălin: **Instrumental "De ce nu-mi vii"**

Radu: Odă în metru antic; *pe instrumental Cătălin "De ce nu-mi vii"*

Corina: **Focul Viu**

Ligia: *Şi, mai ales, au existat nişte oameni simpli*
Pe care-i chema: Mircea cel Bătrân, Ştefan cel Mare,
Sau mai simplu: ciobani şi plugari, / Cărora le plăcea să spună,
Seara, în jurul focului poezii:/"Mioriţa" şi "Scrisoarea III" şi "Luceafărul"

Ana: Luceafărul (fragment)

Daniel: **Sara pe deal** și **Mai am un singur dor**
Geta: Între nouri și între mare
Corina: **Răsai**
Ligia: *În timpul care le rămânea liber, Între două primejdii, Acești oameni făceau din fluierele lor jgheaburi/ Pentru lacrimile pietrelor înduioșate, / De curgeau doinele la vale/ Pe toți munții Moldovei și ai Munteniei / Și ai Țării Bârsei și ai Țării Vrancei/ Și ai altor țări românești.*
Sorin și Ligia: **Lacrimă și cânt**
Ligia: *Au mai existat și niște codri adânci/ Și un tânăr care vorbea cu ei,*
Întrebându-i ce se tot leagănă fără vânt?
Alexandru: Ce te legeni codrule
Ștefan: **Nopți de argint**
Ligia: *Acest tânăr cu ochi mari, / Cât istoria noastră,/Trecea bătut de gânduri/ Din cartea cirilică în cartea vieții,/Tot numărând plopii luminii, ai dreptății, ai iubirii,/ Care îi ieșeau mereu fără soț.*
Roxana: **Pe lânga plopii fără soț**
Anda: Plopii fără el
Olimpia: **Întoarce-te bade în sat** și **Doina**
Ligia: *Au mai existat și niște tei, / Și cei doi îndrăgostiți*
Care știau să le troienească toată floarea Într-un sărut.
Corina: **În orașul cu floare de tei**
Ligia: Dor de Eminescu
Andreea: Nașterea lui Eminescu
Radu: **Și dacă**
Bogdan: Și pentru generațiile viitoare
Ligia: *Au mai existat / Și niște păsări ori niște nouri/ Care tot colindau pe deasupra lor/ Ca lungi și mișcătoare șesuri.*
Sorin: **Pentru ea**
Ana: Luceafărul marilor lumi
Roxana: **De-ai fi tu salcie la mal**
Ligia: *Și pentru că toate acestea/ Trebuiau să poarte un nume,*
Un singur nume, / Li s-a spus Eminescu.
Ștefan, Roxana, Retro: **Eminescu**

Ligia: Cenaclul Retro mulţumeşte tuturor celor care s-au implicat în organizarea acestei seri culturale: Florin Romoşan pentru fotografii, domnul Steven Bonica pentru găzduire şi colaboratorilor noştri din seara aceasta: *Georgeta Haţegan, Olimpia Tudor, Roxana Iacob, Andreea Haidău, Daniel Feraru, Olimpiu Bodea, Bogdan Nicolae Groza, Cătălin Lari.*

Ligia: Şi mii de mulţumiri vouă, oameni frumoşi, cu suflet însetat de asemenea trăiri emoţionale, celor care sunteti astăzi alături de noi şi de Eminescu. Inima Retro bate pentru poezia şi muzica românească. Avem nevoie de ajutorul şi susţinerea dumneavoastră pentru a ne continua misiunea şi a realiza seri ca aceasta.

Anda: caietul de impresii, website şi Facebook pentru evenimente viitoare.

Anda şi Ligia: Prezentarea membrilor Cenaclului Retro…   .

Revenind la momentele …

PUR ŞI SIMPLU

*Toamna 2019
Moment - Nuanţe şi Tonuri
Suntem invitaţi să organizăm un spectacol de caritate. pentru una dintre bisericile româneşti. Răspundem cu bucurie şi entuziasm, ca de obicei. Suma care se adună pe biletele de intrare se face donaţie bisericii. Frumos gest, un gest care ne defineşte şi mai bine misiunea.

Urmează pregătiri, repetiţii, muncă multă. E adevărat că pentru cei ce nu au instrumente, cabluri, microfoane şi amplificatoare de transportat, totul decurge mult mai uşor... Chiar simplu, aş spune.

"Eu urc pe scena. N-am treabă cu nimeni, nu trebuie să mă sincronizez cu nimeni." Poate chiar de aici vine nemulţumirea unora; sincer, nici eu nu aş realiza câtă muncă e în spatele unui spectacol dacă nu ar fi Ştefan lângă mine. Ajungem la biserică cu mult înainte de spectacol să pregătim, să verificăm sistemul de sunet, etc... suntem plouaţi, flămânzi şi obosiţi.

"Nuanţe şi Tonuri" a fost un spectacol de toamnă, în care am dat tot ce am putut şi am bucurat din nou pe toţi cei care au venit să ne vadă, să ne asculte şi să trăiască româneşte alături de noi.

*"Dragă Retro-işti,
După cum ştiţi în finalul spectacolului de sâmbătă din 26 octombrie Roxana o să o aducă pe fetiţa ei să cânte. Mi se pare o idee excelentă şi de accea propun să folosim această oportunitate şi să încurajăm participarea tinerelor generaţii în activitatea cenaclului. Uite ce sugerez: să avem un moment de cel mult trei copilaşi sau tineri în*

deschiderea spectacolului. În loc să aşteptăm 30-45 min, până vine lumea, începem la 7:10 cu acest moment.... nu mai mult de 15-20 min. Cred că fiecare dintre noi ştim cel puţin un copil, un tânăr care ar fi dornic să participe. Nu trebuie să fie perfect momentul şi nici complicat. Am mai adus această idee în discuţiile noastre şi acolo a rămas.

Prin acest gest nu creem numai frumosul şi trezim amintiri în sufletele celor ce vin să ne vadă, ci inspirăm şi tinerele generaţii.

Ştiu că sunt multe talente în comunitate, mă gândesc să votăm 3, iar alţii vor veni altădată.

După momentul lor luăm o mică pauză şi începem noi spectacolul. La sfârşit terminăm tot cu o voce de copil."

Anda – de prin texte adunate

Moment – gânduri şi emoţii
"O seară de Octombrie de neuitat!
Cu ploaie!
Da! A plouat în seara aceasta!
A plouat cu aplauze! A plouat cu emoţii de toamnă!
A plouat cu zâmbete, dar şi cu suspine, cu râsete dar şi cu lacrimi de dor şi durere!
Da! Acest mănunchi de suflete îndrăgostite de frumos - Cenaclul Retro - ne-a ridicat din nou în picioare şi ne-a emoţionat până la lacrimi!
Mulţumim Cenaclul Retro pentru seara aceasta minunată!
Mulţumim că ne-aţi amintit de unde am plecat noi, fiii şi fiicele rătăcitoare!
Mulţumim că ne cântaţi istoria şi tradiţia!
Nu vom uita că suntem Români! Şi, prin voi, sufletul nostru rămâne veşnic ataşat de glia natală! Da, suntem mândri că suntem Români!
Şi au jucat chitarele! Şi au ciripit glăscioarele! Şi s-au iscat zâmbete şi lacrimi, emoţii... de toamnă, patriotice, şi apoi... aplauzele! Într-o armonie de iubire toamna...
Cui nu-i place dragostea?
Da! da! Da! Acel fior ce te pătrunde din creştet şi te ajunge la tălpi...
Da! Cenaclul Retro! Mulţumim! Tot ce faceţi e o dăruire dezinteresată plină de iubire, de frumos... Mulţumim!

A venit toamna! Dar ne plac și ne dorim seri de toamnă ca aceasta!
Avem nevoie de cântare Românească!
Bravo, Cenaclul Retro!
Mulțumim
Anda și Ștefan, Ligia și Iulian, Corina, Radu, Traian, Sorin, Marius,
Călin
Și mulțumim Roxanei, o voce impresionantă!
Mulțumim Doamne! Pentru tot! Și pentru această seară!
În ceas de noapte, la o cană de vin,
Renaștem
Elogiind
Trăirile
Românești
Oriunde am fi...
'Cum să pleci și cum să uiți
Ploaia cum cădea în munți
Toamna apunând în vie
Țesătură de pe ie'
Bravo, Cenaclul Retro!"

Olezia Comșulea, Octombrie 26, 2019

*Mai 2020

Moment – Retro ZOOM

O întâlnire pe Zoom transcrisă *cu chiu și vai*, de pe înregistrarea ZOOM.. Cu multe momente vesele... Credeți-mă că am râs cu lacrimi... Anda și Stefan sunt gazdele.

Ne conectăm. Intră Radu. Arată profesional, cu căști pe urechi...

Anda și Stefan - *Hello, hello Radu?*

Ștefan: *Tu ne auzi pe noi? Ești foarte încet, ești ca și un cyborg.*
Dă volumul mai tare.

Anda: *Cine a mai apărut? Sorin... Pentru că nu v-am dat parola, acum trebuie să vă accept pe fiecare.*

Ștefan: *Eu am crezut că zice: Pentru că nu v-am dat parola trebuie să plătiți intrarea.*

Râsete, râsete ....

Sorin zâmbește enigmatic. Nu cred că ne aude.

Anda: *Sorin ai audio?*
Radu: *'Unmutuel'*
Ştefan: *Stai că acum, el se face cyborg.*
Sorin îşi pune "earpieces"
Ştefan continuă: *Cum era în Star Trek: DATA. El e DATA. Pune mâna pe piept pe semnul de Oltcit.*
Radu râde de se prăpădeşte.
Sorin nu reacţionează deloc. Nu cred că ne aude, cred că doar ne vede...
Ştefan: *Eu cred că el se uită la televizor, nu se uită la noi.*
Radu: *La români.*
Deci, de vreo cinci minute, toţi ne uităm la Sorin, cum se pregăteşte. Nu ştiu dacă ne aude, noi însă îl auzim. Îl vedem şi comentăm de zor, că la asta suntem buni.
Anda: *Eu cred că el nici nu ne vede pe noi.*
Ştefan: *Dacă ţi-am spus, se uită la televizor. Şi-o pus un youtube şi ne lasă în pace.*
Ne prăpădim de râs...
Ştefan: *Cum vi-s vieţile dragilor în perioada asta de restrişte?*
Apare Ligia.
Anda: *Servus Ligia*
Ligia: *Hi Retro*
Se ridică să ne arate tricoul cu Retro, în prim-plan pe tot ecranul. Toţi ne veselim: Radu, noi, Ligia... doar Sorin stă serios. Ca şi cum într-adevăr nu ne vede, nu ne aude.
Mai comentăm despre Sorin şi partea cu tricoul Ligiei, şi-i trimitem text lui Sorin. Aşteptăm o reacţie de la el. Şi dintr-o dată dispare.
Radu: *Gata 'he gave up'.*
Sorin apare din nou: *Hello, hello... Acuma vă aud, da dragilor.*
Nu v-am auzit prima dată.
Anda: *Ştim, n-am fost siguri nici dacă ne vezi.*
Apare şi Iulian în ecran lângă Ligia.
Servus Iulian
Apare şi Anişoara tot în acelaşi ecran; toată lumea încântată. Salutăm, ne bucurăm.
Anişoara: *Ia uite-i şi pe mentori acolo, Ştefan şi Anda.*
Sorin: *Un ceai dansant.*
Anişoara: *Eu mă gândesc că se potriveşte şi Cenaclul de la orice ora.*

(aplauze) *când muzele ne prind în horă.*
Anda: *Mai ziceţi, mai ziceţi că ne place.*
Anişoara: *Apoi mai este câte un 'muzoi' (râsete)...*
Anişoara: *Fetelor şi cavalerilor...La mulţi ani!*
Este o artă să poţi să-i faci pe cei din jur să se simtă bine. Se pare că noi toţi din Retro avem sâmburele ăsta. Cred că şi asta face parte din armonia care ne leagă şi ne defineşte.
Sorin se plimbă prin "primărie" (aşa e "poreclită" casa lui Sorin, în Retro) să-şi ia şi el un pahar să ciocnească cu noi. Cu ecranul în mână şi noi toţi pe ecran, ne duce cu el prin demisol poreclit *"the dungeons",* ne arată toată selecţia de băuturi. Zâmbim, e o experienţa nouă care ne mai alină dorul...
Anda: *Cine lipseşte? Corina?... Corina, Călin şi Cătălin?*
Sorin e aşezat aşa ciudat că un bec din tavan, luminează drept în ecran. Prilej de glume, desigur...că aşa ca Retro nu sunt mulţi.
Ştefan: *Tu Sorin, ai pus lanterna pe noi?*
Râsete... Sorin ne arată berea, Stella Artois.
Ştefan: *El e ca la securitate: "Spuneţi tot"*
Şi uite aşa au trecut cam 20 de minute.
Anda: *Ligia, care e desfăşurătorul?*
Ligia: *Nu ştiu, am zis că fiecare să ne cânte, să ne spună ceva...*
Ştefan: *Eu odată iau chitara de aicea şi vă cânt.*
Ligia: *Începem cu un cântec, Ştefan. După care urmează Anişoara cu o poezie.*
Apare Corina cu gluga pe cap.
Ştefan: *'OMG you look so gangy'*
Radu: *'From the hood'*
Corina: *Bine v-am găsit, am ieşit de la duş. Am pierdut ceva important?*
Anda: *Corina am înregistrat şi o postăm pe "site".*
Ştefan, îngrijorat: *N-o postăm pe nici un "site".*
Corina: *Dar ce se-ntâmplă?*
Ştefan: *E 'spring break' Corina.*
Anda: *Fac poze, numai fac nişte poze...*
Glume, glumiţe, râsete... Armonia Retro traversează şi spaţiile virtuale.
Începem cu muzica şi poezia.

* Iulie 2020

Moment – Aventuri la Rock Cut State Park - SAU – Hai-hui prin dumbravă
E timpul să organizăm o nouă ieșire cu cortul.

Deși multora le place natura, nu toți sunt înclinați ca să nu zic încântați să petreacă una sau două nopți în cort. De curând ne-am luat o rulotă. Corina și Sergiu au și ei una; deci putem să oferim loc de dormit celor ce nu pot dormi în cort. Rezervațiile, într-un loc frumos în natură, se fac de obicei cu mult timp înainte. Însă ne încercăm norocul.

Mă ocup cu Corina de organizare și găsim câteva locuri dispersate la Rock Cut State Park. E bine și asa. Anunțăm tot grupul și facem planuri.

Ajungem vineri, ne așezăm fiecare la locul lui, apoi ne îndreptăm spre locul unde ne vom aduna: la Corina și Sergiu pe *tarla*.

E minunat aici. Natura ne întâmpină voioasă, poienița e ca dumbrava minunată, gătim, ne jucăm, mâncăm, ne prostim, ne bucurăm. A doua zi ne hotărâm să mergem la plajă, la lacul mic.

Nu știm prea multe despre acest loc, ne uităm pe hartă, vedem că se poate face plajă la unul dintre lacuri și așa ajungem acolo.

Vom afla curând, cât de greșită a fost această decizie.

Lacul e lăsat "natural" iar când zic asta, mă refer la faptul că e acoperit de mătasea broaștei ... da, există o plajă nesemnificativă undeva... însă noi ne punem tabăra la liziera pădurii, găsim o masă de lemn la marginea apei (pesemne folosită de pescari); lansăm caiacele pe apă, și facem cu rândul... e așa de cald că până la urmă intrăm în apa năclăioasă, plină de bacterii și cine mai știe ce altceva. Bucuria e însă mare...și asta e tot ce contează.

Seara se cântă în jurul focului, se fac poze (ah, ce greu e să stăm cu toții la poze). E bine. Unii trebuie să plece, alții aleg să plece.

Prognoza meteo pentru următoarea zi, ploaie.

Carmen și Sorin, Corina și Sergiu și noi, rămânem. Cea mai bună decizie.

A doua zi mergem la lacul mare. E un pic înnorat de dimineașa, dar mai târziu apare soarele.

Și descoperim de ce e de fapt faimos Rock Cut State Park. Este de vis aici. Lacul e enorm iar noi decidem să-l înconjurăm purtându-ne pașii prin poienițe care mai de care mai minunate. Și iar găsim acolo, ascunse printre atâtea poienițe, dumbravă după dumbravă. Corina exclamă cu entuziasmul caracteristic: Dumbrava minunată!

* Octombrie 3, 2020

Moment - Primul spectacol amânat...

Azi ar fi trebuit să avem un spectacol pe scena Heritage Pavilion Park, în Wheeling, spectacol care din motive legate de Covid, s-a amânat. Poate e mai bine așa ... Oricum nici vremea nu ține cu noi, plouă și e frig, deci sigur nu puteam ține un spectacol în aer liber.

 Cenaclul Retro is 😢 feeling sad.
⭐ Favorites · October 2, 2020 · 🌐

Doamnelor, domnișoarelor și domnilor,
Din motive de precauție privind epidemia și a regulilor impuse de Park district, suntem nevoiți să amânăm spectacolul nostru din toamna aceasta pentru o dată viitoare pe care urmează să o comunicăm.
Va mulțumim pentru înțelegere și vă dorim o toamnă frumoasă, cu muzică și poezie în suflet.

Olezia Comsulea
Eu si noi, publicul care va iubim, va înțelegem si va asteptam cu mult mult mult drag si si mai mult dor in realitate pe scena!
Sunteți mereu superbi ! Pentru ca tot ce faceti vine din adâncul sufletelor voastre, cu multă iubire si o pasiune dezinteresată.
O toamna frumoasa , cu roade cât mai bogate si tot ce va doriti!
Sa speram ca vremurile bune vin curand! Sa auzim de bine!
Va iubim!

Dar "Povestea în parc * continuă în biblioteca de la Sediul Ro-Am Network.

Încep *să curgă* textele de dimineață. Suntem toți dați peste cap, și un pic dezamăgiți că nu se întâmplă spectacolul dar mai presus de toate, ne e dor de noi, de Retro (deși ne-am întâlnit acum o săptămână pentru repetiție). Sorin inițiază o propune de întâlnire weekendul ăsta; ne revenim cam greu din dezamăgirea de a nu fi ținut spectacolul pe scenă... ne pornim greu cu textele, dar și când ne pornim suntem greu de stăvilit.

Și uite așa ne întâlnim după ora 4 la bibliotecă, cu instrumente, difuzoare, amplificatoare, microfoane ... mâncare... petrecere? repetiție? cu Retro nu știi niciodată. Totul se îmbină așa frumos că răspunsul la întrebările de mai sus e: *chiar are importanță?* Repetiție, petrecere, când suntem împreună se declanșează niște energii/ forțe pozitive care ne încarcă și ne fac pe toți să dăm tot ce-i mai bun. După ce ne instalăm pe "scenă" Ștefan propune: "Ce ziceți să transmitem în direct pe FB" Dacă nu ați avut ocazia să vizionați acele 'piese' din prima noastră experiență "live" pe FB, merită să le căutați în spațiul virtual. Au ajuns la mii de vizualizări în foarte puțin timp, și nu pentru că sunt făcute profesionist, ci pentru că transmit emoții. Ele transmit bucuria de a fi, de a cânta, recita și de a petrece timp împreună.

Pe la miezul nopții, după ce ne adunăm toate sculele, mai stăm de vorbă la un pahar de vin, și stăm, și cântăm cântece patriotice, râdem și ne bucurăm și ne minunăm de câte amintiri comune avem din perioada adolescenței și tinereții noastre în România. Ne amintim versurile cântecelor din România socialistă. Interesant cum anumite poezii și cântece învățate când erai copil rămân cu tine toată viața, undeva, în memorie, neatinse, prăfuite...ca niște bibelouri.

În sfârșit ne despărțim...cu greu... de parcă nu mai vrem să mergem către casele noastre. *Facebook*-ul bubuie. Mă bucur că am reușit să oferim celor ce ne iubesc și vor să ne asculte, un crâmpei de spectacol. Primesc multe comentarii chiar și de la prieteni americani cărora le-a pătruns muzica în suflet; muzica e universală, nu mai contează limba în care cânți.

A doua zi, ne revenim cu greu din euforie. Mi-e dor de Retro... Încep să *curgă* iar textele.

Dezlănţuire – de prin texte adunate (Oct 3 şi Oct 4, 2020)

Ce se întâmpla dragilor? Credeam ca tel meu se odihneşte… când colo văd ca au năvălit zeci de mesaje… ce organizare!
Ce va spuneam, putem pune de un show in câteva ore… Deci ne vedem curand…
1:26 PM ✓✓

Corina
Love u all sooo much !
Ne vedem la 4
Oare cum ar trebui anunţată d-na Ana de Sighişoara sa se pregătească pana vine Ligia de la lucru
Aveţi Nr dânsei sau al lui Iulian ?
11:00 AM

Ligia
Simpatici sunteţi! Mama îşi asortează deja eşarfa cu poşeta. Ajungem, dar ceva mai târziu, in jur de <u>6 pm</u>. Avem invitaţie mai devreme la o familie care de fapt trebuiau sa fie la spectacol
11:16 AM

The show must go on
11:16 AM

Radu Raceanu
A fost frumos de tot! Va mulţumesc şi eu pentru ca nu abandonaţi ideea cenaclului chiar şi trecând prin zile şi luni mai sumbre! Faptul ca o facem cu bucurie şi voluntar este ceva minunat!
1:30 PM

Catalin Lari
Go Retro!!!Eu unu...inca nu am gatat cafeaua... Va iubesc pe toti si pe curand!

1:37 PM

Corina
Intr-adevar!
Se pare ca entuziasmul Retro poate face fața și chestiilor spontane !
Mi-am dat seama ca suntem invincibili !
Iar cu încă putin mai mult focus putem fi nemuritori !
Dar deja noi dam vesnicie clipelor !
Mulțumesc tuturor !
❤️ u all !

11:27 AM

Anakin
Inca o seara minunata dragi Liceeni. Ati fost toti caldurosi si originali.

Ligia
Va mulțumim și noi pentru organizare, tratație și suport tehnic și desigur pentru caldura sufleteasca de care avem parte alaturi de voi. Sunteți minunați și talentați

12:08 PM

Au curs cântecele și versurile așa cum ne-am promis și am promis prietenilor nostri ne mai întâlnim și sa lucram tot atât de eficient intre timp. Multumesc Radu ca ai mediat intre noi și Steve sa putem merge la biblioteca. E mare pacat ca o sa trebuiască sa mute totul de acolo, dar cine știe, poate va fi un alt început, vorba cântecului... Ar fi bine

Cred ca a fost bine ca am dat drumul la clipuri, pare ca se uita destul de mulți de pretutindeni, iar la următorul eveniment, când o fi el, o sa avem o audiență considerabila. Sper sa

cântecului... Ar fi bine dacă am putea sa ajutam și noi, care-cum și cu ce putem... Cred ca cel puțin am reușit sa aruncam o raza de lumina peste vremurile astea cenușii prin care trecem, și sper sa ne ținem obiceiul, pana va ieși soarele dintre nori. Love you all! 💕 Go RETRO! 😘

12:10 PM

Sorin are cele mai lungi "epistole"
*Anakin este *Ștefan*

* Noiembrie 1, 2020
Moment – Repetiție
Pregătiri pentru un mesaj-spectacol pentru 1 Decembrie. Ne întâlnim la bibliotecă. Ne aşezăm *la masa rotundă a prieteniei.* Probabil, cei care nu cântă de obicei - aici incluzându-mă şi pe mine - nu ne dăm seama că unele piese nu sună bine... Mă gândesc că din cauza asta s-au iscat nişte momente mai tensionate... ori avea **A** nevoie de un pic de acţiune - că lui îi cam place să fie *dramatic,* deşi nu recunoaşte public. Ca să destind atmosfera, iau microfonul şi fac următoarea dedicaţie fetelor:

Corinei: *"Dacă într-o zi îţi vine să plângi caută-mă... Nu promit să te fac să râzi, dar pot să plâng cu tine."*
Anişoarei: *"Dacă într-o zi îţi vine să fugi, caută-mă... Nu promit că o să te opresc, dar pot să fug cu tine."*
Ligiei: *"Dacă într-o zi mă cauţi şi nu răspund... vino repede să mă vezi...Poate eu am nevoie de tine."*   (versuri- *Marin Sorescu*)

I-am relaxat, asta a fost de fapt şi ideea. Radu îmi zice:" Putem să avem şi noi dedicaţii?" "Sigur" îi răspund: "Trebuie să le scriu eu, pentru că Marin Sorescu s-a oprit aici."
Plecăm acasă *"în flăcări"* cum zice Corina. O seara frumoasă din care am învăţat multe. A fost o experienţa frumoasă... şi un experiment!

La Mulţi Ani România, 2020!

ŞI MAI NEBUNATICI

*De prin texte adunate - Repetiţie fructuoasă
Dragilor, cam asta am selectat din ce am 'comis' astăzi. Mulţumim pentru înregistrări. Eu mă gândesc să le folosim ca negativ, şi să ne înregistrăm fiecare acasă părţile de voce şi instrumente la fiecare, apoi să mi le trimiteţi să le mixez. Fiecare individual poate încerca pe îndelete mai multe înregistrări şi alegem ce e mai reuşit. Altfel ne va fi foarte greu să înregistrăm balansat toate instrumentele şi vocile 'live' la bibliotecă. Dacă sunteţi de acord, putem începe cu un cântec, să vedem cum merge. Propuneţi voi care.

Dragilor, am ascultat înregistrările şi sfaturile/propunerile lui Cătălin şi Sorin. Am ajuns la concluzia că avem un potenţial de creştere uimitor. Trebuie doar să continuăm să şlefuim piatra Retro şi să o transformăm într-un diamant. Am progresat mult de cand am început această călătorie în "FRUMOS" şi este de apreciat faptul că dorim să creştem. Aşa că nu strică totuşi să continuăm cu vocalize şi alte exerciţii pentru vreo 10 minute la începutul repetiţiilor.
Sorin, ştiu că te energizează când lucrezi la masterizarea sunetelor şi sunt optimist ca şi tine că putem să facem mixarea. Când să ne întâlnim să înregistrăm?
GO RETRO!

vocea lui Ştefan

*29 Decembrie 2020
Moment – emoţii de sfârşit de an
Mă pierd în amintiri. Iar...
Am avut un an greu cu Covid-ul ăsta, iar unii dintre noi am pierdut oameni dragi în România. Încercăm să derulăm filmul amintirilor, să ne bucurăm de vremuri bune, clipe trăite demult, de parcă au fost ieri. FB a generat "Colinda fratelui Ştefan" de acum doi ani, moment dedicat lui Ştefan de către Ana de Sighişoara, la o petrecerea de Sfântul Ştefan, la noi acasă. Privesc video-ul şi ascult... cât de frumos, simplu şi pur. "Când mă gândesc la liantul acesta Retro, eu chiar nu mai pot trăi fără el" mărturiseşte Ana.
"Dar cine mai poate..." se aude o altă voce. "Nici noi, nici noi"
"Lacrimile îngheţate-n iarnă
Ne-amintesc de tristele tăceri
De Crăciun în stele revederi
Fulgii albi în pagini se întoarnă"

Ana de Sighişoara

Moment – emoţii de început de an - de pe *Facebook* adunate:
Bogdan Adrian Toma ---Cenaclul Retro
Mesaj de Anul Nou
"Din partea lui Sandu Pop a.k.a "Văru' Săndel," pentru Cenaclul Retro, în aşteptarea unui 2021 cu mai puţină boală şi cu mai multă poezie, cu mai puţină distanţare şi cu mai multe spectacole, cu mai puţină normalitate "ştiinţifică" şi cu mai mult delir romantic. Şi, la urma urmei, cu mai multe, cristaline, pahare cu vin închinate literaturii în toate formele ei. LA MULŢI ANI!

Anda şi Stefan: *"Cenaclul Retro e soluţia"*
Ce surpriză frumoasă! Să ne revedem cu bine şi cât de curând. Mulţumim pentru mesaj!

Nicole Bogdan Groza: *Anda şi Ştefan: Finalul e fain.*
"Acolo (la Retro) se adună mintea, sufletul, arta şi românul." Şi aşa e!

* Ianuarie 2021

Moment – Ninge ca-ntr-un colind – SAU - La patinoar cu Retro
Trăim ani grei, o perioadă în istoria omenirii de care ne vom aminti
cu tristeţe: Covid. La început (2020) ne vedeam pe Zoom în fiecare
sâmbătă la ora 6 pm; fiecare pregăteam câte un moment şi cu toate
dificultăţile tehnice reuşeam să ne conectăm frumos şi în spaţiul
virtual. În vară ne-am chiar întâlnit prin grădini, păduri... în aer
liber, şi chiar am reuşit să repetăm cu sârg si armonie.
A venit iar toamna şi iarna. A început anul 2021. Nu mai putem!!!!!
Ne e prea dor de noi. Trebuie să ne vedem.
E ianuarie, avem zăpadă şi gheaţă, deci ne organizăm. Corina vine
cu ideea. "Haideţi cu toţii la patinoar. Poate facem şi un om de
zăpadă." Din păcate nu mulţi am răspuns pozitiv, cum e de înţeles
în vremurile astea. Doar Corina, Sergiu, Sorin, Călin şi noi. Ajungem
în parc. Zăpada e apoasă însă patinoarul e încă îngheţat. Energia şi
armonia sunt la nivel înalt ca întotdeauna. Înainte să plecăm de
acasă, Ştefan zice: "Pe vremea asta eu nu pun patinele în portbagaj,
că nu e de patinat". Însă vorba cântecului *"şi aşa ca Retro nu sunt
mulţi"*. Am patinat... Da, ştiu, Ştefan nu mi-a pus patinele, însă Călin
a avut o pereche de patine de dame în portbagaj şi s-a nimerit să
fie numărul meu.
Interesant momentul cu patinatul. Datorită condiţiilor
nefavorabile, mi se pare foarte periculos. Călin e viteaz, e prima
dată când pune patine în picioare. Suntem surprinşi de faptul că nu
cade. Ştefan îl ghidează un pic, Călin are nişte debalansări, dar nu
se lasă şi... nu cade. Se pare că antrenamentul lui de fotbalist
pasionat îl ajută enorm.
Ştefan: "Călin, cum a fost experienţa ta pe gheaţă?"
Călin:" Nu pot să spun ce nu-mi aduc aminte ...Nu mă simt deloc..."
Corina şi Sorin sunt nişte naturali la patinat, iar Ştefan, de data asta
la supravegheat, încurajat şi motivat.
Ne întoarcem de pe patinoar şi o observ pe Corina străduindu-se
să facă sau, în limbaj retro, să *"construiască"* un om de zăpadă.

Zăpada e prea apoasă însă când văd cu câtă determinare lucrează, sar şi eu. Şi uite aşa a ieşit un omuleţ mic, dar super drăguţ, să ne amintească veşnic să nu permitem sufletului să îmbătrânească şi să rămânem veşnic copii. Ce dor ne-a fost să ne revedem. Se cântă, se glumeşte, e aceeaşi energie bună care ne uneşte şi care e în fiecare dintre noi, şi nici măcar covid-ul nu o poate risipi.

"Ninge cu vorbele tale. E iarnă fierbinte ca o rugăminte" Karma,

cântă Corina

Sorin: "La cât fierbe unghiul drept?"

Răspuns:" La 90 de grade." Zâmbete şi *şmechereli...*

O zi superbă la zăpadă, cu Retro. Mi-aş fi dorit să putem fi toţi acolo.

*Martie 13, 2021

Moment - *La o cafea cu Poezia*

*Comentariu de suflet inspirat de volumul de poezii "Anotimpuri de dor" publicat de Ligia de curând.

Mi-am petrecut dimineaţa la cafea cu Poezia. Am stat de vorbă cu dorurile şi am depănat anotimpuri.

În această dimineaţă mi-au fost dragi şi "ploile de martie" şi "zăpada târzie" şi "întrebările fără răspuns" cuprinse într-o "altă poveste". Mulţumesc Ligia că mi-ai atins dorul, cu albastrul tău infinit. Cafeaua a devenit mai gustoasă.

"Fotografiile nu mai ajung pe hârtie.

Dar oare amintirile unde se duc? "

Cititorule, dacă ai răbdare, în această "lume digitală", "pe cerul inimii la poarta sărutului" te îndemn să " te opreşti să admiri infinitul."

*De mult timp, ne sunăm în fiecare vineri; Ligia, zâmbitoare la celălalt capăt al firului: „Dacă e vineri, *e cafeaua cu Poezia, cu Anda şi Ligia*". E momentul nostru să ne deconectăm de toate şi să hoinărim împreună prin lumea nevăzută a cuvintelor... Şi curg idei şi versuri, iar cafeaua e într-adevăr mai gustoasă...

*10 Aprilie, 2021
Moment - dialog cultural
Prima repetiţie după o lungă perioadă de izolare.
Se cântă, se recită, se râde cu poftă. E ceva armonios în bucuria revederii. Ştefan îi face o surpriză Anişoarei. A compus un cântec pe versuri adaptate după o poezie a dânsei. Anişoara e tare încântată. De când aşteaptă un asemenea moment. Adevărul e că ne-am străduit demult să compunem muzică pe versurile dumneaei. Anişoara îmi mărturiseşte că îi e tare dragă aceasta piesă şi e extrem de fericită că am surprins mesajul în acest cântec. "Mă duc acasă şi-l pun pe FB, aşa, să moară *duşmanii* de ciudă".
Toţi sar, mai ales cei cu muzica, "Nu, nu încă ... până nu îl lucrăm".
E un pic dezamăgită, dar înţelege.
"*Omul fară duşmani e ca statuia fără umbră*" spune dânsa.
Ligia îi răspunde în versuri:
"*Nimeni nu e singur pe pământ*
Cineva în grija lui îl are
Nici cei singuri, singuri nu mai sunt
Dacă are umbră fiecare"

Adrian Păunescu

Dialogul cultural curge atât de natural. După care Sorin cântă piesa "Singur". Sunt atât de obişnuită cu acest fel unic de a te conecta; iar noi în Retro ne conectăm aşa de uşor prin muzică, poezie, gânduri frumoase, încât simt nevoia să împărtăşesc asta. Aş vrea să transmit măcar un pic din această energie, vouă dragi cititori. Dacă citiţi această carte o faceţi pentru că iubiţi ceea ce facem; vă simt aproape şi-mi doresc ca aceste gânduri bune să vă însoţească cu drag... şi de ce nu, să vă inspire...

*Aprilie 21, 2021
Sorin – din seria "Epistole"
"*Dragi liceeni, eu, în seara aceasta liniştită, doresc să vă reţin atenţia cu o propunere în legătură cu un eveniment care se apropie vertiginos săptămâna viitoare, şi anume, aşa cum ştim cu toţii, aniversarea unui anumit număr de ani de la naşterea dragului*

nostru coleg de clasă şi de mici nebunii, comandant de detaşament şi pe deasupra şi sfânt, adică Ştefan, ca să fiu mai direct şi explicit 😜 Eu şi Cătălin ne-am gândit în contumacie (la biserică, după Sfânta Liturghie de duminica trecută) să-l surprindem cu o surpriză, pe cât posibil una plăcută, cum ar fi împlinirea unei dorinţe mai mult sau mai puţin arzătoare, dar de care să se bucure în taină, ca de exemplu un obiect din partea clasei RETRO, care să-i fie şi de folos şi de amintire a vremurilor frumoase de liceu. Apelez la imaginaţia voastră nelimitată, dar mai ales la necesare sugestii din partea Andei, care îi este şi profesoară dar îi dă şi meditaţii particulare, şi cunoaşte cel mai bine cum se descurcă la materia ei, şi de ce ar mai avea nevoie să îşi corecteze media anul ăsta. Acuma eu trag... evident nădejdea că Anda va reuşi să păstreze secretul, însă doar maxim până la eveniment, şi nu ne va răsufla surpriza. Deci, foarte pe scurt, avem 1-2 zile să venim cu propuneri şi idei, să ne mai rămână timp să pescuim ceva pe Dunăre, sau poate chiar pe Amazon. Pupici tuturor, şi bineînţeles, Go RETRO "

Sorin - de prin texte adunate

Aprilie 22, 2021
Minunat Ligia! Ai reuşit să zugrăveşti în doar câteva cuvinte, alese cu inspiraţie, culorile pastelate, figurile de stil şi trăirile sufleteşti care ne zămislesc sentimentele pregătite să-şi ia zborul spre sufletele iubitorilor de frumos. Părerea mea (dar numai de data asta), ar fi ca orice strofa, chiar orice vers în plus ar deveni de prisos, riscând să creeze disonanţă în unitatea de armonie cimentată atât de realist, prin vibraţiile metaforei "zgubiduba şi tralalala"

Sorin - de prin texte adunate

27 Aprilie, 2021
Moment - Ziua lui Ştefan
Partea întâi - Transmit de la faţa locului. Este 27 aprilie, iar în această seară se vor întâmpla *întâmplări* minunate... totul a început vinerea trecută când Sorin a trimis un mesaj de urgenţă celor din Retro - bineînţeles omiţând -ul pe Ştefan - cu ideea de a-i face o surpriză. Ziua lui este mâine ... Sunt ruptă de oboseală, dar

aştept cu nerăbdare să se petreacă ceva interesant; au fost idei frumoase în grupul în care comunicăm, au fost şi nemulţumiri... dar în seara asta se vor dezlănţui toate frumuseţile din Retro.

Ziua lui Ştefan e în jurul Paştelui ortodox, de aceea e foarte greu să o planific. Anul acesta e în Miercurea din Săptămâna Mare... deci e în timpul săptămânii. Sâmbăta care urmează nu pot s-o ţin pentru că este Sâmbăta Mare, Duminică e ziua de Paşte, iar dacă mai amân o săptămână intrăm în luna mai... De aceea m-am hotărât să invit Retro, marţi, în ajunul zilei lui Ştefan. E foarte greu să ne întâlnim în timpul săptămânii, dar uite că în această zi de marţi Retro-iştii se vor aduna, începând cu ora 6:00 şi până pe la 8:00 jumate să-l surprindă pe Ştefan de ziua lui. Acum aştept cu nerăbdare să petrecem şi să îl sărbătorim pe Ştefan în stil Retro. Vă mai ţin la curent cu partea doua...

Anda- din toiul pregătirilor

*28 Aprilie, 2021

Moment - Partea a doua

Bucurie, dans, voie bună, ARMONIE = Retro

E două noaptea, nimeni nu vrea să plece. Toţi lucrăm mâine, însă nu ne vine să ne despărţim.

La plecare, Anişoara: "Voi doi sunteţi perfecţiune, citeşte poezia mea, se intitulează *Perfecţiune*."

Am găsit poezia Anişoarei pe Facebook

PERFECŢIUNE

Iubirea nu-i un artefact,
Purtat prin vremuri de-o
minune.
Iubirea-i pururi glas intact
A unui soare ce n-apune!

Nu-i căutare după culme
A unei clipe trecătoare,
E datul ca să nu se curme
Din înflorire nici o floare

Din corolarul frumuseţii
Culorile în dăruire
Cu strălucirea tinereţii
La trecere, făr-ofilire...

Iubirea nu-i prin calendare
În căutare de popasuri...
E din veşmânt de aşteptare
O veşnicie printre ceasuri..

Un artefact nu e iubirea,
De-arheologi descoperire,
De suflete având zidirea
O explorează doar iubire.

Îi mai dau nume pământenii
Prin anonimi uitați de vreme.
O mai îmbracă în decenii
Cei ce-o evocă în poeme,

Prin căutare, regăsire
În propriul răsărit din suflet
Ea nu cunoaște rătăcire
Iubirea într-un singur cuget.

Dar o-veșmântă universul
În armonia cea străveche
Ce nu va cunoaște reversul
Prin sufletul perfect pereche..

ANA MUNTEANU DRĂGHICI
24 Aprilie, 2021

Ștefan - 28 Aprilie, 2021
Dragilor, vă mulțumesc și vă iubesc pe toți din suflet. Sunteți acea
îngemânare de inimi pentru care universul și timpul stau pe loc. Iertați
întârzierea răspunsului, dar doar ce m-am trezit. Mi-am luat zi liberă.

*Mai 2021
Moment – o notă de seriozitate –de la ***Fata Pădurilor***
Dragii mei,
Orice schimbare în masă începe la nivel de individ.
Fiecare trece prin experiențe care îl definesc iar deciziile le ia în
funcție de mai mulți factori.
In cazul meu, iau în considerare atât logica cât și acel gut feeling
(explicat prin legile fizicii cuantice) dar și experiență.
Indiferent de decizie, fiecare își asumă responsabilitatea (sau ar
trebui).
Toată aceasta criză începând cu anul trecut a dus la desensibilizarea
ființei umane care împiedică de multe ori luarea unor măsuri și
decizii adecvate.
Observ că se ajunge la o diferențiere a indivizilor în funcție de
credințe și mai nou dacă ești vaccinat sau nu.
Nu cred că rasa umană va evolua în acest caz.

Nu mă alătur nici unei părţi dar cred că asistăm la un fenomen de 'brainwash' în masă.

Să mă iertati dar nu sunt de acord cu individul care se plimbă singur prin pădure cu botniţa la gura.

Dar cred în Covrig, pentru curioşi.

Asistăm la diferite experimente care îngrădesc libertatea omului, provoacă teama şi decizii pripite.

Haideţi să nu uităm scopul pentru care ne-am adunat: Retro (renaştem elogiind trăirile româneşti oriunde am fi).

Şi să ne uităm unii la alţii ca un TOT şi nu ca la nişte indivizi separaţi de credinţe, competiţii şi alte cele. Toţi venim din aceeaşi sursă (Iubire) şi plecăm fără să ducem nimic cu noi decât Lumina din fiecare! Asta înseamnă evoluţie!

Love u all! Să aveţi un Paşte sănătos şi pace în suflet! Şi să terminăm şi cu covrigul ăsta.

vocea Corinei

În drumul meu pe acest pământ, tind spre o evoluţie cât mai armonioasă, onestă şi cu experienţe pozitive.

Am apreciat îndrumarea şi sfaturile celor mai cu experienţă şi nu am să uit amintirile plăcute care m-au făcut să vibrez. Însă, pe lângă modestie mai am o calitate: nu pot să "fake feelings" sau să fac complimente de complezenţă doar pentru că ....

De iertat ierţi, dacă vrei să evoluezi dar de uitat, it takes time. Şi cînd nu mai rezonezi, mergi înainte pe "lungimea ta de undă".

Îmi plac poveştile cu happy ending dar când cineva îşi taie singur craca de sub picioare, este singur responsabil de fapta sa.

Am vrut să spun asta întregului grup, nu îmi plac bisericuţele, pentru că din câte ştiu eu, ne-am adunat să renaştem trăirile româneşti de bună voie şi nesiliţi de nimeni, pentru a dărui bucuriile sufleteşti celor care îşi deschid inima pentru asta. (adică munca voluntară mai pe americăneşte).

Eu merg mai departe, în speranţa ca cele bune să se adune şi să colaborăm acolo unde ne cheamă sufletul.

Şi dacă tot admitem că "a fost odată ca niciodată", haideţi să nu ne mai pierdem timpul şi să ne croim povestea cât mai frumos.

În final, nu duci nimic pe lumea cealaltă, nici chiar "faima Retro"
ci "ceea ce ai dat, dacă nu ai luat".
"Iar un colț din viața mea
A-ndrăznit să vă înfrunte
Să vă șteargă de-ar putea
Nouă cută de pe frunte.......
Sunt o umbră călătoare
Ca și Puck, ca Ariel
De-am adus vreo supărare,
Supărați-vă nițel.
Dar de-am reușit o clipă
Să vă fac să mai visați
Dați-mi toți câte-o aripă
Și să fim pe lume frați.
Dacă-ați fost atenți puțin
Dacă v-a făcut plăcere
Eu să spun, atât mai țin:
Pe curând! La revedere!"

Cu respect, Corina

Moment - "Ochii tăi căprui" - un project personal
Se pare că Retro acționează ca un catalizator în special când e vorba de creații personale. Semințele rodesc și înfloresc atunci când găsesc pământ și mediu prielnic.
"Uită-te la Corina, Traian, Sorin și nu numai" spune Ligia. "Cât de mult s-au dezvoltat din punct de vedere artistic". De fapt toți am *crescut* și *am dat roade* de când suntem împreună.
Cântecele și poeziile lui Ștefan ies la suprafață. Era și timpul. Știu unele de când ne-am cunoscut. Toate îi sunt dragi, toate îmi sunt dragi. N-aș vrea să se piardă. Țin minte că într-o sală de lectură, la căminul studențesc (16), cu ceva timp în urmă, am înregistrat toate aceste piese pe un casetofon stereo – avea un ecou sala aia, de necrezut - caseta am pus-o bine. Poate prea bine...

Ideea de a face un video oficial îi aparține lui Ștefan. Se gândește la două piese originale "*N-am nimic în frigider*" (care de fapt se intitulează "*Doar pe tine te am*") și "*Ochii tăi căprui*".

Îmi spune:"Să știi că o să ne cam coste."

Îi răspund:"Ce e mai important? Bucuria sufletului sau banii?

Eu mă bucur că am ajuns să ne putem permite să facem măcar un video official. E prea frumos ceea ce ai compus ca să nu fie ascultat și de alții ..."

Deci începe munca. Ștefan are idei, caută videografi, sunt discuții, prețuri, comentarii, experiențe mai bune și mai puțin bune, reacții interesante.

Îmi spune: "Am discutat cu două persoane care au mai făcut astfel de video-uri. Amândoi au făcut treabă bună în trecut și sincer aș lucra cu amândoi. Mă gândesc să fac o piesă cu fiecare. Prețul e un pic diferit, însă asta nu mă deranjează."

Iar îl recunosc pe Ștefan - omul care nu vrea să supere pe nimeni. Așa că îi sună să le spună decizia lui. Vrea să înceapă filmările la "Ochii tăi căprui " întâi, iar apoi la "N-am nimic în frigider". Însă discuția telefonică cu unul dintre ei se desfășoară cam așa.

Ștefan: "Uite ce am hotărât. Pentru "Ochii tăi căprui" voi merge cu **A**, și... " nu apucă să termine fraza că lui **B** îi sare țandăra..

"Cum așa? Tu ai căutat și pe alții? Ce credeți voi *românii* că alții vor face treabă mai bună? " și a continuat frustrat că Ștefan îndrăznise să ceară și altcuiva părerea. **B** nu a avut răbdare să asculte până la capăt propunerea lui Ștefan și cred că a fost mai bine pentru noi. Cu o așa reacție și atitudine, nu merită să mergem mai departe...

E adevărat că și prețul a fost un factor, însă ce a făcut diferența, a fost ideea creativă din spatele video-ului.

August 2019 - încep filmările. Avem nevoie de doi tineri cu ochi căprui. Încercăm cu copiii noștri care sunt cam rușinoși sau neinteresați. Până la urmă, Paul ia rolul mai în serios. Ne gândim la o fată cu ochii căprui. După câteva discuții rămânem cu Ruxi. Deci Paul și Ruxi sunt protagoniștii video-ului, în povestea tinerilor de pe plajă, îndrăgostiți, sinceri și bucuroși să fie împreună. Mare fan al echipei de fotbal U-Cluj, Ștefan adaugă elemente ca "tricoul" U, ideea de a pasa o minge pe plajă... apoi apare și chitara... și un alt detaliu, **Retro** e scris mărunt pe minge. O zi de filmări pe plaja din Evanston, o experienţă plăcută...

Apoi vine anul 2020, se lucrează la partea instrumentală, se întârzie mult din cauză situaţiei grele prin care trece omenirea. Ştefan are nişte idei referitoare la partea a doua de video în care ar vrea să cântăm noi, Retro.

Zi frumoasă de vară târzie. "Hai să mergem la lac, aş vrea să vedem nişte locuri şi să-ţi spun ideea mea." îmi zice. Drumul e frumos, şerpuit, şi-mi aduce aminte de România. Prietenei mele Aneta, îi aduce aminte de Polonia. E o porţiune de serpentine acolo, adevărat, cam scurtă ...care ne aduce aminte de casă.

"Uite ce idee am; cum ar fi să aducem rulota, să o parcăm undeva pe nisip, la plajă, iar apoi să o folosim la filmare. Poate ieşim pe rând din ea, cântăm, zâmbim, ne bucurăm de soare şi mare (lacul Michigan). Ar fi loc pentru toţi din Retro în video, n-ar fi static şi chiar ar fi ceva deosebit."

"Interesant" răspund, "chiar că e ceva deosebit şi se poate realiza." Vizităm locuri frumoase pe plajă, discutăm cu cei de la district despre cum şi când ar fi potrivit să aducem rulota pe plajă, ni se cere să depunem cereri care trebuie aprobate...ce mai, o întreagă birocraţie.

"Ştii" îi spun, "ce se întâmpla dacă veneam aici pur şi simplu şi filmam, cu rulota pe plajă? Fără să mai întrebăm atâta... uite de ce ne lovim..."

O altă idee cu care cocheta Ştefan era: Retro pe un ponton. Inchiriasem de multe ori ponton cu familia şi prietenii, şi am rămas cu nostalgia şi bucuria acelor clipe... Insă cu filmările pentru video şi cu întreg cenaclul Retro, lucrurile s-ar fi complicat. În primul rând ca număr de persoane, apoi ca instrumente, apoi ca filmare, şi nu în ultimul rând ca restricţii datorită virusului.

Până la urmă am rămas cu următoarea idee: Retro în Chicago. De unde am putea filma astfel încât să se vadă panorama oraşului? Atunci ne vine în minte Mădălina, care locuieşte în Chicago, iar de pe terasa ei (de pe acoperiş), panorama Chicago e absolut fantastică. Ştefan o sună şi-i explică proiectul. Mădă - o prietenă dragă, pe care o considerăm familie – e încântată de idee şi ne oferă locaţia fără nici o rezervă.

Îl las pe Ştefan să decidă aranjamentul orchestral.

Îmi spune: "Cât de mult aş dori ca toţi cei din Retro să fie acolo, nu se poate. Nu am instrumente pentru toată lumea..."

Se mai gândeşte, se mai foieşte. Ştiu că îi e greu să ia decizii de acest fel, însă până la urmă asta e. Doar o parte de Retro-işti ajungem pe terasă/acoperiş, fiecare cu câte un instrument în mână... încântaţi să facem parte din acest proiect muzical. Mădălina e o gazdă de excepţie, ne întâmpină, ne ajută iar apoi se retrage discret, lăsând filmările să-şi urmeze cursul. Cântăm, dansăm, suntem aplaudaţi de grupuri de oameni de pe alte terase - acoperişuri, şi iar cântăm, şi iar dansăm... şi o ţinem tot aşa de vreo cel puţin douăzeci de ori...nu ne mai aplaudă nimeni. Ne cam săturăm şi noi... e greu la filmări. Soarele apune vesel şi parcă cântă şi el. Panorama Chicago în noapte se iveşte în spatele nostru. Ce mai... e de vis. Cipri - videograful nostru ne spune mai târziu că filmările făcute pe ziuă nu-şi mai au rostul când le compari cu cele făcute după apusul soarelui.

În vara anului 2021, video-ul e gata de lansare.

Mai precis în iulie 2021. Îl lansăm pe Facebook şi YouTube. Suntem la Pokagon State Park, înconjuraţi de prieteni în momentul în care începe numărătoarea inversă. Asta e tot ce contează. Un vis împlinit.

"Aş vrea să mulţumesc dar nu ştiu cui, pentru ochii tăi căprui."

"Dragii mei, este absolut încântător! Felicitări! Să vină şi albumul"
Mihaela Deaconu

* Septembrie 2021
Moment – Poezii - Corina - Debut
Cred că pe toţi ne-a influenţat în mod pozitiv mediul oferit de acest cenaclul. Inspiraţia ne-a urmat la tot pasul. Unii au publicat volume de poezii, alţii urmează să publice... compoziţiile proprii devin din ce în ce mai cunoscute de public.

Corina, *Fata Pădurilor*, ne uimeşte cu energia, bucuria şi creaţiile ei.

În Septembrie 2021 a debutat cu primul ei volum de poezii "Trăiri în focuri vii." Mă pierd în poeziile ei, mă trezesc hoinărind prin pădurea Vladului, cu chitara pe umeri, simt mângâierea rece a pârâiaşului de munte şi adierea caldă a văzduhului acolo unde pământul se-ntâlneşte cu cerul.

Citind poeziile Corinei regăsesc atmosfera cenaclului Retro prin "Candoare ", "Profunzime", "Îndemn", "Lasă-mă", "Himere", "De ce?", "Azi e tot", "Acrostih în versuri", "N-am somn", "Pluguşorul Retro", "Uneori", "De ce mă judeci " şi-mi vine brusc o idee...

Interviu cu Corina

De când scrii poezii şi cine sau ce te inspiră? - SAU - Îţi aminteşti când ai bătut prima dată la porţile sufletului?

La porţile sufletului am început să bat din frageda copilărie când, datorită timidităţii, mă refulam în adâncul fiinţei mele deoarece simţeam că acolo se ascunde ceva magic.

Scriam poezioare de pe băncile liceului, însă doar din anul 2016 am început să le aştern pe hârtie.

Mă inspiră stările sufleteşti în toată diversitatea lor, natura precum şi situaţii din viaţa de zi cu zi.

Cum te-ai hotărât să le publici în acest volum? Cât timp ai lucrat la acest volum?

Acest volum a apărut oarecum ca un îndemn de a împărtăşi comorile adunate în sertarele sufletului meu.

La acest volum am lucrat cam trei luni având în vedere că aveam deja materialul poetic.

Ai putea să vorbeşti despre dragostea ta de poezie şi cea de muzică?

Prin scris(poezie) ies din contingent şi intru într-o altă dimensiune, cea a armoniei afective, poezia fiind o decantare a propriilor trăiri sufleteşti.

Versurile, prin mesajul transpus în muzică, îmi creează o anume stare de spirit.

Cum ţi-a venit ideea de a avea un întreg capitol "Vers în acrostih"?

Ador jocurile de cuvinte şi ca atare, am vrut să departajez aceste acrostihuri de celelalte capitole.

Cum e cu muzele? Se pare că şi-n lipsă de muze ai inspiraţie,
"Fără muză"
Muzele îmi sunt de fapt propriile trăiri aprinse de focul viu al inimii.

Cum se manifestă aceste "trăiri în focuri vii", în viaţa ta de zi cu zi?
Entuziasmul îmi este propriul crez moral, trăiesc după normele
sufleteşti. Mă îndrăgostesc de surâsul fiecărui răsărit şi apus, mă
relaxez în hamacul optimistului şi îmbrăţişez fiecare clipă aşa
cum e ea ca parte a celui mai minunat dar numit VIAŢĂ.

Am găsit câteva poezii inspirate de momente unice în cenaclu.
"Plugusorul Retro", "N-am somn". Poţi să ne spui povestea lor?
Sau macăr a uneia?
" Pluguşorul Retro" a fost conceput, paradoxal, într-o zi toridă de
august când eram cocoţată pe o stâncă la munte. Pur şi simplu,
eram într-o stare de exaltare maximă, fascinată de beatitudinea
naturii în toată splendoarea ei când, pentru câteva clipe,
gândurile mele s-au îndreptat către aceşti oameni dragi din
Cenaclul Retro, care la rândul lor sunt iubitori de natură.

Pluguşor Retro

Aho, aho oameni şi fraţi,
Staţi cu Retro şi mânaţi,
Lângă noi v-alăturaţi
Şi cuvântul ascultaţi!

Respiraţi versul de dor,
De iubire, de speranţă
Şi cântaţi cu noi în ton
Melodii ce ne dau viaţă.

În povestea ce rulează
Să vă regăsiţi trăind
Anii voştri, anii noştri
Când la show voi iar veniţi.

De la mic până la mare,
Voi pe Retro îi iubiţi,
Darul nostru e candoare
Lacrimi, zâmbete primim !

Noi cu inima cântăm,
Emoţiile ne împresoară,
Versuri calde recităm
Când frigul strapunge-n iarnă.

Mai glumim, să n-adormiţi
Când genunchii -amorţesc,
De visarea-n regăsire
Când prin timp te pierzi încet.

Noi, acum în prag de seară
Când colindul bate-n geam
Vă urăm să aveți parte
De suflet ușor și har!

Mulțumim că stați aproape
De frumosul ca din carte

Căci ÎMPREUNĂ reunim
Un spirit dornic în simțiri.

Să trecem pașnic peste ani
Mână în mână cu Cenaclul,
Elogiind trăiri străvechi
Ce luminează ca un astru!

2 august, 2018

"N-am somn" a fost compusă în urma unei repetiții cu Cenaclul Retro. A fost o sesiune productivă, cu o încărcătură emoțională aparte (la rândul meu am recitat în ciuda faptului că arta oratorică nu este puncul meu de comfort) dar și plină de haz.

Ce își propune Corina Vlad pe viitor?
Îmi doresc să FIU în continuare ceea ce SIMT, să evoluez ca ființă, să rămân energică pentru a putea savura fiecare binecuvântare. Cât despre planurile mai detaliate despre viitor prefer să le mențin într-un abur de mister..

Am reușit să lucrez foarte ușor cu Corina la acest interviu. Și asta pentru că ea trăiește clipa și oferă frumosul simplu și natural, fără să se împiedice de orgolii și interese meschine. Corina e una dintre cei care au primit vestea publicării acestei cărți cu un entuziasm nedeghizat.
Eu chiar văd acest interviu ca un moment de pus în scenă la unul dintre spectacolele viitoare.
Mulțumesc Corina pentru că EȘTI... Să nu te schimbi niciodată. Și să continui să scrii...

*Moment – Banii și Armonia
Trimit cuiva drag din România un video cu un artist al străzii, pe undeva prin New York, care cântă în ritm reggae despre România. Urmează următorul dialog:

Primul meu gând a fost:
Ce frumos trăiesc unii, bucurându-i pe alții...
8:40 AM

Ce tare
8:36 AM

Mai știu și alții de noi
8:36 AM

Mie îmi pune un zâmbet pe buze ..
8:41 AM

Da posibil
8:41 AM

Ce nu face americanu pentru un ban cinstit
8:37 AM

Eu îl vad ca pe unul care câștigă un ban
8:41 AM

Dacă ai înlătura gândul asta continuu la bani, ai avea o viața mai frumoasa
8:42 AM

Anda tu orice ai zice orice ai face oricât de mult ai filozofa în viata asta totul dar absolut totul se rezuma la bani
8:44 AM

Ca are etnie jamaican e ok dar e american
8:43 AM

Eu nici n-am văzut banii in clipul asta pana nu mi-ai atra tu atenția

Totul e cum privești in jurul tău
Perspectiva
Suntem toți diferiți

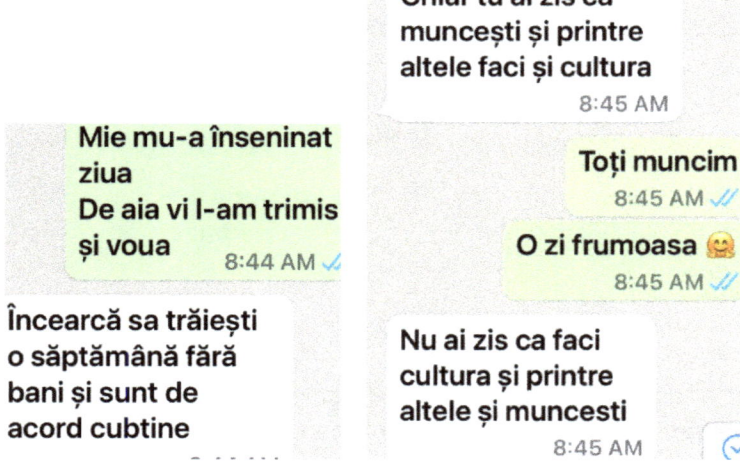

Mi se pare ciudat și interesant pentru că prima mea reacție după cum puteți citi în dialog, a fost de bucurie, de mândrie, și am încercat să împart această bucurie cu cei dragi mie. În acel video, eu am văzut un artist al străzii, un jamaican care a compus pe moment un cântec despre România. M-a bucurat în primul rând faptul că are cunoștințe despre România. Cuvintele: *București, Hagi* și *Transilvania, Te iubesc*, au fost tot ceea ce a contat ...

După acest dialog, mi-a venit ideea. Cred că ar trebui să vorbesc și despre bani în această carte.

Deci banii și Cenaclul Retro? Două lucruri care nu prea au multe în comun. Da, banii sunt necesari, însă atunci când arta e o pasiune din care nu contează dacă câștigi un venit, banii joacă un rol secundar. Acesta nu e desigur făgașul pe care merg artiștii profesioniști.

În Retro, puţinii bani care s-au adunat, au venit din sponsorizări, metoda clasică de a implica companii, şi de asta s-a ocupat Ştefan. El a bătut pe la uşi, s-a întâlnit cu prieteni, le-a vorbit despre misiunea noastră, şi uneori a primit iar alteori n-a primit sponsorizări. Iar apoi au urmat donaţii, mai mult ale cunoscuţilor, prietenilor şi familiei şi chiar ale membrilor cenaclului. Tot ce s-a adunat a fost încredinţat unui comitet, iar toate cheltuielile s-au discutat în şedinţe. Când e vorba de bani, transparenţa e foarte importantă, chiar şi atunci când faci totul din pasiune... Am reuşit să cumpărăm un sistem de sunet, apoi să ne răsplătim munca la sfârşitul anului cu nişte tricouri şi căni, să dăruim şi sponsorilor căni sau tricouri, să comandăm pancardă/afiş cu logo-ul Retro, şi cam atât. Comitetul care se ocupă de bani *e cu ochii în cont* şi e îngrijorat. Toate chitanţele şi situaţia financiară se discută şi se analizează la câteva luni. Problema e că nu prea avem ce analiza...

Mai de curând, (septembrie 2021) am încercat să angajez publicul în a oferi o donaţie cât de mică, printr-o formă "google" care oferă anonimitate şi poate fi accesată de toţi cei care apreciază ceea ce facem. Au fost discuţii şi despre asta în Retro.

Majoritatea cheltuielilor se fac de fiecare, personal. Ştefan vine cu o chitară nouă acasă şi îmi spune cât a costat.

Replica mea: "La cât costă, ar trebui să cânte singură." Apoi schimbă un amplificator că cel vechi nu mai e bun, Sorin cumpără sistem wi-fi de conectare, pentru ca să nu fim legaţi de cabluri, Radu cumpără boxe, fiecare şi-a cumpărat microfonul lui...Cenaclul a investit în sistemul de sunet...şi tot aşa.

Am avea nevoie de multe altele: reflectoare, microfoane wi-fi, decor pentru scenă, oameni voluntari care să se ocupe de sunet, lumini... greu de găsit. Cred că faptul că noi încercăm să rezolvăm şi sunetul, şi reflectoarele, şi tot ce se întâmplă în spatele cortinei, iar în acelaşi timp să fim şi artiştii pe care publicul îi aşteaptă la fiecare spectacol, e o provocare, căreia se pare că îi facem tot mai bine faţă... Ar fi nevoie de o echipă întreagă pe lângă noi şi sper ca într-o zi să ajungem şi acolo...

Revenind la bani ... Câteva experienţe... La început am avut un sistem cu bilete de intrare sub formă de donaţii; multă bătaie de cap din punct de vedere al organizării. La final de spectacol, după ce achitam închiriatul de sală, parcarea și altele, rămâneam sau *nu rămâneam* cu o sumă minusculă în cont.

Și aici îmi vine în minte o povestioară, care mă face să zîmbesc amar. După îndelungi negocieri pentru o anumită sală, cunoscută comunității, susținem un spectacol de excepție. A fost muncă multă, repetiții intense încununate însă de o explozie de aplauze și sentimente.

Înainte de spectacol, Ștefan anunță: "Dragilor, ce ziceți să sărbătorim la pizzeria de peste drum? Cred că atâta merităm și noi. Din banii care se vor aduna vom plăti consumația! "

Aceea a fost prima și ultima tentativă de a sărbători la un restaurant/pizzerie și a plăti din contul Cenaclului Retro. De ce? Pentru că, la final de spectacol, deși sala fusese plină, după ce s-au achitat, sala, sunetul, curățenia și altele impuse de acea locație, am rămas cu aproximativ 80 de dolari. Asta însă nu ne-a oprit să ne bucurăm și să continuăm să-i bucurăm pe cei din jur.

Însă ne-am întrebat dacă merită să ne mai ocupăm de, tura-vura asta cu bilete-donații. **A** a sugerat: "Eu vă recomand să puneți întotdeauna bilete, chiar dacă numai simbolic. Spectatorul nu te ia în serios dacă oferi spectacole gratuite. "

De multe ori am organizat spectacole de caritate. Adică i-am lăsat pe cei din locația respectivă să se ocupe de vînzarea biletelor, și tot ce s-a adunat a rămas donație pentru o cauză nobilă.

După perioada de izolare am oferit spectacole gratuite...

*Suntem plăcut surprinși de generozitatea celor care vin la spectacolele noastre. În ultimul timp, am primit donații nu doar de la publicul roman, ba chiar și de la persoane care nu vorbesc limba română. Asta dovedește că muzica și poezia depășesc barierele lingvistice și ajung acolo unde trebuie...la sufletele celor celor care ne ascultă.

*Moment – Gâlceavă – SAU - "Mult zgomot pentru nimic"
Ideea de a transforma povestioara într-o scenetă îi aparține Ligiei.
O aud spunând: "Asta poate fi o scenetă..."
Sincer nu mă simt tare inspirată. Sunt epuizată de repetiții, idei, păreri, energie multă pusă în lucruri de care nu ar trebui să ne îngrijim noi înainte de spectacolul. Cum a început totul? Cu o invitație.
Suntem la o repetiție iar **A** ne anunță că suntem invitați să susținem un spectacol. Când? În curând...
Prima impresie: încântare. E primul spectacol după perioada asta în care am "hibernat" A doua impresie: bucurie. Avem așa de multe piese (mai noi, mai vechi) ... de-abia așteptăm să le expunem publicului.
A treia: îngrijorare. Cum ne organizăm? Pe cine invităm? etc.
Eu singură am o sută de întrebări, iar **A** nu e prea explicit. Ce se așteaptă concret de la Cenaclul Retro? Noi facem invitații? Se pare că e un spectacol privat. Câte persoane? Nu putem face publică adresa.
Eu am o metodă pe care o chiar folosisem la Equivox Multicultural (o organizație culturală fondată în 2019), prin care putem face anunțul public, fără să dăm adresa. Iar când se adună un anumit număr de persoane, putem anunța că nu mai sunt locuri....
C: "Eu zic să invităm personal anumite personae, care sunt importante."
Ridic din sprâncene; îmi zic *"importante?"- definește persoane importante - la mine nu există așa ceva - toți oamenii au importanța lor.*
Nu se hotărăște nimic concret. Ștefan e cam absent din discuție.... Trece timpul și ne trezim în luna mai. Repetăm de zor, însă nu se mai discută nimic despre organizare. Trebuie să recunosc că la capitolul ăsta nu stăm tare bine. Discutăm amânarea spectacolului. Repetiții după repetiții.
D:" Ce facem cu invitații?"
B:"Nu știu, nu s-a hotărât..."
Invităm doar anumite persoane, *importante*? Hmm...
Cine a venit cu ideea aceasta tace, nu mai zice nimic...
Tare mi-ar place ca atunci când se aduc idei în grup, să se și înfăptuiască de cei care le aduc...totul ar fi mult mai simplu și mai ușor.
A: "Trebuie să ducem vin, bere, mici și altele..."
B râde: "De ce nu și sarmale. "
C: "Vin, bere? "

D: "Mai muşcăm dintr-un mic, mai recităm o poezie şi băgăm câte o sarmală"

Zâmbesc amar şi fac o notă mentală.: *Trebuie revizuită misiunea cenaclului.*

E:"De ce să ducem şi mâncare? Ce fel de spectacol e ăsta? Petrecere, chermeză?"

Mai trece ceva timp, nu se mişcă nimic, cei ce au propus şi au hotărât să invităm doar anumite persoane tac chitic. Suntem confuzi, nu ne e clar cum selectăm oamenii *"importanţi"*.

E: "Dacă aşa vreţi să faceţi, vă las pe voi să faceţi, eu nu mă bag la prăjit mici"

Weekend... Suntem la pădure, la lac, şi ne bucurăm de natură, de oameni, de frumuseţea din jur. **B** aduce computerul pe plajă, se aşează lângă mine şi mă întreabă inocent:

"Anda, avem aproape o mie de prieteni pe FB, pe cine invităm?"

Mă uit la el un pic uimită, şi recunosc cinstit, sunt rea, da, sunt rea:

"Sună-i pe **D** şi **C** şi pune-i la treabă. Ei au venit cu ideea asta."

Apare **A**, eu mă ridic şi plec spre lac. Se vor descurca ei, şi s-au descurcat... Aflu mai târziu că au invitat aproape toţi prietenii, majoritatea din România... Sincer, nu sunt sigură dacă ei au ştiut cum să manipuleze *Evite şi FB,* pentru că mulţi prieteni ne-au anunţat mai târziu că nu primiseră nici o invitaţie.

Se apropie spectacolul. Încep să *curgă* textele în *chat.*

Mă sună **D**: "Nu pot să cred că noi facem spectacol cu mici şi bere. Ce e asta?" Îi spun:" Scrie ce gândeşti în chat" Îl cunosc însă destul de bine, e confortabil să-mi spună mie, dar stă departe de gâlceavă. Şi iar apar versuri, pentru a schimba un pic macazul. Le redau aici.

Sorin
Se conturează o chermeză Retro in toata regula! 🎸🎹🎻🎤🤘🎺👍🤩🪕💃🌭🍗🥩🍷🍾

Corina
Viata-I Chiar o melodie
Pe versuri de poezie
Iar cu Retro in pași de vals
Și țânțarii vor face haz!

1:11 PM

Hai iu iu
Iuiuiu itchy(de la
tzantzari)
Ca deseara frigem
micii
Hai iu iu
Iuiuiu itchy
Sa fugim de la
servicii!

12:00 PM

Să lăsăm de-acum
servicii
Dacă tot se frige
micii,
la mai spune din
vioară,
Viața nu-i așa
amară...

12:59 PM

Radu Raceanu

Ligia
Să lăsăm de-acum
servicii
Dacă tot se frige micii,

Zi Cătă din ceteră și
ceilalți din zongoră,
Sa ieșim din volbură!

1:36 PM

Ligia

2:37 PM

Anakin
Dragilor, voi posta
programul in seara

Da, vroiam sa știu
Today
care este programul
serii. Speram sa nu
fie prea mult de "in
timpul", dar se vor
adapta cum
considera fiecare.
Noi ne ocupam de
cântat și recitat cum
ziceți

10:36 AM

Ligia

Noi când mergem la concertele din Milenium Park ducem o gustare și un vin eventual, gen Ravinia, care se servesc înainte de spectacol sau in pauza. Cei care stau mai decorate de scena, fac picnic pe iarba. Mie îmi place sa stau aproape de scena și sa ascult muzica.

Eu zic sa nu ne afumam cu gătitul . Comandam ceva de la pita inn, mâncam bine înainte apoi ciocnim cu invitații un pahar de vin și niște veggie chips și that's it !

ne propunem. Nu cred ca se așteaptă invitații sa le oferim cina, dar ospitalitatea românească își spune cuvântul și vrem sa se simtă bine toată lumea. Putem pregăti ceva de băut: apa, sucuri, cafea, un aperitiv, eventual sa fie când ajung oamenii de la drum.

Sorry dar peste tot unde se mergea portia de mici era 15$ plus intrare și băutura pe bani .

Anakin
Frumosilor si talentatilor liceeni. Toata vina e a mea, asa ca nu va mai intristati reciproc. Varsati-va supararea pe mine. Va dau la toti raspunsul "Armonie", asa cum stim noi mai bine. Sa ne vedem cu drag la Corina & Sergiu si sa facem un show de pomina la

Cu gătitul și eu zic și am mai zis sa nu ne complicam.
Nu știu alții cum sunt dar noi de câte ori mergem la un show, ne plătim consumația și vinul sau berea, iar bautura e chiar scumpă.

Dacă s-ar fi folosit această energie la conturarea unor noi creații ar fi ieșit o minunăție.

Anakin este Ștefan

*Aug 2021
Moment – Turneu în Cedar Rapids, Iowa
Turneul din Iowa devine o tradiție. Ligia - organizatoare și promotoare a acestui turneu, lucrează cu drag și dăruire să găsească cea mai bună dată în calendar, cele mai bune condiții și cei mai buni și frumoși oameni.
Nu sunt mulți români în comunitatea din Iowa, însă celor care sunt, jos pălăria! Cinste lor! Oameni inimoși, săritori, cu dragoste de frumos, artă și cultură.
Îmi amintesc cum, înainte de primul turneu (cu doi ani în urmă) Ligia ne-a spus: " Să știți că nu cred că vor fi mai mult de vreo douăzeci de spectatori în sală. " Dacă acei oameni se bucură să ne

aibă printre ei şi împart cu noi bucuria cânteculuii şi poeziei românești, asta e tot ce contează. Nu numărul lor.

Şi aşa a şi fost. Câtă bucurie şi frumos am dus şi adus din acel turneu... Ca urmare, acum vom prezenta în acelaşi loc, Cedar Rapids Public Library, spectacolul "În dumbrava minunată". Spectacolul va avea loc duminică.

Ligia ne trimite *desfășurătorul* acestui turneu, Merită toată admiratia; a plănuit totul de la cap la coadă. Eu am ajutat-o doar cu închiriatul unui ponton. Sâmbătă dimineaţa trecem pe la ei să-i luăm; Ştefan zice că nu e mare ocol aşa că uită-ne pe drum către Iowa City. Răsună maşina de poveşti, povestiri, amintiri, de poezie şi voie bună. Nici nu mă aşteptam la altceva când Anişoara, Ligia şi Iulian ne însoţesc în drumeţie.

Prima oprire IOWA 80, cea mai mare parcare de camioane de transport din America - aşa zice Iulian. Există şi un muzeu acolo.

E într-adevăr ceva ce n-am mai văzut, parcare cu sute de maşini (în special truck-uri). Un mic *mall*. Suntem impresionaţi iar Iulian e bucuros că a reuşit să ne impresioneze. Anişoara se bucură şi trăieşte orice experienţă cu o intensitate de invidiat.

Apoi ajungem la punctul de întâlnire în Iowa City, la Café ZingZang. Tot acolo ne-am adunat şi data trecută. Această cafenea are un farmec aparte. Se simte atmosfera studenţească în aer. De delicatesele servite ce să mai zicem... Ne aşteptăm unii pe alţii...

şi grupul e complet. Apar Ioana şi Dan care se oferiseră să ne găzduiască, însă n-a mai fost nevoie. Totuşi au venit cu bucurie să ne întâmpine şi să ne ureze: *Bun venit!*

Plecăm apoi spre debarcader; sărim în ponton cu chitară, cu bucate şi băuturi răcoritoare. Poveştile, cântecele, poeziile, zâmbetele amestecate cu o zi călduroasă de vară, parcă nu vor să se termine.

Ah, cum am mai sări în apă. Însă, se pare că nu e voie. Suntem tentaţi să încălcăm regulile...

"Puteţi sări că dacă ne arestează îl sun pe **M** să ne scoată pe cauţiune" glumeşte Ligia. Ne imaginăm cum am arăta într-o aşa situaţie. *Cred că am văzut prea multe filme...*

Mai târziu ajungem în apă, urmând conştiincioşi regulile şi folosind plaja desemnată pentru asta. Ce bine e... În parcare mai servim una alta înainte de a porni spre gazde.

Punctul de întâlnire este la Gabi și Bogdan acasă. Ne întâmpină cu bucurie și căldură, de parcă ne știu de o viață...Bucuria de pe fețele tuturor, cântecele și poeziile din jurul focului, atmosfera incendiară până târziu, sunt experiențe pe care mi-aș dori să le pot descrie...

Dimineața, o cafea super. Îi găsesc pe toți la povești ... ah, poveștile astea nu se mai termină. Ștefan îi zăpăcește povestind despre experiențele noastre cu rulota... Ies în curte, ce aer curat, ce priveliște...Ochii îmi zburdă peste câmpul liber, grădina cu legume bine îngrijită și decorate artistic, dușul din curte (cu paiete) care te duce cu gândul la o vacanță în Jamaica și caii care aleargă liberi în curtea vecinului de peste lac. O întreb pe Corina dacă vrea să vină la o plimbare, în jurul lacului. Pornim, povestim, focul viu arde necontenit... ajungem la cai... parcă ne vorbesc, vin mai aproape de gard...Șoapte, mângâieri și șoapte...

La întoarcere ne așteaptă trupa pregătită de plecare spre Ioana și Dan, unde luăm cu toții micul dejun. Cât de frumos și bine s-a organizat aceasta mică comunitate românească. Sunt de admirat.

Urmează apoi o plimbare prin parc până la fosta casă a lui Ligia și Iulian. Îi însoțim cu drag în această călătorie prin timp. Știm cu toții cât de puternice sunt amintirile care te leagă de prima ta casă. Toți am trecut prin asta.

După o dimineață plină de activități și oameni frumoși, ne îndreptăm spre biblioteca din Cedar Rapid, unde Alina a rezervat aceiași sală în care am avut spectacol cu doi ani în urmă. Sala deosebit de frumoasă are o acustică excelentă. Citesc descrierea noastră pentru publicul american *"Summer Balads with Cenaclul Retro"* și mă gândesc că am ajuns departe și la propriu și la figurat.

Încep să vină spectatorii, ne așteptăm la vreo 20+, însă spre surprinderea noastră vin, și vin și vin și se umple sala...

Restul e povestea din dumbrava minunată, povestea noastră pe care o păstrăm cu drag în suflete.

A fost cel mai reuşit spectacol din acea vară şi ca sunet, şi ca mişcare scenică, interpretare, etc...am simţit şi am dăruit energie şi bucurie celor din sală. S-a cântat, s-a dansat, s-a recitat... am plecat spre Chicago cu sufletul plin.

 Ligia Grindeanu is 🙂 feeling inspired with **Cenaclul Retro** and **17 others** in **Iowa City, Iowa.**

Aug 6, 2021 · 👥

Anotimpuri de dor în Iowa City, acolo unde am trăit și am scris multe din poeziile cuprinse în această carte.

Mulțumesc Alina Dinescu și Anda Anda Si Stefan pentru prezentarea de suflet, mulțumesc Cenaclul Retro și celor prezenți alături de noi în ambianța de muzică și poezie.

Alina Dinescu
Cu plăcere draga mea prietena poeta și într-adevăr mergem mai departe spre destin, cu poezia și cântecul in noi. Cenaclurile le purtam in suflet!

23w   Like   Reply   3 🧡

 Ligia Grindeanu
Alina Dinescu
pagini de neuitat
📖🎼❤️

Purtăm în noi Anotimpurile de dor și Cenaclul Dor există acolo unde ne cheamă destinul.

Iowa, 1 August, 2021

La Sighișoara, orașul meu natal,
se desfășura Festivalul Medieval, așa ca în poezia cuprinsă în acest volum de versuri.

Anda Si Stefan
Sa te tot rătăcești prin Iowa, printre oameni frumoși și anotimpuri de dor. E o mare onoare și bucurie pentru noi sa facem parte din acest eveniment.

‹   **Cenaclul Retro**   Q

Summer Ballads, poetry and music with Cenaclul Retro **din Chicago.**

**1 August, 2021
Downtown Public Library
Whipple Auditorium
Cedar Rapids, IA**

 Cenaclul Retro is with ⋯ **Radu Russell Racean** and **9 others** at **Cedar Rapids Downtown Library.**

★ ·   Aug 6, 2021 · Cedar Rapids, IA · 🌐

Scena a devenit o Dumbrava Minunată la spectacolul Cenaclului Retro din Chicago. Eveniment organizat în colaborare cu Cenaclul Dor și Romanian Cultural Organization din Iowa City. Mulțumim pentru primirea frumoasă!

Cassy Casian
Anda Si Stefan actul artistic si cel sufletesc intregeste mandria de a fi roman, intr-o forma naturala, decenta si calda. Succes pe mai departe si va asteptam cu drag acasa

Anda Si Stefan
Cassy Casian a fost un concert deosebit, intr-o comunitate mica de romani, dar cu un suflet românesc mare, mare...

* Noiembrie, 2021

Moment - În pădurea Vladului

Suntem la Corina şi Sergiu, în Indiana. E greu să ne adunăm cu toţii (departe de casă) dar am folosit ideea Corinei de a mai petrece un weekend împreună la *moşie* iar în acelaşi timp să avem o *şedinţă* ... planuri de viitor, idei de schimbare, îmbunătăţire, etc. Ştefan a trimis prin mesaj punctele care trebuie discutate, agenda.

Noi am ajuns primii, deşi locuim cel mai departe, însă am pornit de dimineaţă. Corina şi Sergiu ne aşteaptă cu bucurie şi cu un *cui* de ţuică de piersici şi afinată... hmm, gustos... aşa ca la români. Ne instalăm rulota într-un decor de vis... deşi e noiembrie, se pare că vremea ţine cu noi... e soare şi în suflete şi în priviri. Natura reflectă razele soarelui în dansul frunzelor multicolore. Pornim la plimbare prin pădurea Vladului, energia bună ne împresoară şi se strecoară în interiorul nostru. Respirăm lumină... Ne urmăreşte Bobby, pisoiul lor, pe care îl pierdem pe acolo. .... urmând o altă misiune, de căutare a acestui pisoi drăguţ, cam sălbatic, şi totuşi aşa drăguţ. Da, l-am găsit după câteva momente de panică când renunţasem şi ne întorceam la foc; el păşea nonşalant pe cărare, venea către noi, întrebător, parcă spunea "ce-i cu toată zarva asta?" ...sigur găsise o poieniţă în care se tolănise la soare ... în timp ce noi îl căutam disperaţi... Bobby, Bobby....

Începem să facem focul pentru ceaun, curăţăm cartofi, Corina pune toate celelalte... e un proces întreg aici; se pare că Sergiu şi Corina sunt profesionişti în acest domeniu. Călin, Steliana şi fetele apar după noi. Se minunează, se bucură, fetiţele aleargă, ţopăie, cântă, se joacă... ce mai, e o bucurie să le vezi, e o bucurie să fi aici.

Mai târziu ajung Carmen, Sorin, Radu şi Cătălin, cu trâmbiţe şi bucurie. Din păcate ei nu rămân peste noapte. Ceaunul e gata, mâncarea e super gustoasă, focul arde *într-un cerc violet*, noi suntem flămânzi... aşa că îi dăm drumul.

Mai trebuie să ajungă Ligia, Anişoara şi Iulian. Ne-au anunţat că vin mai târziu. Focul se înteţeşte, vinul *spumegă-n pocale*. Au ajuns toţi cei care au răspuns pozitiv invitaţiei Corinei... Radu a adus boxele, pune muzică; îi sugerez să caute Cenaclul Retro pe YouTube... toţi ne bucurăm când auzim muzica împletindu-se cu poezia, din spectacolele de demult. Radu chiar ne face o surpriză; cântă "Bal la Apahida " în stilul caracteristic, e tare drăguţ. Împarte bucurie şi candoare prin tot ceea ce face...

Se întunecă, suntem în jurul focului şi începem şedinţa. "*Se discută probleme, se analizează, ce nu merge bine, ce incomodează*".

Se încinge atmosfera... există anumite frustrări... mai mult pentru faptul că nu suntem perfecţi ...se vorbeşte pe rând, se ascultă... ideea a fost din start că facem ce facem pentru a trezi sentimente şi a bucura sufletele celor ce vin să ne vadă, nu să fim perfecţi.

La un moment dat **A** ridică vocea; asta nu e bine...

A zice: "Se pare că ne pierdem fanii, că oamenii nu vor mai veni dacă noi ne credem perfecţi şi frumoşi şi deştepţi, însă facem greşeli."

Hmm... am mai auzit această idee undeva. (deja ştim toţi cine plantează acest *sâmbure al discordiei* între noi, e chiar uşor de recunoscut) Sar mai multe voci, încercând să explice că nu ăsta e scopul, viziunea şi misiunea noastră.

B:" Da, trebuie să lucrăm la a îmbunătăţi şi a găsi soluţii. Trebuie să separăm problema de persoană. Nu ajungem nicăieri dacă ridicăm vocea şi ne arătăm cu degetul."

Îl ştiu pe **A** demult, e un suflet bun şi cald, un om de mare valoare. Simt în vorbele lui multe frustrări şi multe influenţe negative.

B e de admirat, e de un calm rar întâlnit... Să-ţi ţii cumpătul în asemenea condiţii e foarte greu.

G: "Să nu uităm că am făcut mult pentru comunitate, de ani de zile. Facem ceea ce facem pentru a dărui celor din jur, iar ei apreciază."

A: "Vin prietenii, şi ei din complezenţă. La ultimul spectacol cineva (un fan de-al nostru) mi-a spus că am sunat rău."

L: "Dar au fost mulţi, foarte mulţi, care ne-au dat "*feedback*" pozitiv. Cineva chiar mi-a sugerat să rezervăm scena asta "Heritage Pavilion" pentru la anu'."

J: "De ce să lăsăm un comentariu negativ. să ne umbrească bucuria?"

Se dau exemple, se risipeşte energia bună pe situaţii din trecut care artrebui să rămână în trecut... Se aud voci tot mai tare.

E o răbufnire. Poate că e nevoie de aşa ceva, din când în când...

Anişoara: "La început a fost cuvântul. Cuvântul poate să te şi ridice, dar poate să te şi coboare."

L: "Eu nu sunt de părere cu expresia: "să spui omului verde-n faţă". Eu colorez verdele ăla un pic...Mie nu-mi plac confruntările."

Eu: "Oare cui îi plac?"

Se sugerează să invităm oamenii să participe la spectacolele noastre, să deschidem scena, noi rămânând nucleul. Nimic nou aici, asta a fost dintotdeauna idea. Dar avem nevoie de reciprocitate.

Nu putem lăsa anumite persoane să ne folosească doar ca o rampă de lansare - cum de fapt s-a mai întâmplat.

A e tot mai volubil şi se aude tot mai tare. Cred că deja s-a creat un zid în jurul lui şi nu mai poate să mai asculte pe nimeni. Îmi pare rău că vorbele lui **C** se pierd în vânt:

"Ştii ce frumoasă piesă ai compus pe versurile lui **L**? S-ar fi potrivit de minune la o sărbătoare organizată de **M**. Însă nu am fost invitaţi..."

"Nu-i nimic," spun "Este pierderea lui."

C: "Trenul Retro merge de mulţi ani. Au urcat mulţi şi au coborât unii. Fiecare e liber să coboare..."

L:" Ştii cum stă problema? Noi putem fără ei; ei nu pot fără noi..."

Interesante comentarii. Cred că e deja timpul să încheiem şedinţa.

E gata, însă voci tot se mai aud. Gata...

"Trebuie să avem grijă de noi şi de armonia dintre noi" spun.

Rămânem toţi cu un gust amar; nu se mai cântă / recită la foc, doar aşa câteva acorduri. Dimineaţa ne trezim, soarele e sus pe cer, ne zâmbeşte şi ne invită la drumeţii.

"Aş vrea să folosim ceea ce s-a întâmplat aseară ca pe o oportunitate ... să creştem, să creăm, să mergem înainte." îi spun Ligiei.

"Ce bună eşti tu" îmi răspunde.

Cred că e în puterea noastră să canalizăm toată energia asta pe făgaşul bun, ca să înflorească şi să dea roade. Dacă toţi oamenii ar face asta, am trăi într-o lume mai bună.

November 4, 2021

Buna Dimineata Liceeni,
Se prevede un Retro Retreat frumos.
Pe langa metafore si muzica as dori
sa discutam cateva subiecte:
1) Ce sa imbunatatim la activitatea
noastra pentru a aveam mai mult
succes: sunet, repetitii etc.
2) Unde si cate spectacole sa
pregatim pentru anul viitor.
3) Am gasit un teatru in Buffalo
Grove, dar trebuie sa avem si alte
alternative. Suntem in discutii cu
managerul pentru pret.
4) Am avut cateva "open mics"
in trecut. Cum integram aceste
momente in spectacolele urmatoare.
Sa nu uitam ca viziunea cu care am
inceput aceasta activitate a fost sa
dam posibilitatea celor care au talent
si pot sa-l prezinte sa il prezinte. Noi
suntem nucleul Cenaclului.
5) Situatia financiara
6) Care e pozitia noastra fata de ⩔
Centrul Comunitar.

Well, I think we are already "in" and we should be "in". This is a Romanian Community Center and we are Romanians and this is our community. We are "in" because many of Cenaclul Retro members are "in" and involved already to some extend and care about the mission

leadership or experience or past participation to RUF events or zoom meetings. The question is how are we "in" and we can use the model of other organizations that are supporting the center as well. Successful project at the community level are possible with collaboration and people

should not loose our energy and identity in this debate, but rather help with we can, mainly with our art. We can decide for a donation (after a show for instance) as a group and the monthly membership pledge can be an individual decision.

4:20 PM

Great points! 👏
Sa nu ne pierdem identitatea si unicitatea! Si sa nu uitatam ca in 2022 sarbatorim 5 ani de Retro, iar anul acesta 10 ani de Vox Maris!
Iar in acești ani am făcut multe pentru comunitate
Love you all! ❤️

4:29 PM ✓✓

Am scris in engleză pentru ca invitația de a susține acest centru comunitar românesc se pare ca este expresia: "Are you in" (nu vreau sa scriu versiunea in limba romană a acestei expresiii, alese dintr-un motiv pe care nu îl cunosc).

La spectacolul de toamna s-a spus deja ca Cenaclul Retro susține acest Centrul Comunitar așa cum susținem și am susținut Romanian Heritage Center si Bisericile Românești care ne-au găzduit evenimentele. Am reținut din discursurile de la evenimentul

organizat de Romanian Heritage Center, ca aceste centre se susțin și își doresc să colaboreze pe viitor, ceea ce este de bun augur pentru comunitatea romanesca si pentru noi, care oferim din

suflet si de ani de zile din arta noastră pentru păstrarea tradițiilor românești

4:36 PM

*Încurajare RETRO - SAU - cum ne susținem unii pe alții...

Corina

> **Sorin**
> Multumim Corinuța si
> Sergiu pentru găzduire
> si ospitalitate, si ne p...

Sorin, răspunsul referitor la merit este în interiorul tău și nu al celor care își aruncă în ochii tăi propriile frustrări prin păreri care nu rezonează cu cel care ești tu cu adevărat.

Încearcă să privești de jos dar să simți de sus ... Restul totul e vânare de vânt! Carmen e o dulcică! Let's do The best and forget the rest! 🤗 😘

Si înconjoară-te de oameni care te iubesc pt ceea ce ești și dăruiești nu pt ceea ce ai putea dărui dacă n-ai fi tu!

*Inspirația e acolo unde nu te aștepți. O seară intensă a purtat pe aripi următoarele versuri...

EPIGRAME ÎN REPRIZE

FARMEC
Bolta pomilor în zori
Din culori îți dă fiori
Și frunzarele din zare
În cuvinte prind să zboare...
Mulțumiri pentru-acest rai
Gazdelor, stăpâni pe plai!

UNUI ACTOR
La Hollywood, om faimos
Ștefan, actor merituos,
Dar norocul lui cel mare
E cu Anda pe cărare
Faima nu l-a rătăcit
Da'i tot artist renumit...

MENIU
Carnea fierbe în ceaun
Fierb ideile în ton
Armonii, pe dinafară
Dau, ca focul cel de pară...

OSPITALITATE
Corina și cu Puiuțu
Sunt ospitalieri drăguții
Primitori cum bine-ți pică,
Dar toate pâ'n la pisică...

UNEI POETE RECITATOARE
Ligia, blândă căprioară
Ar rosti o poezioară
Chiar potrivită cu crângul
Însă nu i-a venit rândul...

UNUI MELANCOLIC REALIST
Iulian, în ton cu știința,
Își acordă-n grup ființa!
Calcul face, prin urmare
Conformațiilor astrale...

UNEI FANE
Carmen, de acord cu toate
Spune: chiar nu se poate
Ca ea pe scenă să fie
Fan rămâne pe vecie!

UNUI CANTAUTOR
Năzuiești spre perfecțiune
Pentru voci și-a tale strune,
Loc mereu pentru mai bine
Totdeauna-o fi, Sorine!

UNUI VIOLONIST
Stele, note muzicale,
Pentru cântecul de seară,
Iară razele de lună
Portative pentru strună
Și cu sufletu-i senin
Le contemplă Cătălin!

UNOR ZÂNIȘOARE
Cele două păpușele
Tot pe internet și ele
Cu greu s-au dus la culcare

Ar fi tras mâța de coadă...

UNUI ELVIS
Elvis rămase șomer
Timpul neavând reper...
Și-aștepta în costumație,
La cântec fără somație...

„CĂLIN FILE DIN POVESTE"
Poezia de la unchi
E a poeziei trunchi
„Călin File din Poveste"
Adevăru-n sine este!
Vinul tău e bun Căline
Și tonifiant ca și tine
El ne-aduce inspirație
Pentru spectacol, creație...

TERAPIE
De la „Retro" terapie
Se vindecă poezie
Prea multe, medicamente
Produc artelor defecte...

DOAMNEI AVOCAT
Cred că dreptate ne-a dat
Chiar și doamna avocat...
Frumoasa doamnă Steliana
Ne-a apreciat toată seara...

LANTERNA ZBURĂTOARE
Din suflete creatoare
Și lanterna zburătoare
În cântec despică cerul
Poezia și misterul...
UNOR CENACLIȘTI

Pe sub cerul înstelat
„Retro"-n cerc s-a adunat,
Dar nu să numere stele,
În entuziasm rebele
Ci propuneri pe sub ele...

M-am produs cu epigrame
Cu ironie și drame
Sper să revin la lirism
După seara cu seism...

ANA DE SIGHIȘOARA
Indiana, 7 Noiembrie, 2021

Cenaclul Retro
Amintiri cu tâlc.
Multumim, Ana
Munteanu Draghici.
Salutări prieteni
dragi!

12h   Love   Reply   2

Anda Si Stefan
Un zâmbet pe 16 mm

Frumos conturat de
talentul inegalabil al
Anișoarei 👏

*Noiembrie 21, 2021

Moment - Vox Maris Band, 10 ani - Concert Aniversar

Mergem, nu mergem la concert? ne-am pus întrebarea asta cu ceva timp în urmă. Odată am răspuns ba, odată da... eu eram indecisă însă Ștefan voia să meargă. Și așa am ajuns aseară la Concertul aniversar. Parcă o aud și acum pe **C**:

"Nu pot să cred că Ștefan nu a fost invitat să prezinte măcar piesa lui, nu pot să cred..." (referință la piesa *Pe strada mea*, apărută în primul album al trupei Vox Maris)

Observ că în urma tuturor discuțiilor din Retro, **C**, care e de obicei liniștită și calmă, a prins curaj și își expune un pic mai agresiv trăirile sufletești. E un pic (sau mai mult) supărată și frustrată de situațiile și discuțiile purtate acum două săptămâni la pădurea Vladului.

"E așa de păcat de seara aceea frumoasă, în jurul focului, care trebuia să fie presărată cu acorduri de chitară împletite cu versuri. Eu încă nu pot să trec peste asta. Mi-a lăsat așa o piatră pe suflet." Simt cum se reflectă asta și la acest concert.

Muzica e tare, vibrează toată sala. Deși vocea solistului nu prea se aude (asta se întâmplă de obicei, când toate instrumentele sunt la volum maxim, ori mi se pare mie - *spectacole rock*); și nu se înțeleg prea bine versurile, energia începe să crească, mai ales în a doua parte a spectacolului când atmosfera se încinge cu piesele mai vechi (din albumul Călători cu Vise) și cântecele arhicunoscute ale formației Phoenix. Lumea e în picioare, se dansează, cei care vor să cânte își caută versurile pe telefon - iar mă gândesc la Powerpoint cu versuri la care am lucrat cu atâta drag pentru primele noastre spectacole.

Ștefan e chemat pe scenă la ultima piesă: Andrii Popa. **C** nu mai poate, e cu două scaune în stânga noastră. Când începe Andrii Popa vine dansând către noi, cântă, transmite energie (ea, care de obicei e foarte calmă); era necăjită că Ștefan nu fusese chemat până atunci pe scenă; citesc asta în priviri, în atitudine... Acum fața lui **C** radiază de bucurie.

Printre cunoscuții din sală îl văd pe **A.** Știu că are un respect deosebit pentru faptul că Ștefan a inițiat Cenaclul Vox Maris, din care s-a desprins mai apoi Vox Maris Band. Se bucură sincer. Îl aud vorbind cu Ştefan mai târziu: "Locul tău e pe scenă. Mi s-a umplut sufletul de bucurie când te-am văzut acolo; Ştefan - Fondator."

La plecare se aude o voce din public: "Felicitări Ştefan că ai pus şi tu o cărămidă la Vox Maris Band."

A răspunde: "Prima!"

C e foarte încântată. "A trebuit să urci să urci tu pe scenă, acolo ţi-e locul".

*__M__ - întrebat despre începuturile formaţiei, a răspuns "într-o seară repetam/ cântam cu **D**, când ne-a sunat un prieten bun să ne spună că este un eveniment în comunitate şi aşa s-a întâmplat să fim la timpul potrivit la locul potrivit!"

"Hmmm! " spune **C** : *Timpul potrivit, locul potrivit?* Am fost acolo! Putea să amintească de Cenaclul Vox Maris."

A - "Da, ar fi putut specifica... Acel eveniment la care au fost invitaţi a fost rezultatul muncii de un an şi jumătate a lui Ştefan şi Dan P, începând cu Cireşarii. Şi i-ar fi stat bine să recunoască asta. Nu le-ar fi luat nimeni aura şi anii de muncă. Ba chiar ar fi apreciat mult faptul că nu şi-au uitat rădăcinile."

C, cu tristeţe în glas: "Am fost acolo... "

Mai târziu, comentarii tot din partea lui **C**: "A fost un concert frumos. Vox Maris are oportunităţi şi ştie să-şi valorifice potenţialul."

Mă surprinde vehemenţa de care dă dovadă când e vorba de Vox Maris band. Cred că îşi are rădăcinile în faptul că ea este membru fondator al Cenaclului Vox Maris. *Am fost acolo...* " o aud şi acum.

Andri Popa
11:29 PM

Featuring Ștefan
Cristolțean
11:31 PM

O seară minunată
Felicitări Vox Maris,
felicitări Ștefan și
Sorin și tuturor celor
implicați in reușita
acestui eveniment
11:33 PM

Ligia
O seară minunată
Felicitări Vox Maris,
felicitări Ștefan și Sor..

Subscriu ❤️
Bravo Sorin,
You Rock!
Bravo Ștefan,
You Rock too! Ce
surpriza placuta sa
te vedem și auzim
pe scena Vox Maris
Band la care "tu ai
pus prima
cărămida" citat din

Bravo Vox Maris
band!
Multumim
legendarei trupe
Phoenix pentru
cântecele care ne-
au ridicat de pe
scaune

Îți mulțumim Ștefan că acum cinci ani te-ai retras din Vox Maris Band și ai decis să pornești într-o nouă aventură numită Cenaclul Retro. Pentru că altfel, această carte n-ar fi existat și toate momentele, bucuriile, nebuniile, emoțiile și frumosul dăruit comunității s-ar fi risipit.

* Decembrie 2021
Moment - Mi-e dor de tine

E sâmbătă şi sunt foarte ocupată. Se apropie săptămâna examenelor de sfârşit de semestru şi sunt prinsă în lucru, corectez de zor. Îi spun lui Ştefan că sunt ocupată şi n-am timp de prea multe; el îşi face de lucru, iese cu Charley la plimbare ... se tot foieşte prin casă. Parcă nu-şi găseşte locul. Vine sus în camera unde lucrez la birou şi-mi spune:

"Uite ce m-am gândit. Hai să ieşim cu rulota până în Chicago să vedem oraşul şi semnul "Mi-e dor de tine". Chemăm şi Retro." Prinsă în gândurile mele, încuviinţez şi-mi văd în continuare de treabă. Încep să *curgă* textele. Când apuc să mă uit sunt deja vreo 15 mesaje. Sunt surprinsă, n-am crezut că Ştefan invită Retro şi mai ales n-am crezut că face atâta *vâlvă* cu asta. Răspunsuri pozitive la această acţiune inopinată. Ei, câteodată e bine să ieşim din monotonie.

Şi uite aşa, se alege un loc de *îmbarcare*, o oră, şi ne întâlnim, plini de entuziasm, cu chitări, viori şi câte ceva de gustat. Nu suntem mulţi, însă energia e bună... aşa ca în Retro. Luminiţele ne zâmbesc zgomotos. E o experienţă unică să vezi Chicago seara, din comfortul casei tale (chiar dacă micuţă) pe roţi.

Prima oprire: Adler Planetarium. De aici ai cea mai frumoasă privelişte a oraşului. Coborâm din rulotă şi ne întâmpină o seară plăcută de iarnă. Nu e prea frig şi nici nu ninge; ce frumos ar fi fost să ne întâmpine câţiva fulgi zglobii. Ne bucurăm, glumim, simţim că trăim. Poze, poze frumoase, şugubeţe.

La un moment dat îl aud pe Cătălin:" Ne-a scăpat domnul primar de sub control".

Zâmbeşte, iar eu chiar mă gândesc la ce a spus, şi zâmbesc. Mai târziu Ligia pune nişte poze în grup (chat) cu acest comentariu. Glume, glumiţe?! care mă îndeamnă să ridic din sprâncene întrebător.

Cât de bine e să intrăm într-o casă caldă, chiar dacă e numai pe roţi. Îmi vin în minte versurile "Ce cald e aicea la tine, Şi toate din casă mi-s sfinte, Te uită cum ninge-n Decembre, Nu râde, citeşte - nainte." Până la următoarea oprire, pun mâna pe chitară, colindăm, cântăm, povestim şi ne bucurăm să fim împreună în preajma sărbătorilor de iarnă, colindând Chicago în rulotă. O seară mai frumoasă nici nu se putea.

"Noaptea acesta-n ea are acel ceva
Har ieşit din comun,
Fiţi aşadar mai buni şi credeţi în minuni
Cel puţin de Crăciun... "

Ajungem la semnul "Mi-e dor de tine". Ştefan găseşte parcare, 30-minute pe lumini de avarie, nu ne vine să credem cât suntem de norocoşi. Coborâm din rulotă, trecem strada neregulamentar, ca nişte copii răzvrătiţi, şi ne bucurăm de privelişte. Ni se face dor, dor de tot... dor de oameni, dor de voi. O aud pe Ligia recitând:

" Mi-e dor de-o ninsoare la mine acasă,
Cu brazi aplecaţi peste ramuri de vis.
Atât de aproape de clipa măiastră
Cum cerul, la munte de pisc,
Acolo m-aş duce să uit şi să plâng
Icoane să caut în genunchi printre frunze,
Să fie amiază, să uit să mănânc
Cu lacrimi pe-obrazi călăuze..."

Cât de minunat şi potrivit este acest moment.

Poze; primim o poză de la Corina, care nu a reuşit să fie cu noi însă ne roagă să o includem dacă facem un post pe *Facebook*.

Drăguţ şi la subiect. Aşa cum e Corina.

Ne întoarcem la locul de îmbarcare, suntem obosiţi, dar plini de bucurie şi mulţumire. Mulţumim Ştefan pentru această seară minunată. Cum ştii tu să-i bucuri pe cei din jurul tău.

Mulţumim Ligia, Iulian, Cătălin şi Călin că ne-aţi însoţit în această aventură şi că ne-aţi colindat în căsuţa noastră pe roţi. Go Retro!

Anakin

Dragilor dupa a o zi asa de insorita am avut o "epiphony" cum ca ne plimbam asa pe langa semnul "Mi-e dor de tine" imbarcati in RV nostru si innarmati cu chitara, poezia si vioara. Ne-am putea intalni intr-o locatie centrala pentru toti pe la 6PM. Care va incumetati la

Domn primar ne-o scapat de sub control....😂😂😂

8:44 PM

EFECTUL RETRO

*Decembrie 2019
 Moment – "*Mission accomplished*"
'Neatza!

M-am trezit înainte de 8, aş fi vrut să mai dorm dar un amalgam de sentimente a explodat din inima mea: sentimente de bucurie, de emoţie, de visare .... am zâmbit, am râs şi am plâns ... de fericire!

Suntem minunaţi de nici nu ne dăm seama cu adevărat!

Dumnezeu să ne dea zile incendiare, să vibrăm şi să păstrăm această Flacără vie, vai ce minunaţi aţi fost toţi!

Radu, am recitit poezia de gratitudine, de data asta mi-am dat drumul lacrimilor să limpezească ochii înceţoşaţi de aseară de atâta viaţă!

Ligia, ne-a lipsit chipul tău blajin dar "domnişoara "Ana de Sighişoara a ajuns să îngenuncheze ca la altar pe eşarfa dansatoare (detaliile ţi le spune dânsa).

Călin, doar dimineaţa am realizat că tu vorbeai bine aseară şi cred că de asta am uitat să îţi analizez falca (scuze).

Nu mai vreau să o mai lungesc aşa că vă mulţumesc şi vă iubesc chiar dacă pe viu mă exprim mai greu!

No iară plâng 😢

Să aveţi o zi binecuvântată pentru că o meritaţi cum cuvintele nu o pot spune!

Corina – de prin texte adunate

*Texte/impresii după spectacole:

Toată ziua am avut in cap numai "dacă vrei, numai dacă vrei"...

Sigur
Cu mult drag 🧡

Pana atunci va așteptăm și la alte ieșiri
Avem următorul show in 1 Aug.
Turneu in Iowa

Ești o drăguța
Ma faci sa zâmbesc
O cântam
odata impreuna?

Va fi anunțat pe FB
O seara frumoasa
Dacă vrei, dar numai dacă vrei 🥰

Dacă nu ma aude nimeni altcineva și tu te oferi voluntar...

Anakin
Buna Dimineata Retro,
Felicitari pentru inca un spectacol frumos.
Sa aveti o zi binecuvantata!
Go Retro!
8:37 AM

Corina
Clipe vii pt amintiri târzii !
A fost o experiența frumoasa !

Corina
Clipe vii pt amintiri târzii !
A fost o experiența frumoasa !
Mergem înainte!
Deja îmi e dor de voi !
Nu am apucat sa va pupacesc pe toți la plecare !
M-am trezit cu bujori bronzați de vantul turbat !
Go Retro !😘😆🔥🧡
9:14 AM

L-am gasit!!!Dragilor, va multumim si apreciem timpul si efortul pe care il puneti pt a ne bucura inimile si a nu ne uita radacinile, mai ales generatiile tinere. Sunteti minunati!!! ❣️

Lucian Muresanu
Sunteți minunați! Vă mulțumim că existați, fără voi, n-am trăi atâtea momente frumoase...🤗

Servus Lucian, multumim ca ai fost in Dumbrava Minunata și iti multumim de invitatie. Am sa vorbesc cu grupul la următoarea repetiție și te anunț. Cred ca este Labor Day Weekend atunci, și suntem plecați dar oricum mai vorbim. O săptămana faina!

Mersi frumos pentru răspuns, vorbim zile următoare, o seară liniștita. Ați fost minunați, numai Patrocle a lipsit! 😄

*__Moment__ - La final de spectacol

Stephanie - În Dumbrava Minunată
"Sunt așa de fericită că sunt aici cu voi..." aud încântarea în vocea ei; o cunosc demult, o domnișoară extraordinar de talentată și de o sinceritate pe care numai în sufletul unui copil o mai poți găsi. Mi-a dăruit flori după spectacol și am simțit-o vizibil emoționată. Mi-a zis:" florile sunt pentru tine, un mare STAR"
Mai apoi, eram la masă cu Corina, epuizate, dar fericite. Stephanie ne vede și vine între noi. Spune cu seninătate: " Am venit să văd cum e între două stele". Corina ridică privirea spre cer, eu la fel. Nu ne-am prins. Unde sunt stelele pe care le vede Stephanie?

Aş vrea să pot vedea lumea prin ochii lui Stephanie. Bucurie, inocenţă, încântare, sinceritate...

*Montajul de Crăciun 2021

Mulţumim de montajul trimis de sărbători. Ne-a umplut sufletele de bucurie, amintiri şi speranţa de o viaţă bună şi fericită alături de familie şi prieteni adevăraţi.
Vă dorim să rămâneţi cu aceeaşi energie şi inspiraţie de compoziţie pe care să o împărtăşiţi şi cu noi.

*Gânduri...de aproape, de departe...

Hey :)
Tot am ezitat sa îţi spun dar nu ma pot abţine : ieri si avut o aura f luminoasa și plăcută și ai cântat minunat !
Vocea a fost superba !

superba !
Trebuie sa îţi dai drumul sa mai canti !!!
Eşti minunata !
Noapte buna !

Conduc și ascult non stop dumbrava

Tu eşti energie buna. Întotdeauna!

Sper sa-mi menţin aura asta cât de mult.
Mersi de gândul frumos și bun.

Face ti un lucru frumos
9:43 PM

Atinge ti sufletele oamenilor cu melodiile voastre
9:44 PM

Așa e cu dumbrava... Ne luminează pe toţi.

Așa cum stim și ne pricepem
9:44 PM

Happy
Thanksgiving !🧡 🔥

9:33 AM

Anakin
A mai trecut un an
prin noi,
A fost si soare, au
fost si ploi,
Dar important este
ca suntem
impreuna!
Happy Thanksgiving
dragilor! 10:16 AM

Sorin
Happy Thanksgiving
dragilor! Eu tocmai
ce-am stat la taifas
cu poeții și mi-a
venit o inspirație de
moment, pe care v-
o transmit și vouă
din toata inima, la fel
cum voi îmi dăruiți
atâtea momente
minunate, pentru
care va mulțumesc
din suflet 🧡

Catalin Lari

> **Anakin**
> A mai trecut un an prin
> noi,
> A fost si soare, au fos..

Si cantecul nostru
rasuna!
Ultimul vers lipsea
Stefan!😂
Dragilor va
multumesc pentru
ca existati in viata
mea...am o lista
grateful for:

Frumosul clip Ochii
tai caprui, cea mai
faina Mocirita care
eu am cantat alaturi
de voi,
Cea mai frumoasa
urare cantata de
ziua mea,
Un weekend de 4
iule memorabili,
Un tur in Iowa cu un
concert

Va multumesc tuturor pentru vocea, talentul, dorinta de a merge pe acelasi drum imreuna😍!

💕 Hristos s-a născut! Odată cu El, fie să ne renască și speranța in suflet. Deși nu ne stă în putere să vedem și să controlăm ce ne aduce ziua de mâine, o rază de speranța și un strop de fericire încă mai putem întrezări, privind în jurul nostru, fie doar prin faptul că existăm, iubim și ne avem unii pe alții. Doar atât mi-a venit în minte în dimineața asta 🌝 Love you all 💕🙏

1:23 PM

🌲🌲🌲 " Bradul de Crăciun, ești tu. Când reziști împotriva vânturilor și greutăților vieții. Globurile pomului de Crăciun ești tu, când îți colorezi viața cu

Impresii de peste oceane
*Ana Dănuț   Sun, Nov 12, 2017
Dragă Anda,
Ce superbi ați fost!!! Bravo!!
N-am cuvinte să descriu ce bucurie am avut să ascult așa melodii frumoase, să vă văd din nou parcă, ca artiști, tot atât de aproape ...sunteți un grup superb...îmi pare rău că nu locuim mai aproape ...
Vă îmbrățisez cu mult drag,

Ana

Mulţumim de aprecieri, Ana. Facem atâţia oameni bucuroşi cu cenaclul, şi asta e bucuria noastră. Acum ştii ce facem noi aici, din pasiune şi dragoste de oameni. Curând (16 Dec) avem o seară de colinzi. Ce bine ar fi să fiţi mai aproape; să ştii că vă avem aproape oricum..

*Toamna anului 2020

Cenaclul's Post

Write a reply...

Maria Corini
Un videoclip de nota zece cu plus.
Ce surpriză minunată, dragă prietenă!
Superbe imagini, versuri, interpretare, totul este minunat.
O armonie totală!
Un aspect de sărbătoare
La mulți ani Țară – mamă!
La mulți ani frați – surori!

Impresionant
1:04 PM

Va urmăresc clipurile de pe youtube
1:04 PM

Sunt fascinat de ele
1:04 PM

O sa mi cumpăr bilet la următorul spectacol
1:05 PM

Sa va susțin din.primul rand

*Mărturisiri – o notă personală

12:17 PM

Anda, look at the picture featured on my phone today and the movie. Wow, good timing: everything you touch is beautiful
12:18 PM

Hi Anda and Stefan. Just saw the pic of you two from last weekend and wanted to say how great you both look ... and happy. When I think about a great couple you two are the only ones that I think of and I wanted to let you know what great role models you've been over the years. You've been part of the reason I've tried again many times. Your relationship has truly been an inspiration. I think it's rare and wonderful and I hope we all live to

hope we all live to be really old and quirky :)... I dont know that I want all of Facebook to read this so texting you directly. I miss you both and would love to see you more often.

2 People ›

Ana, m-au trecut fiorii.
Iti multumim ca ne atingi sufletele cu aceste gânduri bune.
E posibil, însă totul e posibil cu dragoste... fără dragoste nimic nu e posibil.
Om fi făcut noi ceva dacă Universul ne-a

2 People ›

Universul ne-a trimis atâta dragoste...
Dorim sa o impartim cu toți cei ce sunt lângă noi, iar tu și familia voastră sunteți primii pe lista 🧡
Sper sa ne vedem mai des. 🥰

You are beautiful and kind, and more adventurous and wise than I ever guessed! I loved the slide show! And I'm so happy that I was

show! And I'm so happy that I was able to be part of your surprise party! Hope we celebrate many many more birthdays!!! 🎉 ❤️ 😊 🎉

Tradiție, frumusețe, optimist: vi se citesc în privire și se regăsesc în tot ce faceți, Anda și Ștefan. - Ligia

*9 Aprilie, 2022
La o repetiție
Comentariu, după ce se repetă piesa lui Ștefan, "Pe strada mea", și toți fredonăm refrenul,

*"Și cât aș vrea
Să fiu la mine acasă,
Dac-aș putea
Să fiu pe strada mea…"*

Ligia răspunde: ***"Pentru mine Retro înseamnă ACASĂ!"***

*22 Martie 2022

<u>Moment</u> – Cinci ani frumoşi şi armonioşi cu Retro

Suntem la schi, în vacanţa de primăvară... Încep mesajele de dimineaţă. Sunt surprinsă de primul mesaj – de la Iva, care vine la spectacolele noastre de multă vreme, deşi nu înţelege româneşte. Armonia şi voia bună din Retro a ajuns la inima ei.

Iva ›

Good morning Anda ☀️
I hope all is good with you guys :)
I just have a reminder that it is Retro's birthday today 😄 is that correct?
Do you guys have any concerts planned?

Iva ›

So good to hear from you Iva!
Yes, it is right. 5 years of Retro
Thank you for remembering this date. You are the 1st one to remember
We will have a show this spring

Corina
La mulți ani Retro
oriunde ai fi!
O binecuvântare sa
fiu parte a acestui
SUFLET!
Fie ca focul Retro sa
ardă mereu!
Savurati înălțimile
Anda și Ștefan !

9:59 AM

Fie ca focul viu sa
ardă veșnic in
inimile Retro 🧡
10:42 AM

Calin
La Multi Ani RETRO
11:04 AM

5 UNREAD MESSAGE

Sorin
Dacă ar fi să exprim ceea ce ne dorim tuturor celor ce am mai rămas in RETRO acum, la 5 ani de când a început acest proiect care ne-a lipit "ca marca de scrisoare", as ne-a lipit "ca marca de scrisoare", as alege, intr-o ordine întâmplătoare: inspirație, sănătate și pace. Ma gândesc ca măcar atât ne-ar fi de ajuns sa ajungem sa sarbatorim si 10, 20, 30... de ani. Așadar, sa ținem focul viu și flacăra aprinsă dragilor! 🔥🥰

Ligia
Ce frumos! La mulți ani, Cenaclul Retro și la multe evenimente frumoase!
9:04 AM

Catalin Lari
O Retro....😌
2:27 PM

LA MULTI ANI FRUMOSI!!@
2:28 PM

💕🇷🇴😍💗 2:28 PM

*Iulie 2022
Moment – *Facebook*-ul ne mai și răsfață – SAU - *De ce m-ai pus iar pe Facebook...*
Comentariu apărut la 10 ani de la spectacolul Cenaclului Vox Maris
Au trecut 10 ani de la acest Festival în comunitatea românească, organizat de Romanian Heritage Center NFP - Chicago area.
O amintire frumoasă cu felicitări pentru Ștefan Cristolțean, Anda și Ștefan, care continuă tradiția cu pasiune și entuziasm alături de Cenaclul Retro.

Ne bucură acest moment scos la iveală de Facebook, ne bucură şi comentariile care urmează. Ce frumoasă e viaţa alături de Cenaclul Retro.

Admiraţie pentru omenia şi arta voastră! **Ana Munteanu Drăghici**

Aşa da! Ca român în Chicago, sunt mândru că existaţi. **Mihai Lehene**

Felicitări pentru continuarea tradiţie! Dumnezeu să vă însoţească mereu paşii în viaţă pentru a umple sufletul celor care vă ascultă cu drag!Respect deosebit pentru tot ce faceţi! **Stana Dragoş**

Felicitări ! Mari succese în continuare !!! **Marina Grindeanu**

Mulţi ani plini de cântec şi poezie şi în continuare!! **Roxana Iacob**

Câte amintiri frumoase s-au creat de-a lungul acestor ani... **Anda şi Ştefan**

Felicitări şi mulţumiri pentru tot ceea ce aţi făcut şi faceţi pentru continuitatea unei frumoase tradiţii româneşti! Domnul Iisus Hristos să vă ocrotească! **Biserica Sfântul Andrei**

Într-adevăr amintiri minunate ! Mult succes Cenaclul Retro . Să dea domnul să mai mergem încă 10 ani de aici înainte . **Adrian Nechiti**

* Septembrie 2022
Moment – Căsuţa Retro – SAU - *Ce se întâmplă în Wisconsin,*
rămâne în Wisconsin
Picnic la fermă pentru comunitatea româno-americană din Wisconsin. Ne pregătim cu multă sârguinţă. Nu suntem toţi, unii fiind în România, alţii având alt program de Ziua Muncii. Deşi suntem doar câţiva, suntem foarte hotărâţi şi de nestăvilit. Cu vreo două săptămâni în urmă am început să lucrăm la program. Lista cu cântece şi poezii a devenit foarte lungă. Asta înseamnă multă, multă, muncă...Încerc să-*i potolesc* dar e tare greu de oprit explozia asta de bucurie.
Spectacolul are loc duminică, 4 septembrie, iar cu o zi înainte avem repetiţia finală. Lista are cel puţin 50 de momente, cântece şi poezii de repetat... energia e foarte scăzută. Ciudat... de obicei la repetiţiile Retro, şi-n special la cele finale, se simte bucuria şi extazul... acum, doar oboseala. Cred că de vină e şi presiunea atmosferică foarte scăzută, stă să plouă...iar noi ne-am mutat toate instrumentele în casă, microfoane, amplificatoare... şi nu a plouat... Cum era de aşteptat, la o listă aşa de lungă, nu reuşim să *trecem* prin tot programul.
Ligia: "Cred că era mai bine să avem "desfăşurătorul" aşa cum am mai făcut-o, însă îl lăsăm pe Ştefan să încerce metoda lui, listă în format Excel. "
Mai discutăm, mai cântăm şi ne bucurăm... La un moment dat, amândouă spunem în acelaşi timp: "Mă simt total nepregătită"
Da... e o provocare să ţii un spectacol la iarbă verde... Oare cum va fi sunetul? Oare se pretează o poezie, o fabulă, două, trei?... Decidem să ajustăm programul în funcţie de ce se va întâmpla acolo. Putem chiar *sări* peste câteva poezii sau chiar cântece, dacă simţim că aşa e mai bine...
"Eu sunt bucuroasă că pot să cânt "spune Ligia zâmbind; restul nu mai contează.
Ştefan vine cu ideea să mergem toţi cu rulota noastră (RV-ul); avem loc cu toţii, cu instrumente, cu tot. Zis şi făcut. Ne întâlnim duminică dimineaţa încărcăm totul şi pornim. E perfect: Corina, Ligia, Carmen, Sorin, Cătălin, Iulian, Ştefan... toţi avem loc... cântăm tot

drumul... ce mai, ca-n studenție, ca-n drumeție. Și uite așa a devenit RV-ul: Căsuța Retro...

Ajungem la fermă. Ne întâmpină organizatorii pe care atunci îi cunoaștem. Îi simt aproape de misiunea Cenaclului Retro. Aranjăm, descărcăm, ne apucăm de treabă și...se pare că nu avem curent...suspans pentru câteva minute. Apoi *vine* curentul. Facem proba de microfon: aranjăm sunetul, suntem pregătiți; îmbrăcate în ii (fetele) cu pălării (de cowboy) intrăm în armonie la fermă, în acorduri de chitară....

Ștefan "Haideți să cântăm toți ceva ca să mai testăm sunetul, înainte de a începe. Ce să cântăm?"

Ceva ce nu e pe listă: *Romanță cu parfum...* Ne apropiem de microfoane și începem: "*Văd la fereastra ta târziu, O lumină și nu știu de ești trează sau visezi*" Și pe mine mă trec fiori...așa de frumos se aude. Mai târziu, Cătălin, unul dintre organizatori, care se așezase atunci pe un scaun în fața noastră și ne asculta cu atenție, ne-a mărturisit: "Când v-am auzit, m-au năpădit atâtea emoții și amintiri că a trebuit să mă ridic și să plec spre pădure..."

Și am cântat, am recitat, am jucat hore, am dansat... O dezlănțuire nebună de frumos, de bucurie și armonie. Un picnic de neuitat. Ne-am făcut o micuță - prietenă - admiratoare, Matilda, o frumusețe de fetiță de vreo 4-5 anișori, foarte îndrăzneață, care s-a așezat în mijlocul scenei și ne-a ajutat să ținem ritmul cu două *maracas* de jucărie. Avea o frumoasă ie românească, nu vorbea românește, dar sunt convinsă că va învăța pentru că are suflet românesc. La final (după un program de aproape 40 de cântece și poezii) nu înțelegea de ce nu mai cântăm. Tare s-a mai necăjit...n-ar fi vrut să se termine... O avem în poze și o păstrăm cu drag între amintirile Retro. Și cine știe, poate că în viitor o vom reîntâlni. Bineînțeles, că ne-am făcut mulți alți prieteni, oameni faini, doritori de binele și frumosul dăruit de Cenaclul Retro.

Impresii...După spectacol, organizatorii: "Ați ridicat standardele. Nu știu ce ne mai facem la anul"

O doamnă îmi spune: "*Thank you for teaching me the romanian dance steps*". Îmi amintesc că participat și dânsa la hora care s-a încins. Mulți dintre americani parcă apreciază mai mult decât noi românii, acest gen de evenimente.

"Vezi, spune Ligia, ar trebui să considerăm asta și să avem mai multă deschidere în afara comunității din Chicago"

Impresii, armonie, bucurie. La un moment dat surprind un moment unic; Ligia și Cătălin se prind într-un dialog poetic, numit "O viață simplă, rătăcită..." și încă odată se confirmă că poezia e parte din sufletul Retro și ne dă aripi chiar și la iarbă verde... această diversitate, alunecarea lină a poeziei în muzică și a cântecelor în poezie, alături de armonia dintre noi, sunt elementele care ne conferă unicitatea în sfera culturală.

Ne gândim foarte serios acum la următorul *Atelier Cultural* al Cenaclului Retro.

Plecăm spre casă în Căsuța Retro, cu sufletul plin...iar...

Catalin Lari

 si eu.Multumim
Iulian de poze,
Stefan&Anda de
gazdushag, Ligia
pentru prezentare si
poezii, si Sorin pt.
Prestarea artistica.
U rock Retro!

8:57 AM

Corina

Și eu ? 🤭 Mulțumesc
și eu pt poze !
Ne vedem sâmbătă
cu veselie și voie
bună!

9:20 AM

Catalin Lari

😂😂😂you are the
star Corina!

9:28 AM

Si sa nu uitam ca si
Carmen ne-a
incurajat prin simpla
si calda prezenta!

8:58 AM

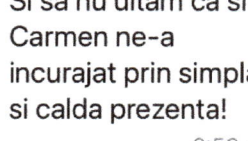

8:58 AM

Corina

Și eu ? 🤭 Mulțumesc
și eu pt poze !
Ne vedem sâmbătă

Corina

Catalin Lari

😂😂😂you are the star
Corina!

Amu'-i prea târziu .
Ai uitat de mine 😶

9:33 AM

Sorin

Mulțumim Iulian, pozele sunt minunate, ca de obicei, iar noi toți am strălucit! 😄 Corinuța, tu ai fost la înălțime și ai transmis optimismul și exuberanta ta tuturor, și noua și celor ce ne-au ascultat. Am fost toți o echipa unita, ca o familie, și am reușit sa arătam asta tuturor, in ciuda oboselii și timpului scurt pentru repetitii. Aventura asta ne-a demonstrat ca nu mai putem fi luați pe nepregatite, și avem bagajul pregătit sa mergem oricând și oriunde suntem chemați. Mission accomplished, felicitări tuturor 🤗 🥰 💕

Preludiul următorului capitol... <u>Răspunsul Corinei</u> – SAU - cam așa se rezolvă multe situații în Retro – prin vers șicântec...

Corina

Corinuta, guraliva dar cu intenții bune! Love u all! 😘 ❤️

9:37 AM

Catalin Lari

Focul viu...

9:39 AM

Corina

Sunt micuță dar
vitează,
Iute ca un titirez,
În gânduri sunt încă
trează
Și-uneori mă
lamentez.

Nu stau locului din
fire,
Fac din toate puțintel,
Nici stagnez în
amăgire,
Din nimic ridic castel.

Jucăușă de când
mică
Și energică-n trăiri,
Dar matură, chiar
tăcută,
Deseori am
presimțiri.

Explodez la bucurie,
Artificii-mi ies din
piept,
Ca soarele-s
timpurie,
De greșesc, vreau să
îndrept.

Muncesc și depind
de mine,
Să fiu stâlp când vin
furtuni,
Speranța mă întreține
Și mai cred încă-n
minuni.

Printre doruri îmi
plimb pașii,
Între alte lumi mă
pierd,
Mă re-ntorc la ai mei
aștri
Și cu versuri îi
dezmierd.

Mai și mustru dar n-
ai frică,
E doar propria-mi
părere,
Sfatul e cheia-n aripă
Ce deschide o
mângâiere.

În natură mă renasc,
De ramuri mă agăț ca
vântul
Și ca păsări mă înalț,
De la muză-mi scriu
cuvântul.

Tot în inima revin,
Să mă regăsesc pe
mine
Căci din harul cel
divin
Îmi iau hrana și-apa
vie.
9:40 A

Catalin Lari
Apa vie pt focu' din
inimioara
9:49 A

*10 Decembrie 2022

Moment - Cum se intră la un spectacol care a fost ***sold out***

La concertul de Crăciun 2022, locurile s-au ocupat în aceiaşi zi în care evenimentul a fost făcut public pe *facebook.* Chiar şi noi (cei din Retro), mulţi fiind, având şi familii şi participanţi din public (cu familii) am avut probleme cu rezervarea de locuri. Ca urmare, din familia noastră, Sonia a trebuit să rămână acasă.

Sunau telefoanele, curgeau textele în mesaje, iar noi trebuia să explicăm că nu se poate...nu mai sunt locuri (fizic). Cât de rău mi-a părut să fiu în situaţia asta, să spun că nu se poate multor prieteni care de obicei sunt în primele rânduri la toate spectacolele noastre.

Aşadar, am încercat să evit subiectul spectacolului chiar şi-n familia apropiată. Cu prietenii, ce să mai zic... tăceam chitic...

Şi vine ziua spectacolului. Îmi cad ochii întâmplător pe *facebook,* pe răspunsul Ralucăi *"vin la spectacol"* şi încremenesc. Nu o văzusem printre cei înregistraţi. Mă gândesc că poate a răspuns azi, doar *de ochii lumii.* Ne mai întâlniserăm... ea nu a zis nimic, eu nu am zis nimic. Deci, în mintea mea se luptau gânduri...*să o sun, să-i spun că nu mai sunt locuri?* N-aş vrea să bată drumul degeaba până în Chicago...*să nu o sun şi să las să decurgă lucrurile cum o vrea soarta....*poate că totuşi se înregistrase şi nu am văzut eu... Scenă de film: eu cu telefonul în mână...moment de suspans - apoi pun telefonul deoparte...

Ajung la ROCO, repetiţie, pregătiri, probă de microfon, garderobă, nebunia dinainte de spectacol. Uit de Raluca... încep să vină spectatorii. Mă ascund în culise; nu pot să văd cum unii prieteni, care totuşi au riscat să vină (fără locuri rezervate) sunt întorşi din drum...Fetele de la intrare fac o treabă extraordinară, însă trebuie să fie stricte...

O parafrazez pe Cristina: " *La câte cereri am avut, ne-ar fi trebuit o sală de trei ori mai mare"*

Ne pregătim să începem, ies din culise, sala e plină şi freamătă în aşteptare. Zăresc printre spectatori pe Andrei, Paul şi Vivian (prietena lui Paul) – copii noştri dragi...şi nu departe de ei: Raluca şi Marian. Nu pot să cred, sunt aici, au intrat, sigur au fost înregistraţi (*bine că nu am sunat...*) Mă îndrept spre ei.

"Ce mă bucur că ați venit...n-am știut că v-ați înregistrat."
Raluca mă privește uimită. "Înregistrat? Nu am știut că trebuie...
Eu am văzut că aveți spectacol, așa că am venit. Întâi am fost la sala
de peste drum (sala în care avusese spectacol Cargo cu puțin timp
în urmă), apoi ne-am uitat mai bine pe *facebook* și am găsit adresa"
"Și cum ați reușit să intrați?"
"Ah, deci de așa ceva vorbea fata aceea de la intrare..." se dumirește
Raluca. "Eu am intrat..."
Mă uit spre intrare. Ștefan vorbește cu Marian (și cu Onița și Paula,
fetele de la intrare). Sunt uimită, mă gândesc că poate n-ar fi trebuit
să opresc alți prieteni care voiau să vină... ca, mai târziu să aflu de fapt,
ce s-a întâmplat.
Raluca și Marian tocmai intraseră în momentul în care Ștefan se
îndrepta spre intrare, să vorbească cu Oana (ceva legat de
spectacol). Ii vede, le vede și pe fete cum îi iau în primire, pregătite
să-i întoarcă din drum. Se îndreaptă țintă spre ei. Dă mâna cu
Marian, o îmbrățișează pe Raluca și-i spune Oniței: " Ei sunt
prietenii noștri cei mai buni, nu se poate să nu intre..." Oana îl
sfredelește cu privirea...Ștefan îi prezintă:
"Marian a cucerit bronzul pentru România la Campionatul Mondial
de kaiac, iar Raluca a cucerit medalia de bronz, la Olimpiada de la
Sidney, tot la kaiac. Chiar pe ei vrei să-i întorci din drum?... "
Se pare că acest argument le-a înduplecat. Între uimire și bucuria
de a cunoaște doi sportivi de excepție care au adus atâta faimă
României, se poate strecura și un concert al cenaclului Retro.
Să fi fost oare doar o coincidență faptul că Ștefan s-a aflat atunci la
locul și momentul potrivit?... Fiecare credem ce vrem... noi vom zâmbi
cu drag de câte ori ne vom aduce aminte de această întâmplare.

CREAȚII

* 29 Februarie 2020
Corina - după o repetiție stil Retro

Aș vrea să dorm
Dar chiar n-am somn
Căci clipa de acum un ceas
M-a cam luat ....
A fost frumos,
Iar am cântat și
Ca nicicând, am recitat ...
Emoții ne-au surprins
Pe neașteptat...
Și lacrimi am vărsat
Dar nu-i nimic,
Ne-am limpezit
Ai noștri ochi plini de senin....
Spontanul e binevenit
Când sufletul îți e deschis
Și dai ce poți
Căci de pierdut nu ai nimic
Iar de primit?
Ce mai contează,
Că de ești OM
Te întregești
Cu tot ce ești ....
Mă duc la somn
Poate adorm
Măcar nițel
Să îmi revin

Ca să mă bucur
Pe deplin
De-o nouă zi
Ce-așteaptă -n zori
Să îi zâmbesc și s-o trăiesc!
Vă mulțumesc oameni frumoși
Ce-mi faceți viața în culori ....
Mă duc la somn
Poate adorm ...

*Poezie publicată în volumul de poezii al Corinei

*Decembrie 2018
 Diplome în versuri - proiect inițiat de Ligia și finalizat de Anișoara

Corina Vlad - Pe-al corzilor meridian, glasul dulce peste ocean
Monica Topârceanu - Pe ram de suflet - privighetoare
Lucian Blaga - Profesorul perfecționist, la clapele firii artist
Sorin Griza - Faimos doctor uman, artist cu priza la fani
Laura Sisu - Arta sunetului o prinde pe actrița ce ne cuprinde cu un glas melodios
Marius Stan - Distins creator, captivant recitator
Călin Mărincaș - Nepotul poetului, mesagerul versului
Radu Răcean - Patriot prin cântul său, Tricolor purtând mereu
Traian Bălan - Nume de-mpărat roman, când l-asculți ești meloman
Ligia Grindeanu - Mesagera muzelor prin lacrima poemelor
Cătălin Nicolae - Actorul iubitor și aducător de umor
Iulian Grindeanu - Un discret mediator, al artelor purtător
Anda Cristolțean - Lady in red, Furnicuța Fermecătoare
Ana Munteanu Drăghici - Ana de Sighișoara, muzelor purtând comoara
Ștefan Cristolțean - Greierașul talentat, de noi toți apreciat

Greierele şi Furnica - *La Paris*

Iată c-a venit şi iarna, fulgi zglobii se joacă-afară
După-o toamnă roditoare grânele sunt în cămară
Vinul spumegă-n pocale, focul arde-ncet în sobă
Iar furnica cea micuţă s-a pierdut în garderobă...

Prietenul ei, Bondarul se foieşte-uşor prin casă,
C-un pahar de vin în mână, cu-n fular ca de mătase

"Dragă trebuie să mergem, să nu pierdem avionul
Hai grăbeşte-te odată, că eu ţi-am luat paltonul"
"Ce splendoare, ce minune, parcă totul e un vis"
Se încântă Furnicuţa când ajunge la Paris.

"Stai să vezi muzee, baruri, show-uri care mai de care
Deseară mergem la Retro, ai să vezi ce încântare..."

Pe-o strǎduţǎ luminatǎ de un singur felinar,
Stǎ înfrigurat un Greier, cu-n ziar în buzunar
"Da, sunt eu vecinul Greier, am plecat cântând din Cluj
Să prestez o iarnă-ntreagă în Paris, la Moulin Rouge

Şi-am dat probă-aici la Retro, şi-am cântat aşa frumos
Dar nu m-au băgat în seamă că-s prea "greier" şi păros
Şi-am ajuns să vând bilete şi ziare, vreţi ziare?...
Sunt cam vechi, de-o săptămână
Da's bune de căptuşeală între mânecă şi mână.

Oh...Bondarul şi Furnicuţa chiar aşa? Sau nu văd bine?
Să m-ascund să nu mă vadă să mă facă de ruşine..."

El se-ntoarce, se apleacă s-o tulească pe furiş
Dar Furnica îl ocheşte şi rămâne-n loc afiş
"Bună seara măi vecine, ia uite minune mare
Tocmai la Paris pe stradă să te văd, din întâmplare?"

"Bună seara vecinico, văd că ai un pretendent
Ai grijă de ea măi frate, că te lasă corigent...
După cum ştii foarte bine sunt aicea la Paris
Şi-am un succes foarte mare, şi trăiesc ca un artist
Acuma sunt într-o pauză, am ieşit la o ţigară
Sunt vedetă-aici la Retro, unde stresu-i foarte mare"

"Chiar aşa?" zâmbi furnica cu un pic de ironie,
"Ce e cu ziarul ăsta şi biletu-n pălărie?
Şi-ale tale greieriţe unde sunt? Chiar te-au lăsat
Singur, cu chitara-n mână-n acest colţ întunecat?

Ştii nu te-am văzut pe scenă, de la Retro vin acuma
Greier, Greier, dragă Greier, chiar credeai că nu-mi dau seama?"

După cum scrie în carte, cred că La Fontaine acela
A avut mare dreptate
Cu chitara şi Ferrari nu ajungi tare departe...

Anda şi Ştefan,
*Scenetă prezentată în spectacolul
"O seară de Crăciun", Decembrie 2018

Şi aşa ca RETRO nu sunt mulţi

Soarele luceşte-n univers
Retro mai compune câte-un vers
Gândul zboară tot mai sus acum
Hai veniţi cu noi, haideţi la drum
Spre tărâm de vis am pornit iar
Şi iubirea noi v-o dăm în dar
Dragoste şi bucurii purtăm
Pe aripi de cânt vă invităm

Refren:
Veseli toţi trăim clipa când ne întâlnim
Şi cântăm chiar dacă trecem punţi
Asta e nu ai ce-i face, alţii mama nu mai face
Şi aşa ca noi nu sunt prea mulţi
Veseli toţi trăim clipa când ne întâlnim
Recităm chiar dacă trecem punţi
Asta e nu ai ce-i face, alţii mama nu mai face
Şi aşa ca Retro nu sunt mulţi.

Frunză verde ramură de brad
Chiar de-afară-i frig, aici e cald
Dorul românesc ne poartă-n zori
Către armonii şi dalbe flori,
Când suntem nostalgici şi cuminţi
Pe cărări ne mai ieşim din minţi
Focul viu de-a pururi va crea
Amintiri înspre inima ta.

Unde-i Retro-i Armonie
Muzică şi Poezie
Şi aşa ca Retro nu sunt mulţi
  *versuri scrise de Corina, în colaboare cu fetele Retro, în idea de
      a compune un cântec reprezentativ pentru cenaclu

Următoarea poezie are o poveste interesantă pe care am încercat s-o cuprind în versuri. Câteva lămuriri: cântecul "Poruncă" - prezentat în câteva dintre spectacolele noastre - e compus pe versurile poeziei cu acelaşi titlu, de Licuţa Pântia. Însă acest cuvânt *Poruncă,* n-a rezonat deloc cu armonia din cenaclu... de câte ori ne pregăteam să-l repetăm, se auzeau voci: *Haideţi să repetăm "Păcatul"...* De unde şi până unde?...

Păcatul

Haideţi să vă zic povestea
Cântecului zis "Păcat"
Căci situaţia de faţă
E clar că m-a inspirat.

Aşa într-o dimineaţă
Noi doi ne-am încumetat
Eu cu versuri, el cu rime
Să compunem un păcat

Cu o mână pe chitară
El privirea şi-o aruncă
Peste titlul poeziei
Unde clar e scris "Poruncă"

E vorba de tinereţe
Şi de suflet zbuciumat
Şi mă-ntreb de unde unii
L-au numit aşa "Păcat".

Se pare că începutul,
Primul vers e cam ciudat
Poate tocmai de aceea
Vă gândiţi toţi la păcat.

Şi-uite-aşa pe scena Retro
Trebuie neapărat
Prezentată piesa asta
Ce se numeşte "Poruncă"

Tot zicându-vă povestea
Cred că am exagerat
De mă-ntreb şi eu acuma
E "Poruncă" sau "Păcat"?

De cumva din întâmplare
Pe unii v-am enervat
Mă iertaţi, promit că-ndată
Mă apuc şi de cântat.

Anda – Aprilie, 2022

*2 Aprilie 2022
Moment - Atelier de creaţie
La invitaţia Corinei, într-un weekend friguros al lunii aprilie, ne-am încălzit sufletele jucându-ne de-a primăvara, prin vers, muzică, drumeţii şi yoga. Acest popas pe cărările sufletului s-a desfăşurat în Pădurea Vladului. Ne-am luat doza de sănătate şi inspiraţie să putem continua călătoria în lumea Retro cu forţe proaspete.

Primăvara în versuri

Mugur pe ramura sufletului, primăvară!
Deschis de raza solară
Lumina sufletu-mi inundă
Veşnicia se-ascunde-n secundă...

Ana

Din amintiri se naşte o dorinţă
Speranţa anotimpului visat
Te-am îmbrăcat în trup de nefiinţă
Seninul se întoarce iar în prag.

Ligia

Mantia albă de stele
Îmi învăluie fiinţa,
Crudul verde al primăverii
Îmi renaşte neputinţa.

Corina

Mă simt ca o ploaie de rouă în zori,
Culeg soare proaspăt din iarbă,
Aş râde, aş plânge şi-aş dansa cu voi,
Dorinţa n-aş vrea să se piardă.

Anda

Următorul acrostih este rezultatul colaborării tuturor prezenţi...
inclusiv băieţii noştri talentaţi...

Aprilie

Avântul nostru în prag de primăvară
Pluteşte în jur şi ne înconjoară
Roua dimineţii ne zâmbeşte
Iubirea iarăşi sufletu-mpresoară
Lacrimi de fericire pe ramuri de dor
Inima cântă şi oglindeşte
Emoţia acestui decor...

Atelier literar, Poetry retreat

JOCURI DE CUVINTE

*Din spatele cortinei – SAU - Între noi fie versul...
Ceea ce urmează face parte din ciclul *"Când ne bântuie talentul"*, şi e produsul imaginaţiei tuturor (mai mult sau mai puţin)...

Cu dragostea pe bicicletă

-poezie în Rom-English-

Ştefan:
Cum apare pe cărare
RETRO ca o încântare
Toţi cu biciclete cool
Nu mai ştiu de nici un *rule* 😳
Am o ţoaglă, e cam veche
But e şic, fără pereche
I go fără mâini pe ea
Că e mult mai cool aşa
Anda:
Eu am bicicletă red
Cuz' în poezie cred
Iubesc soarele, natura
Şi îmi place aventura 🚲
Cătălin aka Ursuleţu':
Cu vioara după mine,
E mai greu pe bicicletă
Dar în nebunia Retro
Eu prind ritmuri ...de rachetă!

Iulian:
Apăi şi eu m-am dotat
With a very special bike
Imediat ce am aflat
Că e rost de going hike
Anişoara:
And I dis-de-dimineaţă
Bicicleta-mi pregătesc
Şi de ninge, şi de plouă
I'm in style tineresc
Ligia:
Şi Iulian vine din urmă
Că he wants to be pe fază
But is difficult, nu-i glumă
Pe el soarele-l jenează 🌞
Traian:
Bicicleta sau maşina
Nu mi se mai potrivesc
Şi ca Retro star ce sunt
Limuzine folosesc!

Lucian:
Bicicleta cu ataj
L-a purtat pe Radu-agale,
De la masa de montaj
He is now doar la pedale 😳

Radu:
I got multe idealuri
Şi-ndelung m-am pregătit
Peste văi şi peste dealuri
Să lansez un mare hit 🔖

Sorin:
Pe Călin I see călare
Cum de game se pregăteşte
Fără nici o ezitare
Pedalează nebuneşte 😲

Călin:
Bicicleta nu-i for me
Nu mi se prea potriveşte
Da' cumva mă simt mai free
Like the One, from the
poveste 📖

Corina:
I like oamenii senini
Ce-n priviri they have lumini
Iar pe Bicicleta Retro
Pot să sing şi-n ritm de Techno
Sergiu e la şase-n van
Căci clienţii îl presează,
De e liber sau plecat
Pe ei nu-i interesează!
Anda profesoara -n roşu
Şi cu unghiile de foc ....
Ne aruncă o privire

Şi o notă-n catalog
Furnicuţă cum e ea
Greierele cântă - aşa :
"Te iubesc la nebunie,
Hai la Retro pe moşie!"

Cătălin:
Laura, de fac trăznăi,
Please don't face pe nebuna
Şi mai look în ochii mei
Las-o mai uşor cu gluma 👀

Laura:
Sunt asa, uşor mirată
Ca şi-atunci când se'nserează
Chiar de nu-s eu vinovată
Pe el nu-l interesează 🎭

Ligia:
Ca să trag concluzia
De pe bicicleta mea
Nu vă temeţi că nu-i foc
E doar Retro la mijloc

Ştefan:
Cui îi cântă Retro-n mai
Îi merge şi cu alai
Cui îi cântă Retro seara
Bine-i merge toată vara

Monica:
Ceasul RETRO a sunat
Şi aşa ne-am adunat
Cu talent şi cu elan
Pe pământ american

*Retro la muncă 18 Aprilie, 2019 - Poezie adaptată 13 Decembrie, 2019 şi adaptată din nou Decembrie 2022

Iaca așa: urda și leurda

Dacă-i vorba chiar de urdă
Din aceea strămoșească
Vom gusta și o leurdă.
Ca-n plăcinta românească

Dacă ne veți asculta
Cu ochi dulci noi vom cânta
Să fiți bine pregătiți
Că de nu mâncați urzici.

Și-uite-așa de dimineață
Biciclete pregătim
Și la cules de leurdă
Prin păclure noi pornim

Pe Traian îl văd călare
Șaua lungă-o mai lungește
Pegas fără ezitare
După leurdă pornește.

Ștefan a-nțeles chemarea
Și cu bike-u-i pregătit
Peste văi și peste dealuri
Pe Sorin l-a întâlnit.

Primele sunt la ștafetă
Și vă spun că tocmai de-asta
Nu le trebe bicicletă...

Corina vine din urmă
Sperând că toți sunt pe fază
Și din cinci în cinci minute
'Carefully' îi controlează

"Dacă plouă, plouă, plouă
Și-i trecut de ora nouă
La pădure prin noroi
Nu mă mai duc pentru voi!

Să vă puneți pofta-n cui
Răzvrătiți, umblați hai-hui...
Mâncați pudre de-aprozar
Că alea vă crește mari

De-o mai vreți pe Corinuța
La leurdă la cules
Să îi sărutați mânuța!
Că nu aveți de ales."

Fetele tot forfotesc
  *Retro la muncă 18 Aprilie 2019, Adaptare: August 29, 2020

La iarbă verde, Septembrie 6, 2020

De ce a venit ploia asta?
Să ne strice planurile,
Să nu vedem noi plaja-albastră,
Și să-i simțim valurile.

Ştefan
Până punem în cămară,
Haideţi cu toţii afară,
La un grătărel în park,
In Rock Cut state park,
Aducem noi un BBQ,
Şi cârnaţi şi bere, too.
Ploia care va veni,
Pe toţi ne va ocoli.
Noi chiar ne pregătim,
Şi-ntr-o oră să pornim.

Vă aşteptăm Retro!

*August 29, 2019
Moment - Primul turneu al cenaclului Retro
Mulţumim tuturor celor implicaţii în organizarea şi reuşita acestui eveniment. Ligia a fost inima acestui turneu şi pot să spun că a făcut o treabă extraordinară, din toate punctele de vedere. A fost susţinută de o comunitate mică de români, dar cu o inimă MARE. Ca dovadă ne-am întors iar în Iowa cu spectacolul "În dumbrava minunată", în August 2021. Ceea ce urmează e un moment umoristic rezultat din voia bună şi succesul primului nostru turneu.
Comunicare de urgenţă după turneul extraordinar din Iowa, spectacol susţinut la sala bibliotecii din Cedar Rapids.

Ştefan către 'gaşcă' – SAU - Ştefan când îl apucă talentul – SAU- O incursiune în discuţiile Retro

Ştefan se întoarce, din chitară sună;
Gaşca lui iubită pe loc se adună (?)
Toamna iar începe... ne-am mai răcorit
Ale noastre texte... lasă de dorit... 😵

Calul meu de luptă pare o mârțoagă,
L-am vândut urgent și- am luat o țoaglă,
Și acum desigur, numărându-mi banii,
Mi-am turnat din sticlă un cognac Armani.

Vă spun și isprava mea:
Deși am avut peșcheș,
I-am ținut pe uscat la șes,
Fără bere sau pocale,
Fără chips, fără sarmale.
Măcar de n-aveam parale,

Și să-mi fac și MEA CULPA,
Plecăciuni la toată trupa,
Am făcut eu multe rele,
Dar asta le-ntrece pe ele,
Să țin toată suflarea însetată,
Nu mi s-a-ntâmplat vreodată,

Epistola către trezorier

Dragul meu trezorier,
Nu te-am neglijat defel,
Am "receipt-uri" și chitanțe,
Dar tu erai prin vacanțe,
La Riga sau București,
Nu știam pe unde ești,
Dar acum te-ai repliat,
Ți le aduc la palat.

Go RETRO!

IRS-ului nu-i pasă
Că suntem poeți de clasă!
Menestreli cu mult renume

Oriunde mergem in lume.
Când e vorba de finanțe
E nevoie de chitanțe!
Că-i Chicago, București,
Iowa sau Costinești
Euforia e bună
Dacă totul merge strună!

Așa că mă uit 'nainte!
Ori în sunet sau cuvinte
Din nou s-avem bucurie,
Și "mălai" in visterie!

A se citi în ritm de rap.

145

*August 31, 2019
Cam așa se discută situația financiară...

'Neata gang,
Aproape de Labor Day,
Am trecut pe la bancă,
Avem o mie de lei.
Mai exact o mie unu,
Ca-n povești arăbești,
Mi-a spus mie Anda,
Ai grijă dacă glumești,
Mai aruncă un emoji,
Să nu îi înnebunești.

Deci pentru a doua oară,
Doar într-o săptămână,
Îmi fac iar MEA CULPA,

Cu un pahar (de Armani) în
mână,
N-am deschis nici un card,
A fost doar o glumă.

In total anul ăsta,
Suntem la pozitiv,
Am primit și donații,
Dar așa mai tardiv,

Punguța e plină,
Precum v-am mai spus,
Suntem gata cu toții
Să urcăm și mai sus?

God bless you guys!
Go RETRO!

*Ștefan – răspuns la urare de sărbători

Și-acum nu mă pot abține
Să răspund cum se cuvine
Tuturor ce vă gândiți
O sarma să-mi pregătiți
Nu-s cu gândul tot la foale,
Forget about the sarmale 😂
Cu-n cântec și-o poezie
Să vă fie viața vie,
În versuri și armonie
La mulți ani cu bucurie!

*Urare pentru **Sorin**

Sorine, tu, suflet mare
Și modest cum nu-i oricare,
Moșu' să-ți dea sănătate
Să nu te mai ia de spate,
Să mergi cu bocanci pe munte,
Soarele să te sărute
Și cu Retro să tot cânți
Chiar de-i trece mii de punți!

*Urări au fost compuse fiecărui membru al cenaclului, însă doar cea dedicată lui Sorin s-a strecurat în această carte...

*14 Mai 2020
La pește

Vai ce pește mare ați prins
Cu norocul voi stați bine,
Iar destoinici toți vă știm
Dar aș pune o-ntrebare:
Oare când ploaia a stat
Peste grill l-ați aruncat?
Și ce-a fost s-a terminat?

Dar din grija voastră mare,
Nu a mai avut scăpare,
Și uite așa cum apa trece,
L-ați ajutat să nu se înece

Monolog "pescăresc" – Ligia

*Februarie 2020
Moment – Aniversarea ziarului Tribuna Românescă
Ștefan - Te salut generație-n blugi
Anda - Și cu cheia la gât...
Ștefan- Sunt un veșnic îndrăgostit de chitară. Părinții mei și-ar fi dorit să cânt la un instrument mai *serios*, însă eu fiind un suflet mai rebel am îndrăgit chitara și mi-e mai aproape de suflet.

Anda - Eu sunt o pasionată de artă şi cultură, oameni şi natură. Ceva interesant despre noi?

Ştefan - Cenaclul Retro, un eveniment unic în diaspora, care creşte în vieţile noastre de la an la an.

Anda - Cenaclul Retro e o conversaţie simplă a sufletelor, prin muzică şi poezie, cântec şi vers.

Ştefan - Picasso spunea că sensul vieţii e să găsesti talentul cu care eşti înzestrat, iar scopul vieţii e să-l dăruieşti celor din jur.

Anda - Aş adăuga că e important să găseşti şi oameni minunaţi care să fie alături de tine şi să te ajute să mergi înainte. Eu cred că tocmai asta s-a întâmplat cu Retro, suntem înconjuraţi de oameni talentaţi, iar bucuria lor şi a celor care ne susţin ne umple pe noi de bucurie, ne face să fim mai buni, mai creativi, şi să iubim mai mult.

Ştefan - Căci unde dragoste nu e, nimic nu e...

Anda - Acelaşi fenomen se întâmplă continuu în comunitate cu Tribuna Românească. Colaborarea noastră cu Steven Bonica şi Tribuna Românească a început demult.

Ştefan - Steven ne-a susţinut de-a lungul timpului începând cu grupul de copii Cireşarii în 2009 continuând cu cenaclul Vox Maris în 2010, 2011 şi evoluând în Cenaclul Retro.

Anda - Ne-a făcut plăcere să fim alături aceleaşi echipe a ziarului şi la cele patru ediţii ale Festivalului Origini Româneşti din 2009 până în 2013. Pentru că Tribuna Românească aduce românii mai aproape unii de alţii şi mai aproape de ţară.

Ştefan - Tribuna Românească este un magnet al comunităţii fără de care am fi mai săraci.

Anda - Ne bucurăm să facem parte din acestă aniversare specială

Ştefan - 18 ani e ceva.

Anda - Într-adevăr, tocmai de aceea, vă provocăm să vă alăturaţi nouă şi să susţinem împreună continuitatea şi dezvoltarea acestui ziar.

Ştefan - Urmărind Tribuna Românească veţi afla şi despre evenimentele noastre viitoare la care vă aşteptăm cu drag.

Sorin – Prompter
De când am sosit pe meleaguri americane, am aflat de existenţa Tribunei Româneşti de la cei câţiva prieteni pe care îi aveam din România.

Deşi la vremea aceea avea doar un an de apariţie, în Tribuna Românească puteam afla de toate evenimentele care se întâmplau în comunitatea de români, precum şi de toate serviciile de care cineva are nevoie pentru a-si încropi existenţa într-o societate necunoscută. Nu cu mult mai târziu, l-am cunoscut şi pe Steven Bonica, părintele acestei publicaţii care a văzut lumina tiparului timp de 18 ani.

Ceva mai târziu, în primăvara lui 2017, atunci când Ştefan a strigat catalogul (pe care l-a confiscat de la Anda) Retro, m-am nimerit a fi şi eu prin preajmă, cu o chitară bass în mână. Nu ştiu cum am luat notă de trecere, şi de atunci catalogul a rămas deschis pentru noi şi pentru toţi cei care doresc să ni se alăture în călătoria noastră...

"The most important thing is to try and inspire people so they can be great in whatever they want to do."

Kobe Bryant

"Cel mai important lucru este să încerci să-i inspiri pe oamenii, astfel încât ei să devină foarte buni în tot ceea ce îşi doresc să facă. "

Gala aniversară – Tribuna Românească

*Fragment din prezentare

Cenaclul Retro vă salută la ceas aniversar. Suntem onoraţi să luăm parte la acest eveniment special, 18 ani de la apariţia ziarului Tribuna Românească. În spatele fiecărei ediţii e o echipă întreagă pe care o felicităm şi o sărbătorim azi.

*Pilonul principal e **Steven Bonica**. După cum se ştie, în spatele fiecărui bărbat puternic, este o femeie şi mai puternică, fără de care această sărbătoare nu ar fi avut loc. Felicitări, **Simona Bonica**!*

Suntem Cenaclul Retro iar în călătoria noastră aducem nuanţe şi culori, prin cântec şi vers.

*Steven ne-a încurajat continuu. Bucuria şi entuziasmul lui sincer, sunt contagioase. El este printre puţinii care mai aminteşte de *Cireşarii*, el este cel care, văzând că Ştefan ezită, l-a îndemnat:
"Ia credit pentru ceea ce ai făcut în comunitate, incluzând Cenaclul Retro. Nimeni nu o să-ţi recunoască meritele, deci nu aştepta ca alţii să o facă....oamenii sunt oameni, se bucură de ceea ce le oferi şi cam atât....aşa că nu te sfii să iei credit pentru tot ceea ce ai dăruit comunităţii de-a lungul anilor "

*Februarie 2022
Moment - Creaţii Retro de ultima oră – SAU - într-o frumoasă zi de iarnă

Buna dimineata Liceeni, va provoc sa scrieti cate un catren, asa sa mai dezmortim vremurile.
Hai sa facem putin vant pe wazzup.

Soarele strabate
Printre ramurile inghetate,
Si astept sa se ofileasca,
Florile de pe geam.

Catalin Lari
Chiar asa tamtamnesam
Florile nu o sa topeasca,
Dar uite, vine Valentine
Si punem alte flori....
In glastra!   8:10 AM

Corina
Şi zâmbete vor înflori
Din nou pe-al inimilor ram

Corina
Şi zâmbete vor înflori
Din nou pe-al inimilor ram
Şi-ncepe totul să renască
Scrutând răceala lui Gerar!   8:43 AM

Radu Raceanu
Foaie verde foaie lata,
Sa ieşim din iarna odată !   10:08 AM

Chiar ca mi-a fost dor cam tare.
De așa o provocare...
Uite zapada de-afara
Ma face sa ma gândesc
La schi, oameni de zăpada...
Si pe toți va regăsesc.

Si pe toți va regăsesc.
Unii cu un fulg in palme,
Încercând sa-l protejeze
Alții cu pocale pline
Ca doar știu ce-o sa urmeze...

Catalin Lari
😂Stefan a cerut un catren si sotioara o scris vreo doua ....Tot asa sa va mearga!😍
10:37 AM

Calin
Fie iarna cit de grea
Tot mai bine este cu RETRO
10:38 AM

Corina
Cu o mâna pe client
Și cu alta pe cuvinte,
Să refac trup încordat
Și suflet cu doruri multe!
11:03 AM

Corina
Căci cu Retro nu ai stare,
Viața e o provocare,
Focul inimii stă-ncins,
Printre fulgi îți ieși din minți !
11:16 AM

Sorin
Astăzi, dis de dimineața,
dintr-un vis m-am deșteptat,
chinuit de versuri... însă,
rimele erau sub pat... 😊🤭😛
11:19 AM

Corina
Lasă rima, fii rebel,
Nu te ancora-n doctrine,
Ca la bass, improvizezi
Ca să iasă totul bine!
12:05 PM

Ligia
Uite așa de dimineață
Retro se mobilizează
Cu poeme și catrene
Inspirația să ne cheme
12:37 PM

≽ 151

*Aprilie 2022
Moment – *"A mai trecut un an prin noi..."*- Ziua lui Ștefan

Catalin Lari
Intr-o zi asa
frumoasa cu un cer
albast deschis
M-am gandit sa fiu
eu primu
Ce subiectul l-am
deschis.
Este despre
Stefanita, un barbat
frumos, destept
Ce-n aceasta
dimineata
Trage aer curat in
piept.

Ce-n aceasta
dimineata
Trage aer curat in
piept.
Si eu strig in gura
mare , fie mandru
fericit
Si de el n veci
norocu, sa nu fie
dezlipit!
La Multi Ani ! Fii
fericit!!! 7:04 AM

Radu Raceanu

Catalin Lari
Intr-o zi asa frumoasa
cu un cer albast
deschis

La mulți ani Ștefan!

Corina

Atunci să strigăm cu toții:
" Să trăiești Maria Ta,
Sănătate și iubire,
fie-ți veșnic hrana Ta!
Oastea Retro-ți stă de-a dreapta,
Precum Anda, draga Ta

Iar ai tăi copii să-ți ducă
Mai departe faima-n stea!
Oriunde te duce calea,
Prin solo-uri să zâmbești
Și oricât de amară-i sarea,
Vezi să nu te poticnești!

Anakin

> ### Corina
> Atunci să strigăm cu toții:
> " Să trăiești Maria Ta,

Și nu te stresa de hopuri, e ok să-ți ieși din minți,
La mulți ani senini și pace
Noi de zori îți închinăm,
Bucuroși, cu spor în fapte împreună să cântăm:
"Acum, la anu' și la mulți ani!"

7:25 AM

Tot citesc poezia ta Corina si imi place din ce in ce mai mult.

Multumim pentru gazduire si delicatesele culinare.

8:46 AM

Catalin Lari

> **Anakin**
> Tot citesc poezia ta
> Corina si imi place di
> ce in ce mai mult.

**Cu asa doamna
poeta
Ce mai poti sa te
astepti...
Te inclini cu
modestie sau
Din respect,
Stai drepti!** 😍

Anakin

> **Catalin Lari**
> Intr-o zi asa frumoasa
> cu un cer albast
> deschis

**Multumesc Catalin,
Ieri m-ai incantat cu
vioara,
Astazi cu poezioara.**

Corina

> **Catalin Lari**
> Cu asa doamna poeta
> Ce mai poti sa te
> astepti...

**Iar tu lasă modestia,
Tu însuși talent
născut,
De cu zori ai încins
focul
Cu urări de bun
augur!** 10:42 AM

Ligia
**Ce frumoase urări
pentru in prieten
drag și talentat cum
ne ești, Ștefan! La
mulți ani!** 🎂 ❤️ 🎉
2:19 PM

Anakin
Multumesc Ligia!
2:46 PM

Sorin

La mulți ani cu sănătate Ștefan, îți dorim din partea noastră a tuturor Grizestilor: Carmen, Lavinia, mama și fetele! Sa rămâi la fel de iubit si iubitor deopotrivă! Pupici lui Anda si copiilor si sa va bucurați din plin!

7:06 PM

Corina

Fly to The Moon Ștefan :)

7:22 PM

Anakin

> **Sorin**
> La mulți ani cu sănătate Ștefan, îți dorim din partea noa...

Multumesc Sorin!

<u>Dedicație pentru Ștefan</u> - familia e totul...

A mai trecut încă un an
Și iar e ziua ta Ștefan,
Ce frumos...
Pe vremea asta foarte bună
Suntem cu toții împreună
Sănătoși...
Artist de mic te-ai dovedit
Pe Ștefăniță l-au iubit
Toți ce care l-au admirat
Oameni cu sufletul bogat...

Refren:
Azi e ziua ta,
Noi cântăm, noi cântăm de zor
La mulți ani, Ștefan!
Bucurii, fericire, spor
La tot ce vrei
Și dorești și-altora
Toate să ți se-mplinească

Iubire-n viața ta.

Și la cămin așa-ntr-o seară
Ai venit să-mi ceri o chitară
Ce-nceput...
Cu dansurile populare
Ai colindat și munți și mare
Nu te-ai pierdut
Trei copii mândri noi avem
Pe toți cu drag tu îi îndemni
Să își aleagă bine visul
Să nu rămână cu promisul....

Refren:

Iar tu artistul talentat
La Hollywood chiar ai jucat
Într-un film...
Apoi trupe tu ai pornit
Din muzică nu te-ai oprit

⩾ 155

Căci ai ritm...
Vox Maris, Cireşarii-au fost
Acum lui Retro-îi dai un rost
Şi ştii că toţi apreciază
Chitara-n mână cum dansează...

Ref.

La sporturi tu eşti talentat
Şi asta e adevărat
Chiar aşa...

Cu minge la picior sau nu
Nu mai e alta ca şi **U**
Echipa ta,
Şi-n lumea asta dăm de ştire
Nu-i suflet mai plin de iubire
Care se bucură, zâmbeşte
La toată lumea dăruieşte...

Ref.

La mulţi ani, Ştefan!

Anda, 28 Aprilie, 2022

*Iunie 2022
Moment – "Astăzi e ziua ta, ziua ta, ziua taaaa..." - SAU - De ziua mea...

Corina
La mulţi ani Anduţa dragă,
Astăzi vin cu gânduri bune,
Cine vrea să înţeleagă,
Să-nceapă să dea din strune.

Nu-i devreme, tu, Corina ? Nuuuuu, de-ţi aminteşti tu bine ,
Dacă eşti din Satu

Dacă eşti din Satu Mare,
sărbătoreşti când îţi vine,
Ce dacă azi nu-i ziua mare?
Orice zi e dar sub soare!

Două zile înainte, braţ la braţ cu două nopţi
Se adună în ciorchine pentru mustul cel din zori,
Bagajul deja e gata,

156

Bagajul deja e gata,
cartofii și micii-s
copți,
Rulota și veselia dau
secundei mari valori.

17 sau 19 sunt
totuna, nu mă crezi?
Adunate sau reduse
tot la 8 tu te oprești,
Iar de vrei algebră
aleasă, în Anda să te
încrezi,
De-i reciți și-o

De-i reciți și-o
poezie, clar, pe ea o
cucerești.

Sănătatea și iubirea
să te inunde peste
ani,
Cântecul și poezia fie
zahăru-n amar,
Să întinerești cu ziua
și cu noaptea să
renași,
Sărbătoare-ți fie
viața, chiar de nu-i
Crăciun sau Paști !

Sper c-am reușit o
clipă,
Să va fac să mai
zâmbiți,
Aș da chiar și din
aripă,
Ca să nu vă risipiți.

Hai din strune și
percuții, cu alai, toți
pentru Anda,

Hai din strune și
percuții, cu alai, toți
pentru Anda,
Weekendu-ncepe de
vineri, dacă ți se pune
pata!

7:43 AM

Ce pot sa mai spun
acuma
Când așa de
dimineata
Citesc gândurile
bune

Și simt ca trăiesc o viața
Minunata când cu Retro-n gând de azi sărbătoresc
Parca și viețile noastre
Imoreuna înfloresc
Da, la cei din Satu-Mare
Orice zi e ziua lor
E tot ce avem sub soare
Deci ne bucurăm cu dor

Am sa ma opresc aicea
Mulțumesc pentru acest dar
Iar ai reușit Corina ❤️
Sa punctezi pe 'I", e clar.

Un eeekend minunat tuturor! 🤗

Catalin Lari

😍 L a Multi Ani si bucurie, spune-a inimii vioara 🎻
Se-mbina-n armonie si cu strune de chitara...
Toate spun, soptesc intr-una:
Astazi este o zii mare!Chiar si florile-n gradina stau mai mandre in picioare...
"Ce sa fie?Ce sa fie?!" Striga-un

"Ce sa fie?Ce sa fie?!" Striga-un greiere pe-un fir de iarba...
"Sa nu-mi ziceti ca de-acuma a sosit Mos Toamna Barba?"
Asta ca picat din nor....dar natura I raspunde cu a ei placuta boare, adie mangaietoare....
AZI SARBATORIM O DOAMNA!!! 8:27 AM

*Vara 2022

Moment – Sărbătorim în stil Retro...
Am surprins aici doar a mică parte din bucuria pe care o aduce sărbătorirea celor dragi...celelalte discuții din păcate nu le pot reda, însă au fost multe și frumoase...

Sănătatea și iubirea
Să-ți ofere
nemurirea.

Corina

Cătăline, Cătăline
Ziua începe azi cu tine,
Zorii cântă din vioară
Dragostea te împresoară.

Să rămâi calm peste gânduri,
La furtuni să nu te tulburi,
Cătăline, Cătăline
Toate să îți meargă bine!

Pe pragul de pe noii ani,
Îți aștern un car cu bani,
Sănătatea și iubirea

La mulți ani să ne trăiești
Și cu Retro să
Zâmbești !

Sănătate si iubire
Sa-ți fie-n suflet mereu
Și la bine și la greu.

Și pe strune de vioara
Viața sa-ți fie ușoară
Vic, Dănuța si Calina
Sa-ti fie in jur Lumina.

Dragul nostru Cătălin
Zile pline de senin,
Bucurie, împlinire
Sănătate si iubire
Sa-ți fie-n suflet mereu
Și la bine și la greu.

Iar cu Retro peste ani
Sa-ti cântam iar La mulți ani!

Sorine, Sorine
Tu la bas canti bine
De departe iti dorim
Multă sănătate
Sa ai spor in toate
Nu uita ca te iubim!

La mulți ani Sorin!

1:43 PM ✓

Sorin
Multumesc dragilor!
O sa va avem in gând
și-n cântec 💕

1:50 PM

Catalin Lari
Si cine si cine
Si cine sa traiasca
Primarul primarul
Lumea sa-l iubeasca!
Si Carmen sa-l
indrageasca!
Fetele lui sa-l
indulceasca!
Noi il iubim, si ii uram
In gura mare il
laudam!
Cel mai frumos si
talentat

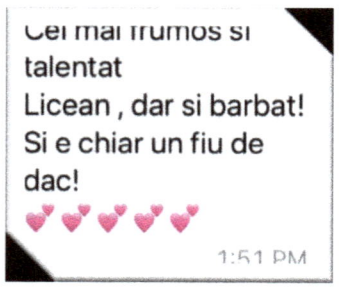

Cel mai frumos si
talentat
Licean , dar si barbat!
Si e chiar un fiu de
dac!
💕💕💕💕💕

1:51 PM

Sorin
Multumesc de
minunata urare in
versuri maestre
Cătălin! Parca aud și
vioara in fundal. O sa
ne lipsiți deseară 💕
🥰

2:46 PM

> **Corina**
> Azi, de ziua ta Sorine
> Ne gândim cu drag la tine,
> De departe îți urăm
> Tot ce vrea sufletul tău,
> Iar când ne-om reîntâlni,
> Pe obraz te-om pupăci,
> Până–atunci, trăiește clipaaaaaa!
> La mulți ani!
> 🥲😘   3:16 PM

*Septembrie 23, 2022

Moment – Atelier cultural virtual inițiat de Ligia... SAU - Cântați cu noi pe melodia, ***Azi am să-mi crestez în grindă***...

Iată-ne tot noi, cochete,
 Acum cinci ani, faine fete,
 Viață Retro noi am dus,
Și de-aceea ne- am ajuns
Și ce faine, faine fete are Retro...

Doamna Ana a ajuns,
Fiindcă-n avion s-a pus,
Și-a venit din depărtare
Cu o bucurie mare
Să se vadă iar cu Retro,
Ce savoare!

Fete faine, doamne dragi
Așteaptă cu nerăbdare
 Să se-adune la taifas
Printre versuri și poeme
Cântece și seri boeme...

5 ani ?
Chiar nu aș spune
Printre flori, pietre și frunze,
Tinere și tot cochete,
Zâmbete în ochi buchete,
Unice, fără pereche,
Dornice de-o serenadă,
De-abia așteaptă să se vadă...
Sunt sigură că în curând

Cenaclul RETRO

Doamna Ana ia cuvânt,
Cu fusul orar pe dos
Nu se lasă mai prejos!

Fusul orar e pe cale
Să cunoască ameliorare
Un procent de somn european
Altul chiar american
Când e vorba de poezie
De somn n-o să se mai știe
Doar cuvântul stă de veghe

Sentimente să dezlege
Așadar abia aștept
Să ne întâlnim pe drept

Să fim doar cu luare-aminte
Când dorul vrea să se-nfiripe,
Birjar, la drum, tot înainte,
Fetele-s gata să se-alinte!

*Decembrie 10, 2022
Freamăt de colind și miros de mere coapte
Concert de Crăciun al Cenaclului RETRO la sediul ROCO, Chicago

Parcă nu aș vrea să mă trezesc din euforia în care mă aflu, datorită acestui concert. Și știu că acest sentiment îl impart cu cei care au avut bucuria să fie alături de Cenaclul RETRO sâmbătă seara, la concertul de Crăciun, intitulat atât de frumos *Freamăt de colind și miros de mere coapte.*

Deși oferit fără bilet de intrare (spatiul oferit cu generozitate de Mihai Lehene – ROCO, iar arta cântecului si versului cu tot dragul de noi toți), locurile s-au ocupat în ziua în care evenimentul a fost făcut public. Ne-a părut extrem de rău că nu am putut acomoda pe toți cei care ar fi dorit să vină - sperăm însă că emoțiile colindelor au străbătut spațiul virtual și au ajuns la cei doritori de gândul nostru bun.

Spectacolul nostru de Crăciun, pe care îl dăruim an de an comunității, a devenit o tradiție. Am fost bucuroși să îi avem în sală pe domnul Consul General al României Tiberiu Trifan și pe distinsa sa soție Gabriela Trifan. Suntem impresionați de mesajul de suflet lăsat în *Cutia cu Amintiri* Retro.

O să las impresiile celor din sală să vorbească, impresii culese de pe Facebook și din *Cutia cu Amintiri*

Felicitări Retro, pentru o seară minunată, plină de sensibilitate și spirit de sărbătoare. Ne-ați amintit de copilărie, de frumoasele colinde românești care ne însoțesc și ne definesc ca români pe oriunde ne poartă pașii în această lume. Momente speciale care vor rămâne amintiri frumoase în clepsidra timpului.
Ne vom aminti mereu de Chicago și de comunitatea românească care se coagulează atât de frumos în jurul unor simboluri precum RETRO și ROCO. La mulți ani!

Tiberiu Trifan, Consul general al României la Chicago

Dragă Cenaclu Retro,
O seară de vis, deosebită așa cum suntți și voi. Mulțumim că ne-ați umplut sufletele de căldură, dragoste, prietenie, și speranța să fim mai buni, mai iertători, și mai apoape în suflet de România și credința noastră.
Un Crăciun fericit vă dorim și multă sănătate.
La mulți ani! Vă iubim!

Fam. Raicu, Lucas, Johny, Daniela și Ionel

Mulțumim că existați!
A fost prima dată când v-am văzut și ne-ați oferit o seară minunată!
Sărbători Fericite!

Ana, Marius, Sergiu

Sunteți minunați!!!
Vă multumim că ne-ati oferit așa clipe minunate și ne-ati făcut să ne simțim mai aproape de casă!

Raluca Ioniță

Suntem freamăt de colind, suntem zborul fulgilor de nea, suntem pași de dans în lumina albastră a speranței, suntem împreună! Povestea acestei seri de iarnă va rămâne cu noi pentru totdeauna. Mulțumim ROCO Chicago, the Romanian Community Center pentru găzduirea acestui eveniment. Crăciun Fericit !

Cenaclul Retro

Ne-am simțit ca-n povești: am colindat, am recitat, am cântat alături de Cenaclul Retro. O seară minunată în care ne-am amintit de colindele și atmosfera de sărbătoare pe
"strada noastră" , de bunica care pregătea bunătățile pentru sărbători, de părinții care încercau din răsputeri ca Mos Crăciun să ne satisfacă doleanțele....Am simțit emoțiile din trecut și ne-ați transpus într-o altă dimensiune a copilăriei !!!! MULȚUMIM RETRO !!!!

Elisa Fedorca

O seară minunată de decembrie cu Cenaclul Retro în freamăt de colind, miros de mere coapte, gust de vin fiert și povești despre iarnă și Crăciun într-o ambianță caldă, de sărbătoare, de bucurie. Vă mulțumim.
"Atunci când încălzești inimile altora, te încălzești și tu"

Geta Hațegan

BRAVO!! BRAVO!! BRAVO!!! Cenaclul RETRO!!!
Un spectacol extraordinar!
Ați fost minunați în această seară! Voi si invitații voștri care ne-ați dăruit cu toată dragostea un spectacol superb de sărbători!Sufletele noastre au vibrat, lacrimile au curs pe obraji de emoție! Adevărat!
Și vă Mulțumim !
Vă Mulțumim că ne-ați trimis cu gândurile și sufletele acasă la noi, în România noastră dragă, pe strada noastră din copilărie , cu miros de mere coapte și de busuioc, cu ninsori de acasă și cu colinde, colinde, colinde minunate!
Mulțumim din suflet, Cenaclul Retro! Voi, oameni frumoși, oameni simpli și Fericiți să fie împreună, să cânte și să ne încânte cu muzică și cu poezie, într-o superbă armonie!
Și am vibrat cu totul!
Și am primit mesajul vostru de a fi mai buni, mai îngăduitori, mai calzi... Să ne bucurăm de fiecare clipă și să nu uităm de unde am plecat! Mândri că suntem români!!
Inimile noastre au primit frumosul pe care ni l-ați înfiripat!
Si noi, publicul
VĂ MULȚUMIM!
ȘI VĂ IUBIM!
ȘI VĂ DORIM
LA MULȚI ANI!
CRĂCIUN FERICIT!!!

Olezia Comșulea

Ce pot eu să spun este că am plecat sper casă cu sufletul plin... plin de bucuria trăirilor emoționale prin cântec și vers...A nins frumos, *ca-ntr-un colind...*

Colindătorii au venit *cum veneau odată (leru-i ler), Isus a fost copil –* vestea minunată adusă de magi, toate la un loc au pătruns în sufletele celor prezenți în sală. Spectatori și artiști, am creat emoții împreună și am fost *preț de o clipă* (sau chiar mai mult, spectacolul a durat aproximativ două ore) cuprinși de freamătul colindului cu miros de mere coapte.

Mulțumim ROCO pentru ajutorul organizării acestui spectacol.

Cristina Haidău, Onița Cârcu, Cosmina Ungur, Georgiana Merdariu, Oana Dobrean Urzica, Paula Telcianu, Dan Cosma

Mulțumim celor ce au răspuns invitației de participare. Prin voi am simțit că misiunea noastră s-a îndeplinit.

"Minunați! Minunați! Minunați!
Talente cu sângele neamului nostru!
Foarte emoționant!
Mulțumim invitaților Cenaclului Retro
Athena si Ana Marincaș, Iulia Romoșan, Lucas si Johny Raicu,
Geta Hațegan Pupek, Traian Alexandru Bălan,
Ionuț și Marc Dima, Dana și Victor Lari"

Olezia Comșulea *(facebook)*

Mulțumim membrilor Cenaclului Retro care oferă cu atâta generozitate artă tuturor celor care doresc să o primească.
Sorin Griza, Radu Răcean, Corina Vlad, Cătălin Lari, Ligia Grindeanu, Ana de Sighișoara, Călin Mărincaș, Anda Cristolțean, Ștefan Cristolțean
Video și fotografii *Iulian Grindeanu*
Echipa tehnică *Adrian Nechiti, Carmen Griza*
Sponsori: *Sorin și Olezia Comșulea, Dan și Mariana Torz, Rodica Bărănescu, Radu Mihalcea, Joselito Reyes*
Și nu în ultimul rând tuturor celor ce vin să ne vadă, să ne asculte și să împartă cu noi bucuria și armonia de a fi, le mulțumim.
În speranța că am deschis larg porțile unui Crăciun 2022 de poveste, și am pășit cu sfială pe urmele magilor, plini de bucurie și emoții, vă dorim Crăciun Fericit!
Și vă mulțumim
Că ne inspirați
Prin voi retrăim
Clipe de dor ce ne dau fiori...

Anda Cristolțean, *Co-fondator, Cenaclul Retro*
*Articol (adaptat) publicat in Tribuna Românească ziarul românilor-americani editat și tipărit la Chicago,, Decembrie 2022. Articol apărut și în revista Creneluri Sighișorene, Februarie 2023

DEDICAŢII

Cenaclul Retro s-a implicat, cu mare, cu mic în cele ce urmează. Versurile (iar în anumite cazuri chiar şi muzica) ne aparţin nouă, cenaclului Retro. Sper să vă bucure şi să vă înveselească aceste dedicaţii. Vă ofer o mică privire "în spatele cortinei". Liniile muzicale sunt foarte cunoscute, dar dacă sunteţi curioşi, întrebaţi pe oricare dintre noi. Dacă aveţi noroc, vi se va răspunde corect

Dedicaţie pentru Călin

Măi Căline, măi Căline
Călător prin ţări străine
Azi ne-am adunat la tine
Să-ţi urăm zile senine
Şi de veselie pline
Măi Căline, măi Căline
Şi aşa cum se cuvine
Ani la rând unind destine
Oameni buni la mese pline
Pregătesc ca să închine,

Pentru sănătatea ta,
La mulţi ani, mulţi ani,
Căline!

Cu Steluţele-împreună

Să cântăm cu voie bună
Şi băieţii tăi frumoşi
Să-ţi trăiască sănătoşi
Bucurii şi împliniri,
La mulţi ani, mulţi ani, Călin!

Veşnic tineri şi bogaţi
Şi de toamnă inspiraţi

Măi Căline, măi Căline
Noi nu ne putem abţine
Să cântăm doar pentru tine
La multi ani, mulţi ani,
Căline!

Dedicație pentru Ana și Ligia

Felicitări!
Pentru Ligia și Ana
Fiica și Mama
Ce scriu poezii,
Le dăm o sărutare
Și o îmbrățișare oriunde ar fi
În strigăt sau șoapte
Le spunem în noapte
Sau în plină zi:

Ligia să nu te oprești
A scrie în versuri
Să nu obosești!
Iar Ana cu Retro vei fi
De-i noapte ori zi!

Felicitări!
Pentru Ana și Ligia
Două cochete,
Fără egal,
Seninul albastru,
Pe chipul măiastru îl poartă
cu calm
Tandrețea e poarta
Ce leagănă soarta
Până la final:

Ana să nu te oprești
A scrie în versuri
Să nu obosești!
Ligia cu Retro vei fi
De-i noapte ori zi

Dedicație pentru Radu

Prin pădurea bradului,
Trece mama Radului, măi,
Din ochi negri lăcrimând
Și de Radu întrebând
Radu mamii, Radule, măi
Din ochi negrii lăcrimând
Și de Radu întrebând
Radu mamii, Radule, măi

N-ați văzut pe Radu mamii?
E la Retro tot cu fanii
Unde cîntă, povestește
Și la sunet îndrăznește

Radu mamii, Radule, măi
Unde cîntă, povestește
Și la sunet îndrăznește
Radu mamii, Radule, măi
Și Diana asculta
Pe Radu cum mai cînta
Și Rebecca, tot așa
Muzica ce-i mai plăcea
Radu mamii, Radule, măi
Karaoke și chitară
Talent show ne înconjoară
Radu mamii, Radule, măi

Radu noi îți mulțumim
Că de Retro frumos scrii
Radu noi îți mulțumim
Că de Retro frumos scrii

Radu mamii, Radule, măi
Cu penița, microfonul,
Retro acum îți dă tonul
Radu mamii, Radule, măi

Dedicație pentru Sergiu

Noi cu tine, tu cu noi, ne place să glumim
Și cu RETRO niciodată nu ne plictisim
Tu la pește vrei să pleci dar nu cred că-ndrăznești
De acasă să lipsești

Haide Sergiu, mai vorbește și cu noi un pic
Zi-ne-un cântec, zi-ne-o strofă, să nu taci chitic
Și poate în RV-ul tău pe toți ne vei lua
Cu jet ski-ul ne vei da

Refren:
Încearcă ah, ah, încearcă Sergiu dragă
Încearcă să nu, să nu mai pleci la baltă
Tu știi prea bine că noi nu mâncăm șalău,
Cu RETRO-i mult mai bine zău! (x2)

Corina sigur la chitară-ți va cânta ceva
Și-n privat la bară, mai pe seară-ți va dansa
Cu barcă, snowmobile și alte jucării lumești
Ah, Sergiu ne înnebunești!

Noi cu tine, tu cu noi, ne place să glumim
Și cu RETRO niciodată nu ne plictisim
Tu la pește vrei să pleci dar nu cred că-ndrăznești
De acasă să lipsesti

Refren:
Încearcă ah, ah, încearcă Sergiu dragă

Încearcă să nu, să nu mai pleci la baltă
Tu ştii prea bine că noi nu mâncăm şalău,
Cu RETRO-i mult mai bine zău! (x)

Dedicaţie pentru Sorin

Sorine, Sorine,
Tu la bas cânţi bine,
Şi toţi te iubim la fel
ăCă eşti "cool" Sorine
Retro pentru tine
A compus un cântecel

Strofa I
În grădina lui Sorin,
E şi bere, e şi vin,
Şi e veselie mare
Că Sorin trei fete are
Care au multă răbdare
Ruxi, Carmen şi cu Gina.

Refren:
Sorine, Sorine
Când suntem cu tine
Cântecele ies sublim
Sorine, Sorine
Nu pe orişicine,

Noi pe tine te iubim!
Strofa II
Cu acustica sau basu'
Noi cu tine ţinem pasu'
Dragul nostru, Sorine

Şi la melodii, cu zeci,
Toată noaptea o petreci
La repetiţii te-ntreci!

Refren:
Sorine, Sorine
Când suntem cu tine
Cântecele ies sublim
Sorine, Sorine
Nu pe orişicine,
Noi pe tine te iubim!

Strofa III
Conştiincios ca-n facultate
Tu faci filme peste noapte
Şi ne faci publicitate
Site-ul Retro îl ţii-n viaţă
Să dăinuim cu dulceaţă
Să fie viaţa frumoasă!

Refren:
Sorine, Sorine,
Tu la bas cânţi bine,
Şi toţi te iubim la fel
Că eşti "cool" Sorine
Retro pentru tine
A compus un cântecel

Dedicaţie pentru Ştefan

Refren: Ridică-te Ştefane şi vezi-ţi visul,
Că muzica astăzi e grea
Credinţă veşnică, Cenaclului Retro,
Jurăm, Măria Ta.

Luaţi-vă-n mână pahare
Ca pe strategice ţinte
Haideţi la aniversare
Iarna aceasta-i fierbinte

Ştefane şi Doamna Anda,
Noi vă cântăm doar de bine
Sufletul nostru vă cheamă,
Să inspiraţi iar destine.

Refren: Ridică-te Ştefane şi vezi-ţi fanii,
Că muzica astăzi e grea
Credinţă veşnică, Cenaclului Retro,
Jurăm, Măria Ta!

La mulţi ani, Corina!

Corina dragă, urarea noastră
Să te găsească cum te ştim
Un suflet cald şi gând zglobiu,
In ochi ai cerul cu senin. Bis

Lumina ne-o aduci prin zâmbet,
Ai darul să transformi în cântec
Livezi şi flori şi munţi înalţi
Cascadele ce curg prin ani. Bis

Ref: La mulţi ani, la mulţi ani, Corina
Retro îţi urează astăzi la mulţi ani
La mulţi ani, ani frumoşi, Corina
Să fi cu noi, şi la 100 de ani

Dragostea ta pentru natură
Pe frunte-ţi este o cunună,
Şi "focul viu" iar s-a aprins
Cu Retro azi sărbătorind. Bis

Corina dragă, urarea noastră
Să te găsească cum te ştim:
Un suflet cald şi gând zglobiu,
In ochi ai cerul cu senin. Bis

Ref. La mulţi ani, la mulţi ani, Corina
Retro îţi urează, astăzi la mulţi ani
La mulţi ani, ani frumoşi, Corina
Să fi cu noi, şi la 100 de ani

Versuri: Ligia Grindeanu Muzica: Anda Cristolţean

Hello,Traian!

I. Tu Traian eşti o vedetă
Ne iubeşti neîncetat
Şi cu Iva lângă tine
Pe noi toţi ne-ai fermecat
When Traian is showing up
We are set for having fun
With cute Iva by his side,
He shines greatly like a star

Hello, hello, Traian, helloooo
Hello, love you, Traian,
Hello, Traian, helloooo

Hello, love you, Traian

II. Când zăpada se arată
Echipamentu-l pregăteşti
Cu meniscu-n jumătate
Tu pe pârtie porneşti
Iar cu sufletul tău tânăr
Munţi înalţi mai traversezi
Şi cu dragostea, Traiane
Numai tu poţi să jonglezi

Alo, alo, alo, mulţi ani,

Alo, alo, Traian

Refren:
Cenaclul Retro azi îţi cântă aşa
Că doar tu asta meriţi de ziua ta
Să mai compui tot aşa peste ani
Şi noi să-ţi tot cântăm La Multi
Ani
S-ai chef de glume şi uite aşa
Alături de Retro te vei delecta
Cenaclul Retro azi îţi cântă aşa
Că doar tu asta meriţi de ziua ta

III. Când pe scenă, chiar la Retro
Cu talent tu ai cântat
Victor şi fetele tale
Cu drag te-au aplaudat
Şi-ntr-un glas cu toată sala
Ne-amintim, parc-a fost ieri
Compoziţiile tale
Au devenit frumos refren.

Alo, alo, alo, mulţi ani,
Alo, alo, Traian...

Dedicaţie pentru Iulian

Ne încânţi cu chipu-ţi blând
Semn de soare pe pământ
Şi-o privire cu umor
Care place tuturor
Ref: Suntem toţi în jurul tău,
Iulian
Şi-ţi cântăm cu toţi acum, La
mulţi ani
Să rămânem bucuroşi peste
ani
Astăzi cu Retroooo, la mulţi
ani! X2

Şi la volei tu eşti bun
Ref: Suntem toţi în jurul tău, Iulian
Şi-ţi cântăm cu toţi acum La mulţi ani
Să rămânem bucuroşi peste ani
Astăzi cu Retroooo, la mulţi ani! X2

Ne filmezi atât de des
Să ne dai şi mai mult sens
Poate că te-ai hotărât
De toţi să te faci iubit
Mingea parcă o îndrumi
Într-un zbor frumos spre cer
Calităţi de inginer!

Inginer de mare clasă
Cu panou solar pe casă
Watt cu Watt ai pus deoparte
Pe Ligia s-o dai pe spate

La mulţi ani, Monica!

Suntem cu toţi acasă la Monica,
Care munceşte toată ziulica
Şi greieraşul stă pe lângă ea,
Şi-i cântă din pian cam tot aşa:

REF: Monica Monica, Monica
Cu toţi îţi urăm La Mulţi Ani
Monica, Monica, Monica
Să fii tot aşa peste ani

Tot cenaclul Retro cântă pentru tine,
Să ne trăieşti Monica
Să-ţi fie-n viaţă bine
Cu cenaclul Retro la munte şi la mare,
La mulţi ani Monica,
In orice-mprejurare.

Din '89 când v-aţi întâlnit
Pe Lucian rapid l-ai cucerit
Şi de atunci tot texte îi compui,
Şi el ia premii fără să îi spui

SOLO (Lucian): Monica draga mea, îţi cer iertare
Că ştii cât sunt de bun la tachinare
Dar uite astăzi recunosc cinstit
Că fără tine n-aş fi reuşit

Să nu uitam la mare Ursulescu
Te-a prezentat Monica Lovinescu
Dar noi la Retro astăzi şi-n tot anu'
Te vom numi Monica Topârceanu

Serenadă pentru Anda

Greieraşul s-a trezit devreme,
Pe hârtie el a pus poeme,
Şi emoţii în buchet de flori pentru Anda.
Cu acorduri de chitară o răsfaţă,
La mulţi ani şi bună dimineaţa!
De cu zori de ziuă pentru Anda.

Ei îi plac balade inspirate,
Epigramele cu tâlc lucrate
Clipa e senină doar cu Anda
În spectacol şi pe scena vieţii,
Graţios rezolvă ecuaţii,
Viaţa e frumoasă doar cu Anda

Ref: Te simţim cu sufletul aproape, dragă Anda,
De iubire şi lumină să ai parte,
Doi băieţi şi-o fată minunată, dragă Anda
Ce zi de zi iubirea îţi arată

Greieraşul a dormit devreme,
Şi în vis el tot scrie poeme,
Gândurile-s cer de stele pentru Anda.
În acorduri de chitară o-nfăşoară,
La mulţi ani şi pentru a câta oară
Cântecul e scris doar pentru Anda.

Ref: Te simţim cu sufletul aproape, dragă Anda,
De iubire şi lumină să ai parte,
Doi băieţi şi-o fată minunată, dragă Anda
Ce zi de zi iubirea îţi arată

Te simţim cu sufletul aproape, dragă Anda,
De iubire şi lumină să ai parte,

Serenadă, când apare luna,
Serenadă pentru totdeauna,
Serenadă pentru Anda. Bis

Versuri: Ligia Grindeanu

Greierele şi Furnica în cântec armonizaţi,
Răspândesc frumos în suflet
Şi de toţi sunt adoraţi.
Sunt frumoşi şi harnici foarte
Pentru ei sunt şi eu fan!
Sărbătoare fac din toate.
Ei sunt Anda şi Ştefan!

Dedicaţie: Ana Munteanu Drăghici

Dedicaţie pentru Anda

După atâta frig şi iarnă
Când se-arată soarele
Ca să nu lase-n ceaţa
Schiţează scenariile

Ne prezintă, ne recită
Şi ne cântă de cu zori
Şi aşa cu toţi în gaşcă
Noi în Retro ne-mbarcăm.

Toată ziua pe cărare
Bicicletă sau plimbare,
Algoritmi, tangenţiale
Haina-i roşie splendoare

Noi cu toţii îi urăm
Sănătate, la mulţi ani,
Întâlniri nelimitate
Tot cu Retro peste ani!
Întâlniri nelimitate
Tot cu Anda peste ani!

Versuri: Corina Vlad

La mulţi ani, Cătălin!

Cătăline, Cătăline
Cu vioara îţi şade bine
Tu cu Retro cânţi şi joci
Întru mulţi ani sănătoşi.

În familie fericire,
Sănătate şi iubire
Talent de la mic la mare,
Să cânte la lumea dragă

Sufletul nostru vibrează
Cu vioara rezonează
Şi tonalităţi găseşti,
Cătăline, să trăieşti!

Când greşim un semiton
Tu te încrunţi încetişor
Şi găseşti Armonia
Într-un ton cu poezia.

La mulţi ani cu sănătate,
Zi vioară mai departe,
Toate-s bune ca la carte,
Când de spectatori ai parte,

Refren 1:
Aplauze, aplauze să auzim
Cătăline, te iubim
Eşti un artist virtuos
Să fi bine, sănătos
Cu Retro concerte multe
Toată lumea să ne asculte

Refren 2:
La mulţi ani, mulţi ani
frumoşi
Să-i petrecem sănătoşi
La mulţi ani, mulţi ani să fie
Muzică şi poezie
Şi pe strune de vioară
Tot mereu în sărbătoare

<u>*Romanţă cu parfum pentru Carmen/Carmencita*</u>

Văd în grădină printre flori
O mulţime de culori
Şi pe Carmen visătoare ...
Iar Sorin sta lângă ea
Ochii-n cer ţintă-i avea
Şi ţinea în mână-o floare.

Azi, împreună toţi cântăm
Şi cu drag noi îţi urăm
La mulţi ani în astă seară
Tu, să rămâi aşa cum eşti,
Printre daruri pământeşti
Carmencita, floare rară...

Tu, ai un zâmbet luminos,
Pentru toţi un gând frumos,
Astăzi te sărbătorim
Cu două fete te mândreşti
Şi pe toţi tu îi iubeşti
Primar norocos, Sorin.

Time is a friend of yours, you see...
You have a great family
And the best friends in the world...
You are the light that shines upon
Retro group and many more
Happy birthday, dear Carmen!

Azi, împreună toţi cântăm
Şi cu drag noi îţi urăm
La mulţi ani în astă seară
Tu, să rămâi aşa cum eşti,
Printre daruri pământeşti
Carmencita, floare rară...

CUTIA CU AMINTIRI

Notiţe din carneţelul Retro (cunoscut sub numele de *Cutia cu Amintiri*)- transpuse pur şi simplu în această carte.

*24-25 Iunie, 2017
<u>Starved Rock - Ieşire cu cortul</u>
"*O noapte de douăzeci de ani,*
 Priveşte mamă jocul şi taci nu întreba.
 E foarte simplu este noaptea mea"
Prima ieşire a Cenaclului Retro, la iniţiativa Corinei. Ne-am adunat, cu mic şi mare, care am putut (nu câţi ar fi vrut, din păcate) şi uite că am reuşit să facem ca visul de a cânta toată noaptea în jurul focului, să devină realitate. De aceea, acum (în jurul orei 7:30 am) numai eu şi Charley suntem treji, iar eu pot să scriu tot ce-mi trece prin cap, liniştită....
Numai păsărelele îmi cântă, şi Soarele mă mângâie cu raze calde. Toată lumea doarme. E atâta frumuseţe în jur, că auzi 'firul ierbii cum creşte'. După ce ne-am adunat cu toţii în jurul orei 3:30pm, am făcut o drumeţie la Illinois Canyon. Foarte spectaculos, cu multe obstacole de trecut (trei pârâiaşe) şi poveşti de povestit, poze de pozat. Ce grup frumos suntem: Corina cu Sergiu (şi cu ceaunu... 😊) Sorin cu Carmen & Gina (cu slăninuţa) Ştefan cu Anda (eu) şi Sonia (cu Charley şi vişinata). După 'cărările de munte' ne-am aşezat tabăra la răscruce de drumuri şi ne-am apucat vajnici de lucru. Peripeţii, foc, masă încărcată cu pui şi ciuperci, slănină şi cârnaţi şi o varietate de vegetale pe grătar. Apoi, punctul forte: cântat la foc, idei, bucurie şi un picuţ de oboseală. Nu ştiu când s-a terminat (s-a terminat oare?) că am intrat mai repede în cort, să-l liniştesc pe

Charley. Vom afla azi. Vom continua cu o drumeţie la Matthiessen State Park, la care sperăm să ni se alăture: Ligia, Iulian, Adelina, Alex şi Lola. Aventura Cenaclului Retro continuă...

*25 iunie, 2017
<u>Vocea Corinei</u>
Adieri de vânt, sclipiri de soare, priviri de vis, fiori ce te inundă la auzul minunatelor cântece.
Clipe ce trec prin timp şi spaţiu, dar care rămân prezente în adâncul sufletului, clipe de vis, clipe de dor, clipe de iubire.
Şi mă topesc de folk, de tot, oh, nu mai pot, mai vreau, tot folk, mai vreau, tot voi oameni frumoşi.
Cu Cenaclul Retro, viaţa este-n roz
Totul merge strună şi renaşti din foc
Jocuri, cântec, glume te urnesc din loc
Pe cărări, prin canion, pe văi cu flori
Te pierzi cântând şi chicoteşti cu zori
Hai băieţi şi fete, viaţa s-o trăim
Români suntem şi tot români murim.
GO RETRO, GO!
Rămânem
Eterni
Tineri
Români!   Youhuuu.
Cât despre 'hiking', cuvintele nu pot exprima beatitudinea peisajelor: canioane, cascade, apa calda care te invită să-i guşti adierile. Idei pentru proiectele viitoare se conturează printre liliecii sălbatici care-ţi captează privirea - şi te pierzi în orizonturile imaginaţiei.
A fost frumos, este frumos, va fi frumos, o poveste frumoasă a Cenaclului Retro
Va urma :)

*8 Noiembrie 2017

Vocea Anișoarei - La sfat cu muzica și poezia în casa Corinei și a lui Sergiu

La o cină de taină a ideilor și sentimentelor exprimate prin poezie și muzică armonizate în Cenaclul RETRO!

După spectacolul de succes desfășurat de îndrăgitul de acum Cenaclul Retro, în sala bibliotecii de la Romanian Heritage Center, din a patra zi a lunii Noiembrie, artiștii cuvântului și al sunetului s-au strâns la sfat. S-au adunat la cina cea de taină a cuvintelor și a sunetelor cu ospitalitate spirituală, dar și tradițională. Ca într-un stup de albine, zumzetul părerilor a umplut încăperile ospitalierei case gazde. Se va pregăti un concert de colinde presărat cu poezia închinată marii sărbători a Nașterii Domnului Iisus Hristos. Piese muzicale, poezii, animație, creație, păreri și de ce nu și un pahar cu vin.

"Poezia e o muzică a sufletului și îndeosebi a celui mare și sensibil."

Drum de vis Cenaclului Retro, din care mă simt parte într-un spectru de lumini a sferei spirituale românești, niciodată și nicicând străină prin nemurirea ei.

Ana de Sighișoara

VOCEA PUBLICULUI - *din caietul de impresii*

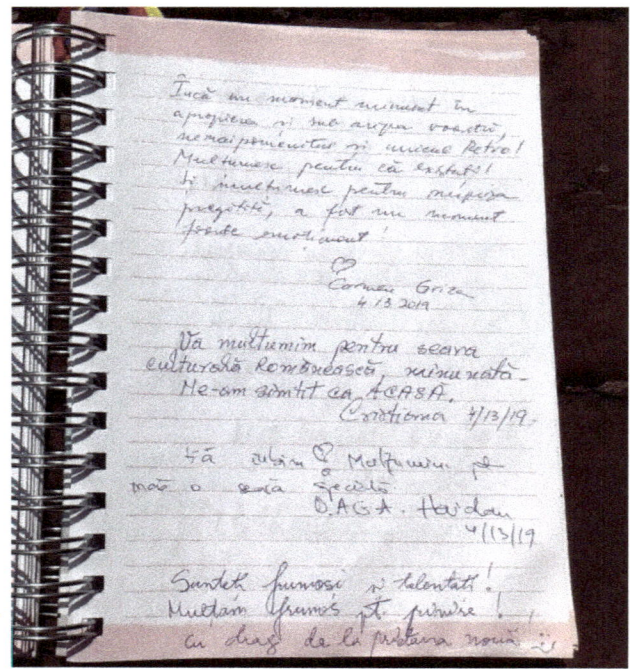

Încă un moment în apropierea și sub aripa voastră, nemaipomenitul și unicul Retro! Mulțumesc pentru că existați! Și mulțumesc pentru surpriza pregătită, a fost un moment foarte emoționant.
Carmen Griza, 4.13.2019

Vă mulțumim pentru seara culturală românească minunată. Ne-am simțit ca ACASĂ.

Cristiana 4/13/19

Vă iubim! Mulțumim pentru încă o seară specială.
D.A.G.A Haidău 4/13/19

Sunteți frumoși și talentați! Mulțam frumos pentru primire! Cu drag de la prietena nouă

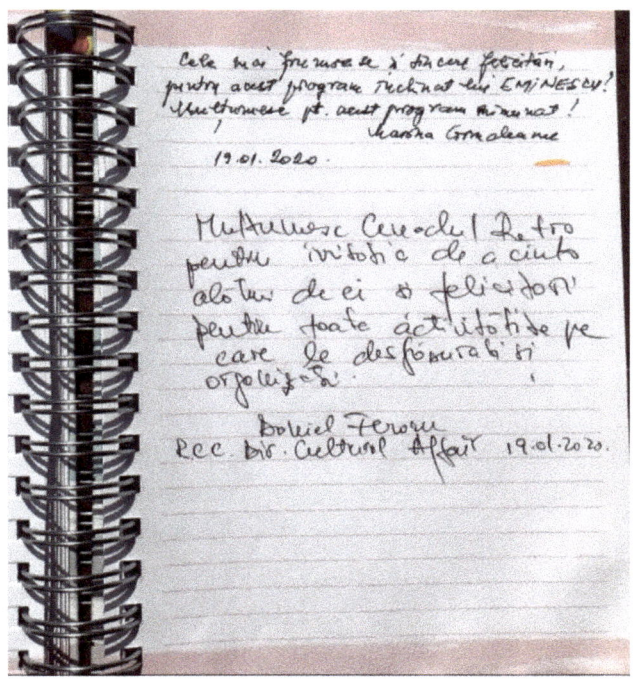

Cele mai frumoase si sincere felicitări, pentru acest program închinat lui EMINESCU! Mulțumesc pentru acest program minunat!

19.01.2020
Marina Grindeanu

Mulțumesc Cenaclul Retro pentru invitația de a cânta alături de voi și felicitări pentru toate activitățile pe care le desfășurați și organizați.

Daniel Feraru
R.C.C. Dir. Cultural Affair   19.01.2020

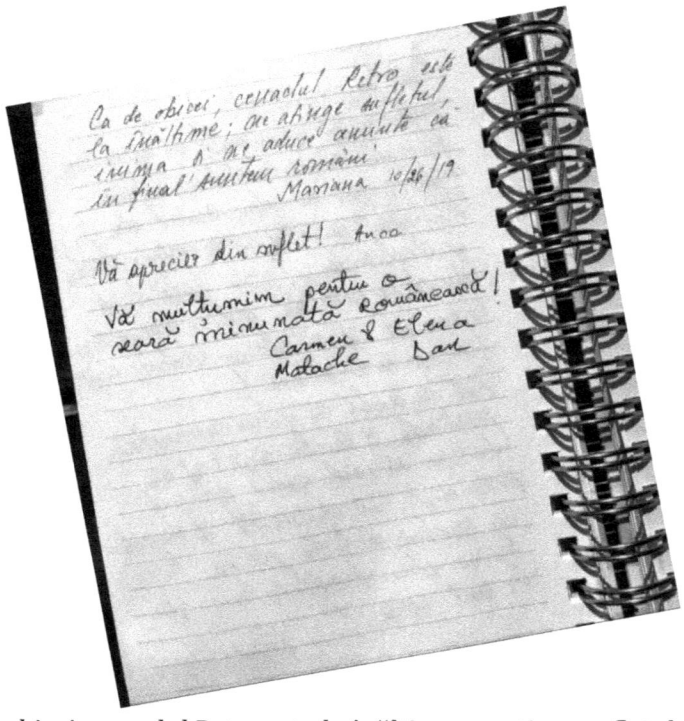

Ca de obicei, cenaclul Retro este la înălţime; ne atinge sufletul, inima şi ne aduce aminte că în final suntem români.

Mariana   10/26/19

Vă apreciez din suflet!   *Anca*

Vă mulţumim pentru o seară minunată românească!

Carmen & Elena
Matache   Dan

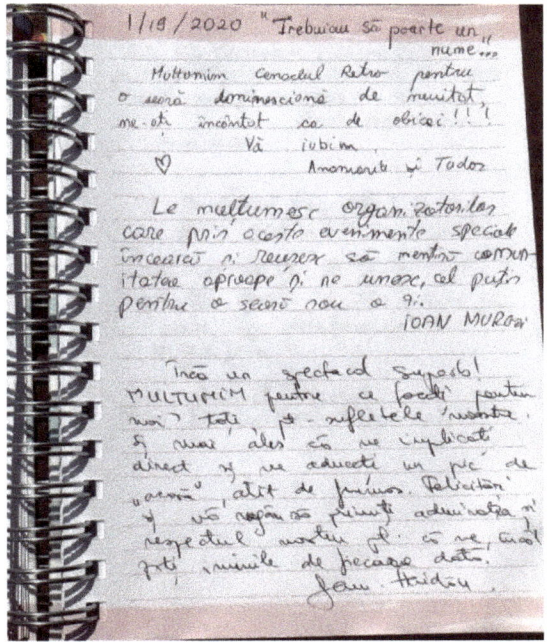

1/19/2020   "Trebuiau să poarte un nume..."

Mulțumim Cenaclul Retro pentru o seară eminesciană de neuitat, ne-ați încântat ca de obicei!!!

Vă iubim,

Anamaria și Tudor

Le mulțumesc organizatorilor care prin aceste evenimente speciale încearcă și reușesc să mențină comunitatea aproape și ne unesc, cel puțin pentru o seară sau o zi.

Ioan M.

Încă un spectacol superb! MULȚUMIM pentru ce faceți pentru noi toți, pt. sufletele noastre. Și mai ales că ne implicați direct și ne aduceți un pic de "acasă", atât de frumos. Felicitări și vă rugăm să primiți admirația și respectul nostru pt. că ne încălziți inimile de fiecare dată.

Fam. Haidău

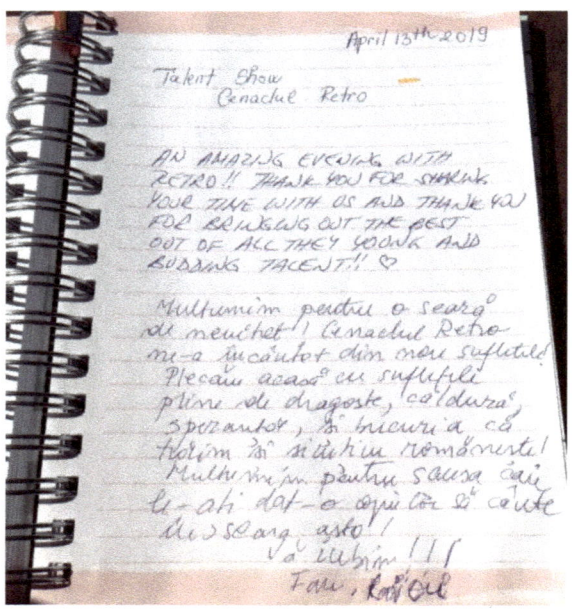

April 13th 2019

Talent Show

Cenaclul Retro

AN AMAZING EVENING WITH RETRO!! THANK YOU SHARING YOUR TIME WITH US AND THANK YOU FOR BRINGING OUT THE BEST OUT OF ALL THE YOUNG AND BUDDING TALENT!!

Mulţumim pentru o seară de neuitat! Cenaclul Retro ne-a încântat din nou sufletele! Plecăm acasă cu sufletele pline de dragoste, căldură, speranţă, şi bucuria că trăim şi simţim româneşte! Mulţumim pentru şansa pe care le-aţi dat-o copiilor să cânte în seara asta!

Vă iubim!!!

Fam. Raicu

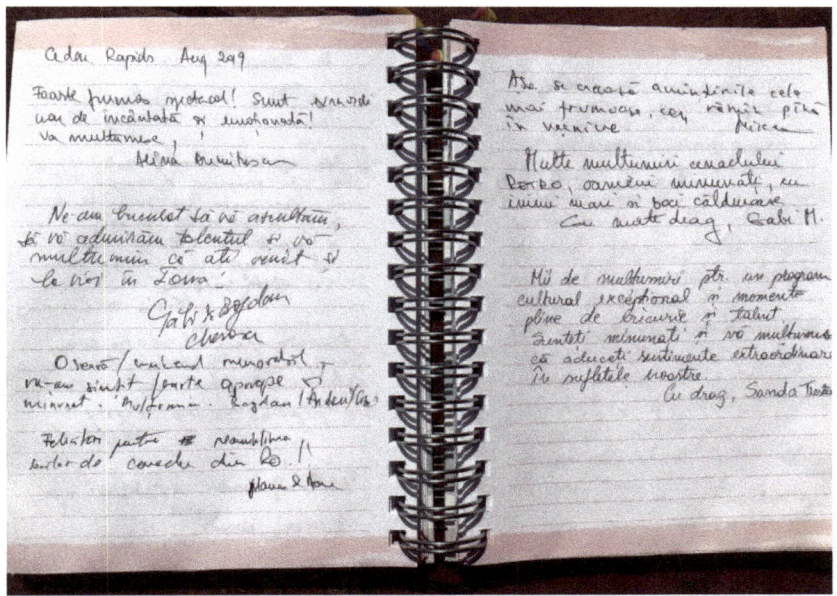

Cedar Rapids   Aug 2019

Foarte frumos spectacol! Sunt extraordinar de încântată și emoționată!
Vă mulțumesc,   *Alina Dumitrescu*

Ne-am bucurat să vă ascultăm, să vă admirăm talentul și vă mulțumim că ați venit și la noi în Iowa.

Gabi și Bogdan Cherăscu

O seară/weekend memorabil. Ne-am simțit foarte aproape și minunat.

Mulțumim, Bogdan/Andrei/C.

Felicitări pentru reamintirea serilor de cenaclu din Ro!!
Nana și Dan

Așa se creează amintirile cele mai frumoase, ce rămân până în veșnicie.   *Mircea*

Multe felicitări cenaclului Retro, oameni minunați, cu inimi mari și voci călduroase.

Cu mult drag, Gabi M.

Mii de mulțumiri ptr. un program cultural exceptional și momente pline de bucurie și talent. Sunteți minunați și vă mulțumesc că aduceți sentimente extraordinare în sufletele noastre.

Cu drag, Sanda Trestian

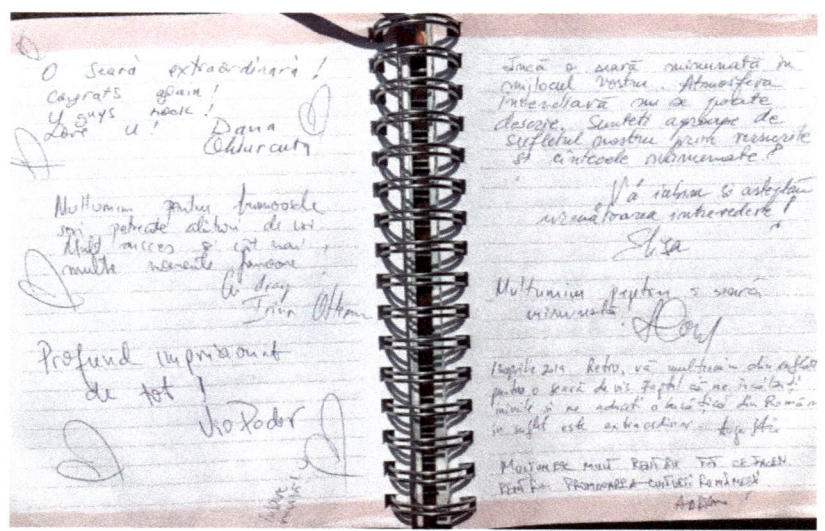

O seară extraordinară!
Congrats again!
U guys rock! *Love u!* *Dana Ghiurcuța*

Mulțumim pentru frumoasele seri petrecute alături de voi. Mult succes și cât mai multe momente frumoase!

Cu drag Irina Olteanu

Profund impresionat de tot!

Vio Podar

Încă o seară minunată în mijlocul vostru. Atmosfera incendiară nu se poate descrie. Sunteți aproape de sufletul nostru prin versurile și

cântecele minunate. Vă iubim și vă așteptăm la următoarea
întrevedere!

Elisa

 Mulțumim pentru o seară minunată!

*13 Aprilie, 2019 Retro, vă mulțumim din suflet pentru o seară de vis.
Faptul că ne încălziți inimile și ne aduceți o bucățică din România în
suflet este extraordinar.*

*Mulțumesc mult pentru tot ce faceți pentru promovarea culturii
românești.*
Adrian

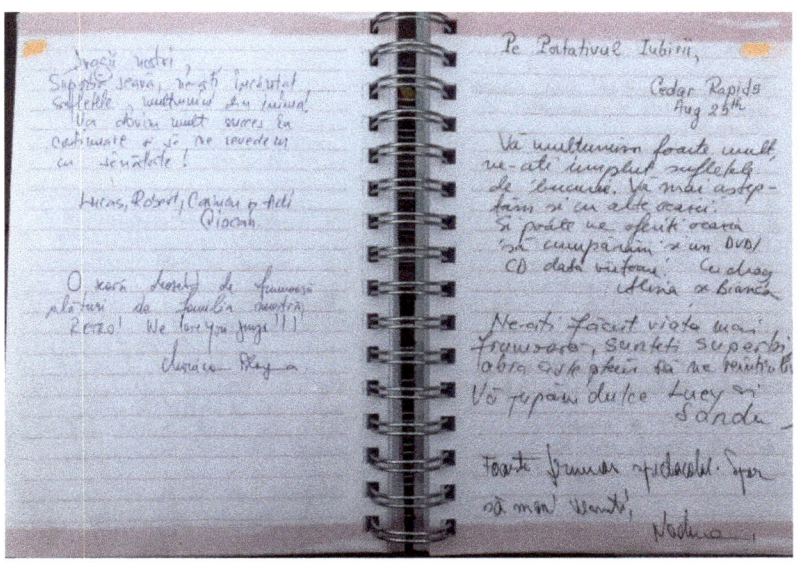

Dragii noștri,
Superbă seară, ne-ați încântat sufletele, mulțumim din inimă!
Vă dorim mult success în continuare și să ne revedem cu sănăte!
Lucas, Robert, Carmen și Adi Ciocan

O seară deosebit de frumoasă alături de familia noastră RETRO!
We love you guys!!!

Monica Blaga

Pe Portativul Iubirii, Cedar Rapids, August 25

Vă mulţumim foarte mult, ne-aţi umplut sufletele de bucurie. Vă mai aşteptăm şi cu alte ocazii. Şi poate ne oferiţi ocazia să cumpărăm şi un DVD/CD data viitoare.

Cu drag,
Alina şi Bianca

Ne-aţi făcut viaţa mai frumoasă, sunteţi superbi, abia aşteptăm să ne reîntâlnim. Vă pupăm dulce,

Lucy şi Sandu

Foarte frumos spectacol. Sper să mai veniţi,

Nadina

"Mulţumesc din inimea mea,
Pentru a recetii şi cînta,
despre iubire şi cei frumos
ca o mîncare fuarte săţos."
Damaris, 25 Aug 2019

*Menţionez că Damaris s-a născut într-o familie de români, în USA, însă nu vorbeşte româneşte. Străduinţa ei de a-şi exprima sentimentele după spectacolul din Cedar Rapids, este impresionantă.

Dragilor, ca de fiecare dată, o încântare să vă ascult, să mormăiesc împreună cu voi cuvintele acestor cântece care îmi aduc aminte de tinerețea mea și să vă admir talentul și dedicația! Vă felicit și de data aceasta pentru un spectacol minunat și vă doresc tuturor mult success în continuare! Sunt mândră că v-am cunoscut din perioada "închegării" și că trăiesc să văd cum grupul Retro crește, se dezvoltă și capătă un contur artistic per se. Bravo din toată inima și la mai mare!

Rusalina, 2019 Oct

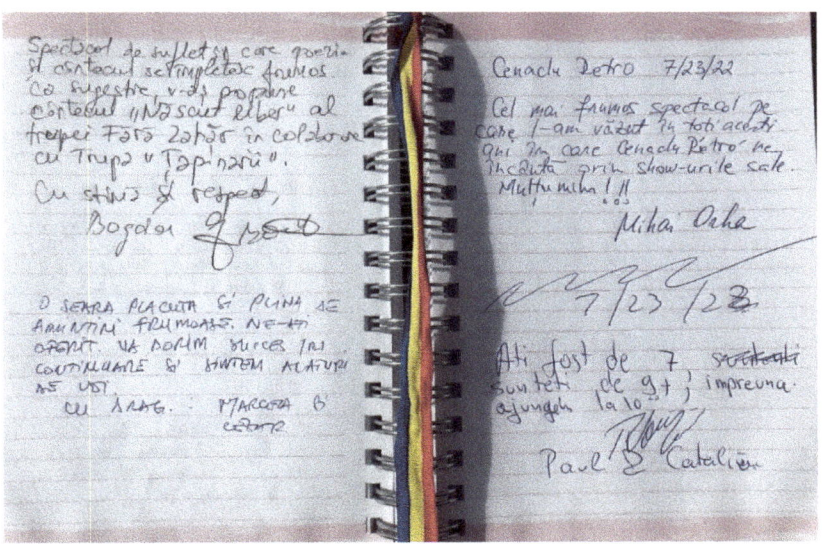

Poeți la taifas cu iubirile muze   **Chicago - Iulie, 2022**

Spectacol de suflet în care poezia și cântecul se împletesc frumos. Ca sugestie v-aș propune cântecul "Născut liber" al trupei Fără zahăr în colaborare cu trupa "Țapinarii".

Cu stimă și respect,   Bogdan Groza

O seară plăcută și plină de amintiri frumoase ne-ați oferit. Vă dorim succes în continuare și suntem alături de voi.

Cu drag,   Marcela și Cezar

Cenaclul Retro 7/23/22

Cel mai frumos spectacol pe care l-am văzut în toți acești ani în care Cenaclul Retro ne încântă prin show-urile sale.
 Mulțumim!!!
Mihai Orha

Picnic la fermă - 4 Septembrie, 2022 - Wisconsin

"O viață simplă rătăcită"
Mulțumim frumos pentru tot. Ne-a părut bine că ați venit. A fost o plăcere deosebită să vă cunoaștem. Vă mai așteptăm și altădată, poate și la un dinner.
Mulțumim!
Meda, Cătălin
Mircea, Andreea

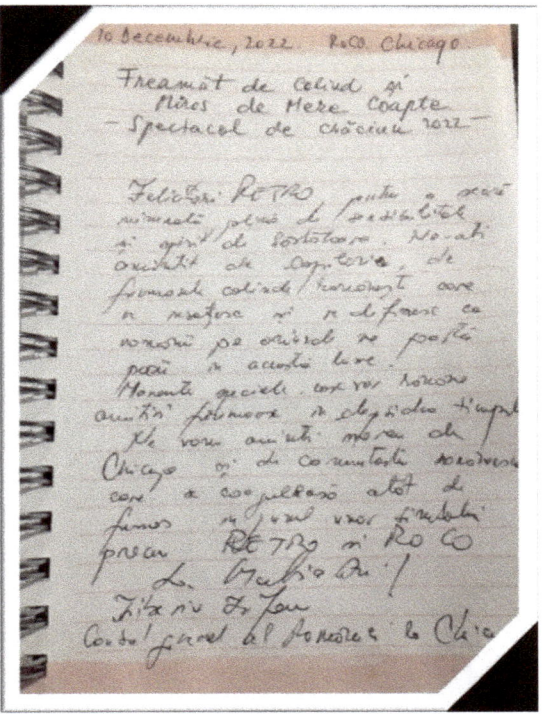

Freamăt de colind și miros de mere coapte – 10 Decembrie, 2022

Felicitări Retro, pentru o seară minunată, plină de sensibilitate și spirit de sărbătoare. Ne-ați amintit de copilărie, de frumoasele colinde românești care ne însoțesc și ne definesc ca români pe oriunde ne poartă pașii în această lume. Momente speciale care vor rămâne amintiri frumoase în clepsidra timpului.
Ne vom aminti mereu de Chicago și de comunitatea românească care se coagulează atât de frumos în jurul unor simboluri precum RETRO și ROCO.
La mulți ani! Tiberiu Trifan, Consul general al României la Chicago

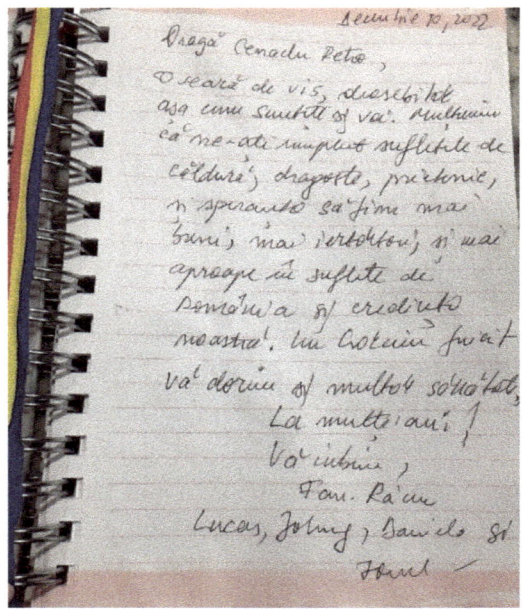

Dragă Cenaclu Retro,

O seară de vis, deosebită așa cum suntți și voi. Mulțumim că ne-aşi umplut sufletele de căldură, dragoste, prietenie, și speranța să fim mai buni, mai iertători, și mai apoape în suflet de România și credinţa noastră.

Un Crăciun fericit vă dorim și multă sănătate.

La mulți ani! Vă iubim!

Fam. Raicu

Lucas, Johny, Daniela și Ionel

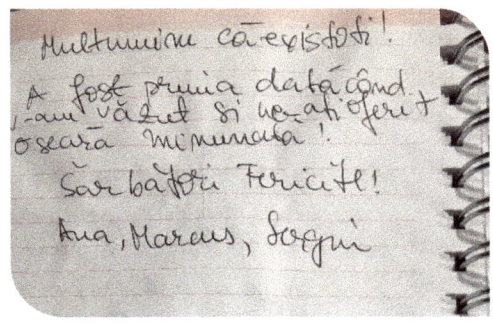

Mulțumim că existați!
A fost prima dată când v-am văzut și ne-ați oferit o seară minunată!
Sărbători Fericite!

Ana, Marius, Sergiu

Artă creată de Anișoara

Artă în ceramică creată de Iva

Pictură creată de Geta

LOGO creat de Dana Negruș

Moment - SAU ce exprimă acest LOGO

Înainte de a citi rândurile de mai jos, priveşte cu atenţie acest LOGO. **Gândeşte-te bine la ce vezi şi ce crezi că exprimă acesta.**

După unul dintre spectacolele noastre, **S** îmi spune zâmbind ştrengăreşte: ”Măi, măi, ce progresivi sunteţi, chiar am remarcat ce logo aveţi. Foarte îndrăzneţ!”
Sunt uimită de această remarcă. Da, mi se pare că avem un logo foarte reuşit, care se potriveşte bine cu misiunea noastră.
S continuă: *”Fata aceea, întinsă pe nisip, pe plajă...”*
Mă uit surprinsă la logo, la **S**... şi încerc să-mi imaginez ce vede el în logo-ul RETRO. *Unde e fata, nisipul şi plaja?...*
Mă înfundă râsul: ”E de fapt o chitară, un disc, corzile chitării...numele RETRO cuprins aşa de frumos în chitară... dar fiecare e liber să-şi imagineze ce vrea...”
Încă mai zâmbesc...chiar acuma când scriu aceste rânduri.
Şi mă întreb, oare ce vede fiecare în acest LOGO? Oare ce vă veţi imagina după ce citiţi aceste rânduri... Of, poate nu trebuia să scriu...să nu vă dau idei. Însă mi s-a părut prea nostim acest moment ca să nu-l include în carte... Restul depinde de fiecare...

ȘI MAI CUMINȚI...

În paginile care urmează veți găsi câteva pasaje, despre noi toți. Sunt create de noi toți și de fiecare în parte, apar pe site-ul Retro (*cenaclulretro.org*), iar faptul că există, ne fac să ne simțim veșnic tineri. Însă de atunci a trecut ceva timp și fiecare artist a mai adăugat multe momente frumoase în palmares. Sperăm să inspirăm pe cei care vor să-și facă viața mai frumoasă prin artă.

CEI CARE MAI SUNT, CEI CARE AU FOST... MEMBRII ȘI COLABORATORII NOȘTRI, OAMENI FRUMOȘI ȘI VESELI...

Ana Munteanu-Drăghici
Ana Munteanu Drăghici, poetă și scriitoare din Sighișoara, este membră a Ligii Scriitorilor din România, președinta Cenaclului „ND Cocea - Anotimpuri" și vicepreședinta Asociației Literare „Creneluri Sighișorene". Dânsa a publicat două volume de versuri intitulate „Testamentul Iubirii" și „Nirvana" și este deținătoare a numeroase premii literare, fiind activă în viața artistică din România.
Ana este membră fondatoare a Cenaclului RETRO iar uneori se prezintă cu pseudonimul Ana de Sighișoara.
Un artist liric de o sensibilitate și erudiție excepționale, precum și un talent recitativ întâlnit doar la marii actori ai scenei românești, Ana reprezintă unul din cei mai valoroși membri ai Cenaclului RETRO. Deși uneori, atunci când este în România, nu reușește să participe la evenimentele RETRO, Ana este în schimb tot timpul conectată spiritual și cu tot sufletul alături de grup, indiferent de distanțe.

Anda Cristolţean

Anda a pornit în călătoria artistică în clasa a 2-a, când a început să ia lecţii de chitară clasică. A participat la diverse evenimente organizate în oraş cu un grup de mandoline şi chitare (Filarmonica de Stat, Satu-Mare). A crescut sub influenţa muzicii folk a cenaclului Flacăra şi asta a pus o amprentă deosebită pe viaţa ei.

Îşi lua chitara cu ea oriunde mergea. Aşa a ajuns de fapt să-l cunoască pe soţul ei, Ştefan. El căuta o chitară şi ea avea o chitară în camera din cămin (în Haşdeu). Împreună au pornit nu doar în aventura vieţii, numită căsătorie, dar şi-n lumea artei. Au fost amândoi dansatori la ansamblul Şcolii Populare de Artă Cluj-Napoca, ansamblu cu care au participat la nenumărate evenimente şi festivaluri, în multe oraşe ale lumii, expunând cu mândrie tradiţia şi cultura românească.

În 1996 s-au stabilit în Chicago şi pentru câţiva ani au condus grupul de dansuri Mioriţa de la Biserica Naşterea Domnului.

În 2011, au iniţiat Cenaclul muzical-literar Vox-Maris, care s-a transformat într-un grup Folk-Rock. Ştefan a cântat cu acest grup până în 2015. Împreună au înregistrat un album muzical "Călători prin Vise".

În 2016 au reiniţiat mişcarea de cenaclu muzical-literar şi i-au dat veşminte noi, sub denumirea de Cenaclul RETRO. Acest fenomen cultural e menit să motiveze şi să inspire pe toţi cei cu drag de frumos.

Călin Marincaş

Cine sunt eu, cel care sunt? M-am născut între Carpaţi, cu dragoste de cântec şi poezie. Am petrecut vremea liceului şi a studenţiei ascultând muzica lui Iris, Compact, Semnal M, Holograf şi participând la spectacolele Cenaclului Flacăra. Dragostea pentru poezie şi muzică vine din fiorii pe care acestea îi creează atât în interiorul meu, cât şi în vibraţia lucrurilor exterioare.

Corina Vlad

Corina este originară din Satu Mare şi a iubit dintotdeauna natura, muzica şi poezia, descoperindu-şi pasiunea pentru muzica folk la Chicago Old Town School of Folk Music şi continuând apoi ca membră a cenaclurilor „Vox Maris" şi „Retro".

După cum spune ea însăși: „Când sunt cu Retro, orele-orele tac, sunt clipe suspendate ale ființei". Când nu este cu „Retro", Corina profesează în arta masajului terapeutic, ca o expresie a energiei gândurilor pozitive.

Corina se caracterizează ca fiind un suflet de copil, bucurându-se la maxim de lucrurile mărunte, bucurie pe care o surprinde și în poezii.

Ligia Ana Grindeanu

Ligia Ana Grindeanu este medic specialist pediatru și poetă, autoarea volumului de versuri 'Dincolo de liniște', Casa de editură Mureș, 2003.

Ligia scrie și recită poezii încă din copilărie și este membră a cenaclului "N.D. Cocea-Anotimpuri" din Sighișoara, orașul ei natal. Chiar și peste ocean și-a continuat pasiunea pentru literatura română, fiind membru-fondator al cenaclului Dor din Iowa City, al cenaclului Retro din Chicago, și director pentru poezie și creație literară la Seara Culturală Românească, participând și organizând activități culturale în cadrul comunităților și Bisericilor Românești. Ligia are publicații în: Cuvântul liber, Glasul Cetății, Ambasador, Târnava, Vatra Veche, LitArt, Creneluri Sighișorene, și este inclusă în antologiile: Anotimpuri sub turnul cu ceas, Veșnicia Secundei, Efigii Lirice, Colecția Grai Românesc și Vise Târzii. Pregătește un nou volum de versuri intitulat 'Anotimpuri de dor'.

Decebal Sorin Griza

Sorin e originar din Reșita, un univers al călătoriilor montane al României. A început să cânte la chitară în liceu, fredonând ca și mulți dintre adolescenții de la acea vreme cântece de Beatles, Phoenix și Cenaclul „Flacăra" pe coridoarele școlii și în excursii cu prietenii. În timpul facultății a activat în grupul rock studențesc 'Argus' dar și în ansamblul de muzică populară al Facultății de Medicină din Timișoara. A urmat o pauză lungă în viața artistică după venirea în SUA, până în iunie 2017, când a fost cooptat în echipa „RETRO" ca basist. Restul e familie, carieră și implicare în comunitatea românească.

Ştefan Cristolţean

In clasa a 7-a, Ştefan a primit un keyboard electronic made in USSR... Mai târziu, în liceu, a început să cânte la chitară iar în armată a avut timp mai mult să-şi perfecţioneze stilul. Nu doar muzica l-a fascinat pe Ştefan. În Facultate, a fost dansator de dansuri populare la Mărţişorul din Cluj Napoca iar după terminarea studiilor, la Someşul-Napoca din acelaşi oraş. Cu ambele grupuri a călătorit prin Europa şi SUA, expunând tradiţiile folclorice româneşti la diferite festivaluri.

În 1996, împreună cu soţia lui s-au stabilit în Chicago şi pentru câţiva ani au condus grupul de dansuri Mioriţa de la Biserica Naşterea Domnului.

În 2004, a interpretat rolul lui Richie în serialul "My Life is a Sitcom II".

În 2010, a iniţiat şi condus grupul muzical de copii Cireşarii.

În 2011, a iniţiat Cenaclu muzical-literar Vox-Maris, care s-a transformat într-un grup Folk-Rock. A cântat cu acest grup până în 2015. Împreună au înregistrat un album musical, "Călători prin Vise".

În 2016, a reiniţiat mişcarea de cenaclu muzical-literar care acum se numeşte Cenaclul RETRO. Prin ea se doreşte să se aducă în actualitate perioada Cenaclului Flacăra şi de asemenea, să se lase generaţiilor care urmează o frântură din cultura românească.

Cătălin Lari

Cătălin Lari a început studiul muzicii la 6 ani şi anume studiul acordeonului, în oraşul său natal Năsăud. La 10 ani a plecat la îndemnul profesorului la Liceul de Muzică din Cluj-Napoca unde a început studiul viorii, iar 4 ani mai târziu, al violei. Chiar din timpul studenţiei la Academia de Muzică Gheorghe Dima, a colaborat şi cântat în instituţii de renume printre care Filarmonica Dinu Lipatti, Orchestra de Cameră Ştefan Ruha, Filarmonica Transilvania şi Filarmonica Marea Neagră.

În 2003 a plecat din România spre continentul american unde a primit bursă pentru a continua să studieze studiul muzicii. A obţinut diploma de Master în Music la Pittsburg State University şi Certificate of Music Performance la DePaul University până în 2007.

Cătălin de asemenea a colaborat şi cântat în diferite orchestre simfonice si de cameră printre care Pittsburg State Symphony, Springfield Symphony Orchestra, Fort Smith Symphony, DePaul Symphony and Chicago Civic Symphony Orchestra.

În ultimii ani Cătălin a început să predea studiul viorii şi al violei la diferite studiouri şi şcoli private din Chicago dintre care Ten Happy Little Fingers alături de soţia sa Călina, Music Connection, Music Expressions şi mai recent Northside Music Academy.

Cătălin a cunoscut şi admirat membrii Cenaclului Retro la spectacolele acestora din 2019, dar a rămas în mijlocul lor după colaborarea memorabilă avută pentru spectacolul din Ianuarie 2020, dedicat marelui poet Mihai Eminescu. De atunci Cătălin s-a implicat cu pasiune în toate proiectele şi concertele Cenaclului promovând creaţiile artistice româneşti. Cătălin descrie Cenaclul Retro ca o infuzie românească de muzică şi poezie în care descoperi cele mai frumoase şi deosebite sentimente inspirate de dorul de tărâmul românesc.

Constantin Cătălin Nicolae

Constantin Cătălin Nicolae, este actor de profesie, urmând cursurile Facultăţii de Litere şi Arte: "Lucian Blaga" din Sibiu, secţia Actorie la clasa profesorului Florin Zamfirescu.

A jucat atât în Sibiu, România, cât şi în Statele Unite ale Americii, în producţii teatrale, dar şi cinematografice, dintre care amintim:

"Mad Forest" (Raymond Hadges Theatre, Richmond, Virginia),
"Audiţia"(Teatrul National "Radu Stanca", Sibiu),
"O Scrisoare pierdută" (Sibiu, Ro),
"Yellow Rain" (film, regia Jose de Avila, Chicago,),
"The Muslim Brotherhood" (film, Tower Production, Chicago),
"Brazil's Roswell"(film, Tower Production, Chicago)
"My Best Friend" (film, regia Cătălin Bugean) a câştigat premiul pentru cea mai bună comedie la Los Angeles Film Awards (Februarie, 2018)

Împreună cu soţia sa, Laura Şişu, au înfiinţat o companie de teatru românesc la Chicago, Ro Act Theatre, în care realizează producţii teatrale în limba română, adresate comunităţii româneşti de aici şi publicului consumator de artă în general şi teatru în special.

Cătălin a fost printre primii colaboratori ai Cenaclului Retro, participând la spectacolele din 2017 şi 2018.

Laura Şişu

Laura Şişu, născută în Brăila, este actriţă de profesie, licenţiată în Arta Actorului de Teatru de la Universitatea "Lucian Blaga" din Sibiu, secţia Actorie, la clasa Prof. Dr. Univ. George Ivaşcu, promoţia 2004.

Ca actriţă, a jucat în diferite producţii teatrale, atât în România, cât şi în Statele Unite ale Americii, din care amintim doar câteva:

"Audiţia" (regia George Ivaşcu, Sibiu, România)

"Iubirile lui Anatol" (regia Cristian Juncu, Sibiu, România)

"Pilafuri şi parfum de măgar" (regia Silviu Purcărete, Sibiu, România şi Sant Petersburg, Russia)

"Gândacii" (regia Tompa Gabor, Sibiu, România)

"Bashavel" (New Castle, England, 2003)

"Seara de ajun în familie" (Chicago, USA)

"Oase pentru Otto"(producţie Ro Act Theatre, Chicago, USA)

"Aici nu se simte"(producţie Ro Act Theatre, Chicago, USA)

"Dragoste cu năbădăi"(spectacol după piesele:" Ursul" şi " Cerere în căsătorie" de Cehov, producţie a companiei de teatru Ro Act Theatre, Chicago, USA)

Împreună cu soţul ei, Constantin Cătălin Nicolae, este membru fondator a companiei de teatru românesc Ro Act Theatre din Chicago, în care realizează producţii teatrale în limba română, adresate comunităţii româneşti şi publicului consumator de teatru, artă şi cultură.

Laura, este de asemenea şi o interpretă de muzică pop şi folk desăvârşită, atât vocal cât şi la chitară, ea terminând cursurile Liceului de Artă "Hariclea Darclee" din Brăila, secţia pedagogie muzicală.

Laura este o colaboratoare îndrăgită a cenaclului Retro. Prin talentul ei aduce grupului un farmec şi o iscălitură aparte. A participat la spectacolele din 2017 şi 2018.

Alina Celia Cumpan

Alina este o poetă cu un talent excepţional, care după cum spunea Nicu Alifantis în introducerea volumului ei de poezii "Har risipit", "se refugiază nopţile în vers" şi "creează poezii despre sentimente, gânduri, trăiri şi visuri". Într-un interviu acordat la Reper24 în 2015 când a fost lansată cartea, în care interlocutorul o întreabă de unde îşi ia inspiraţia şi talentul, ea a răspuns că talentul nu vine de la ea ci ea "doar scrie ce îi dictează îngerii". Ea îi atribuie lui Dumnezeu harul ei de a scrie şi talentul cu care a fost binecuvântată. Alina este originară din Caraş Severin şi este absolventă a Facultăţii de Ştiinţe Politice din Timişoara, Institutului Diplomatic Român din Bucureşti şi are un masterat în Managementul Administraţiei Publice. Pe lângă volumul menţionat mai sus, Alina a mai publicat două alte volume de poezii: „Între două lumi şi mine" în 2007 şi „Selfie Altruist" în 2017. Alina este de asemenea preşedinte al societăţii „Autentic de Limba şi Cultură Română din Chicago" şi membră a Cenaclului „Retro". Alina a colaborat cu CR la spectacolele din 2017 şi 2018.

Marius Stan

Marius Stan se consideră un scriitor îndrăgostit de matematică. A absolvit Facultatea de Fizică a Universităţii Bucureşti şi apoi a obţinut Doctoratul în Chimie din partea Academiei Române. Marius a publicat 8 cărţi şi peste 80 de articole ştiinţifice şi a ţinut peste 150 de prezentări la conferinţe ştiinţifice internaţionale. Între 2008 si 2011 a interpretat rolul „Bogdan" în serialul de televiziune „Breaking Bad," serial care a primit premiul „Emmy." Marius a publicat în limba română cartea de proză scurtă „Câteva zile" (2013) şi cartea de poezie „Un foc viu" (2015), ambele la Editura Helis.

Traian Alex Bălan

Traian este originar din Bucureşti dar a petrecut multe veri ale copilăriei în Ardeal. El a cunoscut chitara la 12 ani, la Casa de Cultură „Mihai Eminescu" din Bucureşti şi a început să scrie versuri în liceu, participând la Festivalul Cântarea României şi apoi la

Festivalul Creaţiei Studenţeşti. A făcut o pauză lungă în viaţa artistică după venirea sa în SUA, reîntorcându-se la primele iubiri atunci când i-a cunoscut pe membrii Cenaclului Retro.

Monica Topârcean- Blaga

Monica a îndrăgit muzica din copilărie. La vârsta de şase ani, Monica a început să cânte cu grupul coral "Mlădiţe", cu care a făcut nenumărate înregistrări muziale la Radio Romania şi la Televiziunea Româna, alături de actorul Iurie Darie, în emisiunea pentru copii Matineu Duminical. Cu acelaşi grup, Monica a cântat alături de Mihai Constantinescu şi Zoe Dumitrescu la numeroase festivaluri muzicale din Bucureşti.

În şcoală şi liceu, Monica s-a alăturat corului local, la care a participat ca solistă în diferite spectacole.Monica a urmat Şcoala Populară de Artă din Bucureşti, secţia muzică uşoară, cu profesoara Zina Dumitrescu, compozitorul de jazz Marius Popp si compozitorul Alexandru Simu. În această perioadă, ea a participat la diferite festivaluri de muzică uşoară din Bucureşti, Botoşani, Galaţi şi Constanţa. În 1985, Monica a câştigat Premiul Tinereţii la Festivalul de Muzică Uşoară din Bucureşti cu piesa "Oare de ce?" a lui Ion Cristinoiu.

După Scoala Populară, în timpul facultăţii, Monica s-a alăturat ca solistă grupului artistic de la Ministerul de Interne din Bucureşti. Aici, ea a participat în spectacole organizate pentru armată şi diferite festivaluri din seria Cântarea României. La Ministerul de Interne, Monica l-a cunoscut pe soţul ei, Lucian Blaga, care la timpul respectiv era membru corespondent al clubului artistic de la MI. Aşa au început şi colaborarea lor artistică, compoziţiile lui Lucian inspirând-o pe Monica să îi scrie versurile. După terminarea facultăţii în România, Monica a urmat un MBA în Anglia iar apoi şi-a urmat cariera profesională în Londra şi Chicago. Deşi nu a mai cântat în public pentru o perioadă îndelungată, ea a continuat să scrie versuri pe muzica lui Lucian. In 2017, prin Lucian, Monica i-a cunoscut pe membrii grupului RETRO, care au inspirat-o să cânte din nou şi cu care speră să aibe colaborări frumoase în viitor. GO RETRO!

Lucian Blaga

La vârsta de 5 ani, mătuşa, Mia Braia, l-a auzit pe Lucian fredonând o melodie şi a observat cum la o serată muzicală a stat lipit de pian, ascultând foarte atent. Mia i-a sugerat mamei lui Lucian să îl ducă la liceul de muzică din Bucureşti pentru un test al aptitudinilor muzicale, pe care Lucian l-a trecut cu mare succes. Aşa s-a născut cariera sa muzicală. Lucian a urmat liceul de muzică "George Enescu" din Bucureşti, secţia pian, iar apoi Conservatorul "Ciprian Porumbescu". La Conservator, Lucian a absolvit Magna cum Laude două masterate, în Pedagogie Muzială şi respectiv, Compoziţie Jazz-Muzică Uşoară, cu compozitorul Anton Şuteu.

Dragostea pentru muzica pop şi jazz l-a făcut pe Lucian să înceapă să compună de la vârsta de 14 ani. Aceasta a culminat in 1993 cu câştigarea Premiului 1 şi a Trofeului la Festivalul de Muzică Uşoară Mamaia, secţiunea Creaţie, cu piesa "Din tot ce-a fost", intrepretată de Luminiţa Anghel. Tot în 1993, Lucian a participat la prima selecţie Natională a României pentru concursul muzical Eurovision, cu piesa "Dintr-un vis", interpretată de Monica Anghel. În 1995, el a devenit membru al Uniunii Compozitorilor şi Muzicologilor din România. În acelasi an, Lucian a câştigat premiul trei la Festivalul Mamaia, secţiunea Creaţie, cu piesa "Cât aş vrea", interpretată de Adrian Daminescu.

În România, Lucian a cântat la keyboards în diferite grupuri rock. Între anii 1989-1991 a fost membru al grupului Vali Sterian şi Compania de Sunet (cu care în 1989 a înregistrat discul "Nimic Fără Oameni"). Apoi, ca membru al grupurilor Barock şi Sens, Lucian a participat la numeroase spectacole de rock alături de trupe renumite, ca Holograf, Iris, Compact, Roşu şi Negru etc. În acelaşi timp, el a continuat să colaboreze cu solişti ca Elena Cârstea, Sanda Ladoşi, Adrian Daminescu, Monica Anghel şi Carmen Trandafir.

Lucian şi soţia sa, Monica Topârcean-Blaga, care scrie versurile compoziţiilor sale, s-au stabilit în Chicago în 1996. Aici, Lucian a absolvit un Master în Teorie Muzicală la Roosevelt University. Deşi având rezidenţa în SUA, Lucian a continuat colaborarea cu Televiziunea Română şi diverse staţii de radio, şi a continuat să compună piese pentru artişti români, şi jingles pentru diverse emisiuni ale postului Radio România Internaţional. În prezent, Lucian continuă să compună, predă clase de pian, teorie muzicală şi compoziţie, şi este deosebit de fericit că s-a alăturat recent grupului artistic RETRO, grup care continuă să îl inspire musical şi cu care are o prietenie speciala. GO RETRO!

INCURSIUNE ÎN TIMP ...

SPECTACOLELE RETRO LA CARE AM AVUT BUCURIA SĂ ÎMPĂRŢIM ARMONIA CU CEI DIN SALĂ
Tot ceea ce urmează a fost adaptat în Decembrie 2022.

<u>*Un spectacol aniversar*</u>, *15 Ianuarie 2017*
Organizat la 167 de ani de la naşterea poetului Mihai Eminescu

Acest eveniment se înscrie în istoria începuturilor Cenaclului RETRO ca un spectacol excepţional, organizat în colaborare cu Cenaclul Eminescu, cu prilejul aniversării naşterii poetului nepereche, avându-i ca invitaţi pe Nicoleta Roman, Roxana Iacob şi Liviu Roman, fiind găzduit de Biserica Ortodoxă Română Naşterea Domnului din Chicago, în 15 Ianuarie 2017.

La acea vreme, Cenaclul RETRO încă se mai numea Vox Maris, numele actual fiind adoptat după următorul spectacol din Martie 2017.

Din Armonia Acordurilor de Primăvară, 1 Aprilie 2017

O modestă ofrandă adusă anotimpului iubirii de către membrii Cenaclului RETRO, împreună cu prieteni dragi şi colaboratori valoroşi de la acea vreme, la Romanian Heritage Center.

Armonii cu Cenaclul Retro, 4 Iunie 2017

* Vocea Ligiei   Chicago, Iunie, 2017
Povestea noastră a continuat pe 4 Iunie, 2017 cu spectacolul Armonii, găzduit de Biserica Sfânta Maria din Chicago, prin bunăvoinţa Preotului George Ursache şi a Preotesei Ramona Ursache. La acest spectacol ne-au încântat în acorduri de chitară: Laura Sişu, Traian Bălan, Corina Vlad, Ştefan Cristolţean, Sorin Griza.
Alina Celia Cumpan, Marius Stan şi Ligia Ana Grindeanu au exprimat emoţia propriilor creaţii poetice, iar din clasici au recitat Anda Cristolţean, Cătălin Nicolae şi Călin Mărincaş.

Nu a lipsit nici cuvântul de suflet de acasă, prin vocea scriitorului și publicistului Ion Berghia, care ne-a amintit că "limba noastră e o comoară" și "poezia este sora bună a muzicii". Spectacolul a fost prezentat de Ligia Ana Grindeanu și Anda Cristolțean în paleta de culori și imagini oferită de Oana Moise..

Am avut parte de un public cald și receptiv, care ne-a răsplătit cu aplauze și a fredonat alături de noi cântece dragi nouă, tuturor, despre iubire, tinerețe, speranță, natură și dor de țară. Am fost onorați să îi avem alături de noi pe Consulul General al României la Chicago, domnul Tiberiu Trifan și pe doamna Consul Mihaela Deaconu. Le mulțumim pentru prezență și pentru îndemnul de a continua inițiativa spirituală în mijlocul comunității românești.

Euro-Balkan Folk Festival, *16 Septembrie 2017*

În seara de Sâmbătă, 16 Septembrie 2017, grupul muzical din Cenaclul RETRO a susținut un recital memorabil, alături de reputați interpreți și formații din America, reprezentând naționalitățile din zona Euro-Balcanică, pe scena Festivalului Folk Euro-Balcanic din Chicago.

Laura, Corina, Lucian, Ștefan, Traian și Sorin au interpretat melodii din repertoriul folk-rock românesc, precum și compoziții proprii, spre încântarea publicului iubitor de tradiții și dornic de frumos.

Armonii de Toamnă, *4 Noiembrie 2017*

Nichita Stănescu - **Emoție de toamnă**

A venit toamna, acoperă-mi inima cu ceva,
cu umbra unui copac sau mai bine cu umbra ta.

Mă tem că n-am să te mai văd, uneori,
că or să-mi crească aripi ascuțite până la nori,
că ai să te ascunzi într-un ochi străin,
și el o să se-nchidă cu o frunză de pelin.

Și-atunci mă apropii de pietre și tac,
iau cuvintele și le-nec în mare.
Șuier luna și-o răsar și-o prefac
într-o dragoste mare.

Deschide Uşa Creştine, *16 Decembrie 2017*

*Vocea lui Sorin

Mulţumim publicului nostru drag pentru prezenţa numeroasă cu care ne-a onorat, pentru căldura sufletească cu care nu a contenit să ne copleşească pe tot parcursul acestei seri memorabile, de intense trăiri şi abundând în emoţii imposibil de descris în cuvinte, într-o contopire de spirite sublimate în lacrimi de exaltare...

Ne cerem umile scuze celor care nu au mai reuşit să ni se alăture din cauza spaţiului care din păcate a devenit prea curând neîncăpător şi au fost nevoiţi să se întoarcă, promiţându-le că îi vom răsplăti înzecit cu muzică şi poezie românească de cea mai înaltă calitate, la următoarele noastre spectacole.

<u>Îndrăgostiți de Primăvară</u>, *15 Aprilie 2018*

<u>*Vocea Oleziei</u>

Felicitări, Cenaclul Retro!!!
Ne-ați încălzit sufletele cu cântecele, poeziile, satirele și toată atmosfera creată, plină de dragoste și căldură în așteptarea primăverii!
Dragostea din sufletele voastre ne-a emoționat frumos în această seară. Din suflet pentru sufletele noastre! Mulțumim!
Dor, într-adevăr, dor de primăvară!
Mulțumim tuturor pentru această încântare!
Mulțumim Anda, coordonatoarea sufletelor, frumoasa în roșul iubirii! O păpușă adevărată, chiar dacă se vrea de lemn!?
Mulțumim Marius, îndrăgostitul de primăvară! Să bem și paharul de vin roșu cu gândul la țară...dor de țară... Hristos a înviat! Da, adevărat a înviat! Frumos, frumos, creștinește!
Mulțumim Ligia... delicată, expresivă... în așteptarea 'firelor de iarbă cu miros de acasă'! Dor de primăvară, dor de acasă! Dor de România!
Mulțumim Cătălin că ne-ai destins fețele și am ajuns să râdem cu gurile până la urechi! O delectare să te ascultăm! O voce minunată!
Mulțumim Sorin... românul modest, cald, cum se zice prin Ardeal: 'pita lui Dumnezeu' care tace și face! Îmbrăcat cel mai românește: cu ie românească! Superb! Și o voce minunat de curate și caldă!

Mulțumim Corina, încă o propulsoare a iubirii, în roșu! Da, da, da! Dragostea-i destin străvechi! Minunat! O altă voce superbă! Și... buturuga mică răstoarnă carul mare, nu?

Mulțumim Ștefan cu chitara roșie (ce-ți fură ochii!) că ne-ai adus cu adevărat la stilul retro! Nu știu cât e de plin frigiderul acela al tău... dar sufletul tău e plin de iubire! Norocoasă Anda!

Mulțumim Traian ... o voce puternică, curată, ce aduce a Baniciu!? Superb! Impresionant!

Mulțumim Lucian... căci aproape invizibil ai coordonat minunat toată muzica! Știi tu ce zic! Ce mai! Adevărată clasă!

Mulțumim Laura, o voce curată, puternică, dependentă de dragoste... de soare...

Mulțumim Călin că ești tu, sufletistul dintotdeauna, care ne-ai transmis un pic de optimism primăvăratec.

Mulțumim Monica, o altă voce naturală și caldă, perfectă pentru acele melodii grele de fredonat.

Toți ați fost extraordinari! Adevărați români, sufletiști!

Și vă mulțumim din suflet! Eu și toți cei prezenți acolo.

Spectacolul a fost un succes, ați ridicat sala în picioare!

Felicitări!
                                                    Olezia Comșulea

Mulțumim și noi Olezia pentru frumoasele gânduri și impresii împărtășite.

Promitem să excelăm în continuare la aceleași standarde înalte, pe măsura nivelului și așteptărilor voastre, ale publicului care ne iubește și pe care deopotrivă îl iubim.

Nu putem exista decât împreună!

Îndrăgostiți de primăvară, am rugat iarna să-și amâne răceala fulgilor de nea care se așterneau inocenți, trăindu-și rostul.

Amabilă, iarna și-a lăsat cojoacele la ușă, dornică să plutească pe aripile muzicii și ale poeziei, într-o atmosferă de poveste.

A fost o seară incendiară, care va rămâne spre încântare în cartea amintirilor noastre.

Bucuria și emoțiile care ne-au încercat sunt greu de exprimat în cuvinte, văzând cum publicul înflorește odată cu fiecare cântec, cu fiecare vers şi, nu în ultimul rând, se regăseşte în povestea de dragoste pregătită de noi, anume pentru dumneavoastră.

Sunteţi un public EXTRAORDINAR, care iubeşte nemărginirea, alături de Cenaclul RETRO.

Mulţumim sponsorilor şi tuturor prietenilor care ne-au ajutat şi sprijinit prin toate mijloacele, contribuind la buna organizare a acestui eveniment:

- Distinsei noastre gazde, Cerasela Stan (Stan Mansion)
- Sophicle
- American Family Insurance (Adriana Deaconu)
- Diversital (Mariana Torz)
- Design Granite and Marble (Cătălin Nicolae)
- Ro Act Theatre
- Romanian American Network & Tribuna US (Steven Bonica)
- The ART of a Smile Dental Studio (Dr. Diana Răcean)
- Sistem de sonorizare: Cătălin Nicolae şi Valer Pîrvu
- Fotografii: Florin Romoşan
- Înregistrări video: Iulian Grindeanu şi Radu Răcean

Vă mulţumim şi nu uitaţi, povestea noastră continuă...

Urmăriţi-ne în continuare aici, şi pe Facebook la Cenaclul RETRO

Poveste de toamnă, *20 Octombrie 2018*

Prieteni dragi,

A venit, a venit toamna...

Vă invităm din nou la o poveste inspirată din amintirile nostalgice ale toamnelor copilăriei și adolescenței noastre, dar și din minunatele toamne ale acestor meleaguri, atât de asemănătoare cu cele de acasă.

Vă așteptăm cu drag!

<u>*O seară de Crăciun*</u>, *16 Decembrie 2018*

Dragi prieteni,
Cenaclul RETRO vă invită la "O Seară de Crăciun", cu voi și pentru voi!
Haideți să colindăm împreună sub cetină de brad, să ne amintim de
tradițiile românești și de căldura sufletească în care erau învăluite
sărbătorile de iarnă de acasă.
Sunteți bineveniți cu toții, iar cei mici vor avea parte de un suvenir
pregătit în avans de Moș Crăciun.

Talent Show, *13 Aprilie 2019*

Dragi prieteni, în așteptarea primăverii, vă invităm să petrecem împreună o seară culturală într-o ambianță familială, la biblioteca de la Romanian Heritage Center. Sunteți bineveniți cu toții, copii, adolescenți și adulți, cu o contribuție artistică, după înclinația, pasiunea și talentul fiecăruia.

Acest eveniment nu este un concurs, nu va avea juriu, deci nu vor exista critici, ci doar aprecieri. Prin urmare, lăsați emoțiile și inhibițiile acasă și veniți să ne bucurăm împreună, performeri și spectatori deopotrivă.

Cei care doriți să vă înscrieți în program, vă rugăm să ne trimiteți opțiunile la Cenaclul Retro FB messenger, cu durata și titlul fiecărui act, precum și dacă aveți nevoie de negativ sau instrumente pentru interpretări muzicale.

Intrarea este liberă. O gustare și o donație pentru regia sălii sunt binevenite.

Mulţumim pentru prestaţia deosebită a tuturor participanţilor şi a susţinătorilor în cadrul serii Talent Show.

Petalele speranţei au prins culoare prin dăruirea tinerelor talente. Bravo Dănel Haidău, Rebecca Răcean, Lucas şi Johnny Raicu, Robert şi Lucas Ciocan!!! Bravo Cristina Haidău, Daniela Raicu, Carmen Alina Ciocan, Georgeta Haţegan Pupek, Diana Răcean, Dana Ghiurcuţa, Nicolae Bogdan Groza, Irina Don, Adrian Donisa, Anda şi Ştefan, Sorin Griza, Carmen Griza, Lucian Blaga, Monica Blaga, Traian-Alex Bălan, Corina Vlad, Călin Mărincaş, Radu Russell Răcean

Pe Portativul Iubirii, *18 Mai 2019*

Dragi prieteni,

Cenaclul RETRO vă invită la o întâlnire cu muzica şi poezia, în toiul primăverii, "Pe portativul iubirii". Aşa cum v-am obişnuit, vom cânta şi povesti împreună, într-o seară romantică, presărată cu multe zâmbete şi surprize.

*Spectacol reluat în Iowa

Pe Portativul Iubirii - Iowa Tour, Cedar Rapids, *25 Aug 2019*

"Iubirea s-o aduci peste ocean"- Ligia Grindeanu

Ascultători ca întotdeauna, am adus iubirea peste Mississippi. Am unit maluri, am legat prietenii şi am întâlnit oameni minunaţi, cu suflete mari, frumoase şi cu dor nespus de muzica şi poezia românească.
Vă mulţumim că existaţi şi faceti parte din povestea Retro... ♡.

Mulţumim organizaţiei culturale din Iowa pentru căldura şi entuziasmul cu care ne-a întâmpinat în susţinerea spectacolului "Pe Portativul iubirii" în localitatea Cedar Rapids, Iowa. Ne-am bucurat să fim alături de voi, aici, în mijloc de continent, departe de casă, dar aproape de ceea ce înseamnă acasă pentru noi toţi...
Ştim că împreună transcendem efemerul prin veşnicia valorilor sufleteşti!

Cenaclul Retro

<u>Nuanțe și Tonuri</u>, *Octombrie 2019*

O seară de Octombrie de neuitat!
Cu ploaie!
Da! A plouat în seara aceasta!
A plouat cu aplauze! A plouat cu emoții de toamnă!
A plouat cu zâmbete, dar și cu suspine, cu râsete dar și cu lacrimi de dor și durere!
Da! Acest mănunchi de suflete îndrăgostite de frumos - Cenaclul Retro - ne-a ridicat din nou în picioare și ne-a emoționat până la lacrimi!
Mulțumim Cenaclul Retro pentru seara aceasta minunată!
Mulțumim că ne-ați amintit de unde am plecat noi, fiii și fiicele rătăcitoare!
Mulțumim că ne cântați istoria și tradiția!
Nu vom uita că suntem Români! Și, prin voi, sufletul nostru rămâne veșnic atașat de glia natală! Da, suntem mândri că suntem români!
Și au jucat chitarele! Și au ciripit glăscioarele! Și s-au iscat zâmbete și lacrimi, emoții... de toamnă, patriotice, și apoi... aplauzele! Într-o armonie de iubire toamna...
Cui nu-i place dragostea?

Nebunatici și Cuminți

Da! da! Da! Acel fior ce te pătrunde din creștet și te ajunge la tălpi...
Da! Cenaclul Retro! Mulțumim! Tot ce faceți e o dăruire
dezinteresată plină de iubire, de frumos... Mulțumim!
A venit toamna! Dar ne plac și ne dorim seri de toamnă ca aceasta!
Avem nevoie de cântare Românească!
Bravo, Cenaclul Retro!
Mulțumim
Anda și Ștefan
Ligia și Iulian
Corina
Radu
Traian
Sorin
Marius
Călin
Și mulțumim Roxanei, o voce impresionantă!

Mulțumim Doamne! Pentru tot! Și pentru această seară!

În ceas de noapte, la o cană de vin,
Renaștem
Elogiind
Trăirile
Românești
Oriunde am fi...

"Cum să pleci și cum să uiți
Ploaia cum cădea în munți
Toamna apunând în vie
Țesătura de pe ie" – Ligia Grindeanu

Bravo, Cenaclul Retro!
-Olezia Comșulea, Octombrie 26, 2019

Colindători cu vise, *21 Decembrie 2019*

Urare Retro - fragment

Colindători cu vise,
Vin seara la ferești,
Cântați cu noi,
E timpul să ascultăm povești.

Respirați versul de dor,
De iubire, de speranță
Și cântați cu noi în cor
Melodii ce ne dau viață.

Când colindul bate-n geam
În ajun de Sărbători
Treceti pașnic peste ani
Prin vise colindători.

Mulţumim din suflet pentru cuvintele şi sentimentele frumoase, oferindu-vă un cadou muzical tuturor celor ce rezonează în bătaia inimii Retro.

"Noi vă mulţumim că ne inspiraţi
Cu voi lângă noi, putere găsim
şi nu ne oprim

Retro vă spune Crăciun Fericit!
Căldură-n suflet şi vis împlinit
Dragoste multă şi-un gând luminos
Să aveţi parte de tot ce-i frumos! "
La Mulţi Ani 2020!

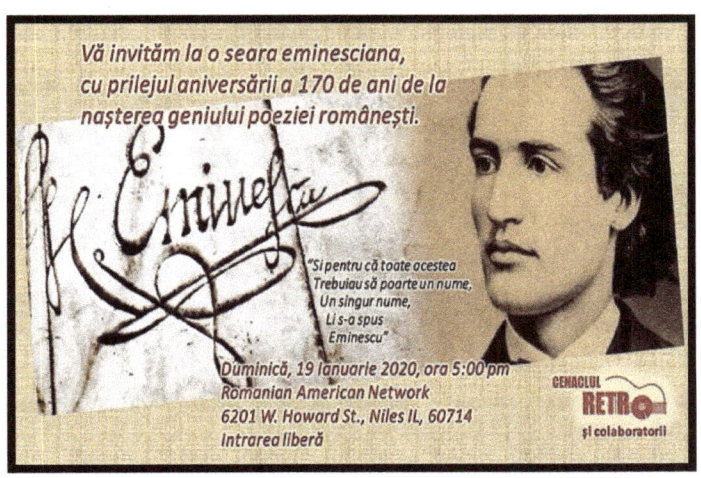

<u>*Trebuiau să poarte un nume,*</u> *19 Ianuarie 2020*

In seara aceasta...
Eminescu
cu Cenaclul Retro

Din nou...
am plecat împliniţi, bucuroşi, şi mândri că suntem născuţi Români!
Sunteţi minunaţi, Cenaclul Retro!

Olezia

Poveste în Parc cu Cenaclul Retro, Octombrie 3, 2020

*Primul Spectacol Amânat
Din motive de precauţie privind epidemia şi a regulilor impuse de Park district, suntem nevoiţi să amânăm spectacolul nostru din toamna aceasta pentru o dată viitoare pe care urmează să o comunicăm.
Vă mulţumim pentru înţelegere şi vă dorim o toamnă frumoasă, cu muzică şi poezie în suflet.

DUMBRAVA MINUNATĂ - Eveniment privat, Iulie 2021

 Ana Munteanu Draghici is with **Cenaclul Retro** and **Ligia Grindeanu** in **Chicago, Illinois.**

1d · 🌐

CĂRȚI CU AUTOGRAFE ,, ÎN DUMBRAVA MINUNATĂ"

Mulțumim pentru ospitalitate, minunaților oameni și minunatei dumbrave din zona Chicago! Artele și-au dat mâna sub bolțile arcuite sub cerul falnicilor arbori. Frumoasa duminică a zilei de 17

Frumoasa duminica a zilei de 17 Iulie a anului 2021, a devenit și o duminică a sufletului. S-a alăturat și concertul păsărilor din dumbravă, programului literar muzical.S-au aprins torțele străjuind muzica sufletului, a cântecului, poeziei și muzelor. Spectatorii au respirat împreună cu orchestra soliștii, recitatorii și creatorii.

Versul ,,Singur sunt, departe sunt" cântat cu har, s-a topit într-al prieteniei dar, spre a confirma că: ,,Depărtările-s aproape, când le cheamă gândurile"!

Și gândurile și sentimentele exprimate în poemele recitate de noi, au adus revelația apropierii spațiale și sufletești

Există un continent al sufletului, specific românului, care nu-i despărțit de oceane.

Astfel au pășit spre noi, suflete alese, ce ne-au deveni apropiate, spre a cunoaște orizontul nostru poetic. Generații receptive la lăuntrul sufletesc dăruit prin vers!

Calina Lari
1d · 🌐

Cenaclul Retro is back! We had such a great time Saturday night attending their concert! We sang with them, (all people at our table sang their hearts out- sorry Retro for harmonizing with you), clapped with them, tapped our feet with the rhythm, and enjoyed beautiful Romanian songs and poems! Can't wait for more!

Cenaclul Retro a revenit pe scena! Ne-am simtit minunat sambata seara la spectacolul lor ! Am cantat cu ei (toti de la masa noastra au cantat din toti plamanii, inclusiv Dana si Victor- scuze Retro ca am cantat si pe voci :))), am dat din palme si din picioare pe ritmul cantecelor lor, si am ascultat cu placere cantece si poezii romanesti. Retro, mai vrem!!

In Dumbrava Minunată, *Turneu în Iowa, 1 August 2021*

Dumbrava Minunată: Summer Ballads, poetry and music with Cenaclul Retro.

Vă invităm la spectacolul: Dumbrava Minunată, un program de muzică și poezie cu Cenaclul Retro din Chicago.

Evenimentul este organizat în colaborare cu Cenaclul Dor și Romanian Cultural Organization din Iowa City.

Cu acest prilej, vă prezentăm volumele de poezii:

"Anotimpuri de dor"Autor: Ligia Ana Grindeanu, Editura Ardealul, 2020

"Cereasca Grădină" Autor: Ana Munteanu Drăghici, Editura Vatra Veche, 2020

Duminica, 1 August, 2021, 2-4 pm

Locația: Downtown Public Library

Whipple Auditorium

450 5th Ave SE

Cedar Rapids, IA 52401

Vă așteptăm cu drag în Dumbrava Minunată, împreună cu familia și prietenii voștri!

Intrarea este gratuită.

Din nou împreună cu Cenaclul Retro! *25 Septembrie, 2021*

Un spectacol în aer liber
Performance Pavilion at Heritage Park
201 Community Blvd, Wheeling, IL 60090

Aduceţi: voie bună, un scaun portabil /pliabil şi/sau o păturică. Consideraţi-vă cu mic, cu mare, invitaţi la spectacolul nostru, să ne hrănim sufletele şi să ne bucurăm împreună de muzică şi poezie în mijlocul naturii.

Intrarea: Liberă

Poeţi la taifas cu iubirile muze, *7 Mai, 2022*

"După-atâta frig şi ceaţă,
Iar se-arată soarele..."

Dragi prieteni,
Cenaclul Retro vă invită la o întâlnire cu "Poeţi la taifas cu iubirile muze". Vă aşteptăm să întâmpinăm primăvara cu muzică şi poezie la Biserica Naşterea Domnului din Chicago.

*Al doilea spectacol amânat

Dragi prieteni,
Ne pare foarte rău, dar din motive de sănătate, suntem nevoiţi să amânăm spectacolul din 7 Mai, 2022.
Spectacolul Cenaclului Retro va fi reprogramat la o dată pe care o vom stabili ulterior.
Vă mulţumim pentru înţelegere şi vă aşteptăm cu drag la următoarele evenimente.

U guys Am ajuns acasa. Ati terminat? care e concluzia?
9:00 PM

Eu cu cine votez?
9:00 PM

Ligia
Cu Retro   9:01 PM

Catalin Lari
😌 no bine no...ashe da!
9:02 PM

Radu Raceanu
Ligia
Cu Retro

😂

Ligia
Odă viorii

În tăcerea cuvintelor
Se aude vioara,
Un arcuș peste timp,
Concertul se amână
Pentru alt anotimp,
Tu și eu doar în gând
Ne-a fost greu și-am ales
Din speranța să facem

Din speranța să facem
Cel din urmă cuvânt,
În acordul iubirii
Tot mai cântă chitara,
Ați primit invitațiile
Scrise de mână
Cu cerneala albastră
Înmuiată în destin.

Ligia Ana Grindeanu
Chicago, 11 Octombrie, 2020

Ligia
Se repetă istoria. Eu votez cu vioara și chitara și poezia, intr-un cuvânt Retro
9:04 PM

Catalin Lari
Bat-o cucii de istorie, mai bine se repeta un eveniment Iowa!
9:05 PM

9:05 PM

Anakin

Ligia
Se repetă istoria. Eu votez cu vioara și chitara și poezia, intr...

Ligia
Cred ca e mai bine amânat. Intenția este sa revenim intr-o alta zi
9:05 PM

Catalin Lari
Si eu cred, dar inca nu m-am impact cu gandul....
9:06 PM

<u>***Poeți la taifas cu iubirile muze.***</u> *23 Iulie 2022*

*<u>Moment</u> - *"Vezi câți oameni am făcut fericiți?"* parcă îl aud pe Ștefan

Ce seară de vis... cu muzică, poezie, oameni dragi și poeți la taifas cu iubirile muze... Ne-am bucurat să-i vedem în sală și pe mulți dintre colaboratorii cenaclului și câțiva membri ai formației Vox Maris. Adi ne-a chiar ajutat cu setarea sunetului... Pentru că se pare că acesta este ultimul spectacol din timpul acestor cinci ani, care apare în această carte, am să vă ofer un pic mai mult....

Vă poftim la taifas cu iubirile muze...

Poeţi la taifas cu iubirile muze   Spectacol, 23 Iulie, 2022

Cenaclul Retro: Bardul din Mirceşti
Ştefan: Bine aţi venit la taifas cu poeţii, muzicienii şi iubirile muze alături de cenaclul RETRO. Ne bucurăm să fim alături de voi, departe de casă, dar aproape de ceea ce înseamnă acasă pentru noi toţi.

Cătălin: Solo vioară   Balada/ Ciprian Porumbescu
Ligia: La taifas (fragment)   Ligia Ana Grindeanu

Anda: Titlul acestui spectacol este inspirat de versurile Ligiei, pe care tocmai le-aţi ascultat, cuprinse în Volumul Anotimpuri de Dor publicat în 2020 la Editura Ardealul. Vă invităm aşadar la o întâlnire cu iubirile muze, ...un dar de suflet prin muzică şi poezie celor care se află în sală, şi celor care au fost alături de noi de-a lungul timpului.
Welcome to our show. We hope you will enjoy Romanian music and poetry.

Radu: Şi dacă   Mihai Eminescu
Călin: Dă-mi voie să-ţi spun   Matei Vişniec
Ştefan: Gheorghe Zamfir/ Pastel românesc
Corina: Două mâini   Bosquito
                                         invitaţie la dans
Anda: Mulţumim dansatorilor, sunteţi minunati....
Nu plecati, continuaţi dansul, urmează Dragoste la prima vedere

Sorin: Dragoste la prima vedere   Ilie Micolov
              invitaţie la dans (Radu)   voci - dialog băieţi/fete

Anda: Urmează o melodie în prima audiţie interpretată de Corina pe versurile publicate în volumul ei de debut, Trăiri în focuri vii

Corina: Te voi iubi   Corina Vlad
Radu: Odă în metru antic   Mihai Eminescu

Ligia/ Sorin: La taifas   Ligia Grindeanu/Sorin Griza
Ştefan: Spune-mi cine eşti   Semnal M
Anda: Cerere în căsătorie   Nicu Stancu
Sorin: Trăieşte clipa   Sorin Griza
Ligia: Despre "Trăieşte clipa": muzica şi versuri Sorin Griza
Ligia: Povestea mea cu ochi albaştri   Ana Munteanu Drăghici
                                Fundal muzical: Cătălin vioară
Radu: Da, ochii fetelor...au fost întotdeauna o inspiraţie pentru artişti. Mă întreb ochii cui l-au inspirat pe Ştefan?
Ştefan prezintă piesa şi video oficial, care se proiectează pe ecran
                     (echipa tehnică)
Ştefan   Ochii tăi căprui   Ştefan Cristolţean
Anda: Porunca sau Păcatul   Parodie
Anda şi Ştefan: Poruncă   Licuţa Pântia/ Anda şi Ştefan
Ligia: Despre "Clipa": muzica şi versuri Corina Vlad
Corina: Clipa   Corina Vlad
Călin: Când ai nevoie de dragoste   Mircea Cărtărescu
Corina: Vânare de vânt
Sorin: Ploaia care va veni   Pasărea Colibri
Anda : Prezentare sponsori
Ligia: Cutia cu amintiri/ Inima Cenaclului Retro

Pauză: 15 minute/ echipa tehnică: videoclipuri

Instrumental cu PREZENTARE Cenaclul Retro
Ligia: Citat "Românul e născut poet" ... Membrii Cenaclului Retro au pregătit acest spectacol...
Anda: începe prezentarea, Ligia continuă
Anda: Cenaclul Retro sărbătoreşte cinci ani de armonie anul acesta... Va urma un spectacol aniversar, până atunci vă invităm să cântaţi cu noi...Ah ce vremuri...
Sorin: Despre cal (moment umoristic)
                (poate fi în dialog cu publicul)
Ligia: Vă invităm în Dumbrava minunată: o melodie din studenţie prelucrată şi păstrată de Anda şi Ştefan şi dăruită astăzi nouă
Anda: Dumbrava minunată

Ştefan: O altă piesă de poveste pe care am compus-o la început de drum pe tărâm american.... De fapt piesa se intitulează "Doar pe tine te am" ...şi a devenit "N-am nimic în frigider". Vă invit să cântăm împreună...

Ştefan:	N-am nimic în frigider	Ştefan Cristolţean
Toţi:	Mocirița	
Ligia:	Doar gândurile	Ligia Ana Grindeanu
		Ştefan: Charlie Chaplin

Radu: Gânduri

Ştefan: Cu speranţa că acest spectacol v-a făcut să vă simţiţi acasă, vă invit Pe strada mea, o piesă compusă pe străzi străine, dar cu sufletul şi gândul la strada copilăriei mele de la Cluj. Vă invit să o cântăm împreună

.

Ştefan: Pe strada mea

Anda: Vă mulţumim că aţi fost alături de noi pe strada Retro. Încheiem aici cu speranţa că ne vom revedea curând. Mulţumim Bisericii Naşterea Domnului pentru găzduire. Biserica aduce oamenii mai aproape. După cum ştiţi, fondurile adunate din biletele pentru acest spectacol sunt donate Bisericii Naşterea Domnului. Thank you for coming ...and staying.

Ligia: Numai împreună cu voi putem merge mai departe. Inima Cenaclului Retro bate pentru noi toţi. Vă invităm să scrieţi în Caietul cu impresii, numit Cutia cu amintiri. Vă mai aşteptăm la spectacolele Cenaclului Retro. Plănuim un spectacol aniversar în toamna aceasta. Urmează detalii. Rămâneţi la o poveste...

Bis: Andrii Popa
Scenariu alcătuit de Ligia şi Anda şi adaptat pentru a răspunde cerinţelor acestei cărţi.

<u>Poeţi la taifas cu iubirile muze</u>

PREZENTARE: 23 Iulie 2022

- *Glasul dulce al viorii ne poartă pe aripi de dor... Cătălin Lari*
- *Un frate tânăr care crede în dreptate...Sorin Griza*
- *Focul viu al clipei, fata pădurilor... Corina Vlad*
- *O prinţesă visătoare din Cetatea Medievală a Sighişoarei, inima şi sufletul poetic al cenaclului... Ligia Grindeanu*
- *Ana de Sighişoara, doamna Poeziei este cu sufletul alături de noi... Ana Munteanu Drăghici*
- *Pierdut în vârtejul american, dar regăsit în Retro... Radu Răcean*
- *Fete frumoase, vă invită la dans pe aripi de poezie...Călin Mărincaş*
- *Din spatele camerei de filmat, în centrul atenţiei...Iulian Grindeanu*
- *Totul se transformă în poveste prin culori şi nuanţe cu Anda Cristolţean*
- *Veşnic îndrăgostit de ochii căprui, Liderul Cenaclului Retro... Ştefan Cristolţean*

Mulţumim de asemenea celor ce s-au implicat în organizare:
Steliana Mărincaş, Carmen Griza, Sergiu Vlad, Alexandru Grindeanu, Paul Cristolţean, Rebecca Răcean, Adrian Nechiti.

IMPRESII

Mulțumim, Mulțumim. Mulțumim, Cenaclul Retro!
A fost o seară minunată! Un spectacol frumos, din sufletul vostru pentru sufletul nostru! Muzică și poezie și dans și umor... la taifas cu noi, publicul!
Mulțumim pentru că încă o dată am plecat spre casă mai împliniți, mai destinși, cu zâmbetul pe buze, cu sufletele încărcate de pace și frumos, mândri că suntem Români!
Ochi căprui și ochi albaștri, îndrăgostiți la prima vedere de voi, Cenaclul Retro, am savurat clipe atât de minunate pe strada voastră!
Mulțumim, Cenaclul Retro!

- Vocea Oleziei

Purtăm în suflet fiecare moment petrecut alături de voi la Taifas cu iubirile muze 📖🎻
Membrii Cenaclului Retro au pregătit acest spectacol cu multă dăruire, respect și admirație pentru versurile românești scrise, rostite si cântate

---

Olezia Comsulea is ··· ✕
with **Cenaclul Retro**
and **8 others**.

1h · 👥

Multumim, Multumim. Multumim,
Cenaclul Retro!
A fost o seara minunata! Un
spectacol frumos, din sufletul
vostru pentru sufletul nostru!
Muzica si poezie si dans si umor...
la taifas cu noi, publicul!

Multumim pentru ca încă o data
am plecat spre casa mai împliniți,
mai destinși, cu zâmbetul pe
buze, cu sufletele încărcate de
pace si frumos, mândri ca suntem
Romani!

Ochi căprui si ochi albaștri,
îndrăgostiți la prima vedere de
voi, Cenaclul Retro, am savurat
clipe atât de minunate pe strada
voastră!

Multumim, Cenaclul Retro!

Anakin

Buna Dimineata Liceeni,
Am avut o seara plina, de fapt toata saptamana a fost plina de repetitii, emotii si multa munca din partea tuturor. S-a vazut un progres mare fata de spectacolul din toamna.

Sa aveti o duminica frumoasa.
Fiti Binecuvantati!

Va trimit cateva fotografii cu impresiile scrise in jurnalul cu amintiri.

Chiar a fost frumos la taifas cu iubirile muze și ne-am simțit minunat la masa poeților și pe scenă, alături de muzicieni. Numai cine știe să simtă o lacrimă atunci când este de plâns. știe cu adevărat să zâmbească atunci când este de zâmbit

Corina

A fost o seară care mi-a încărcat bateriile descărcate de alergătura zilnică. Cenaclul înseamnă versuri recitate și cântate iar versurile reprezintă un amalgam de trăiri mai vesele sau triste. Nu am aprecia răsăritul dacă nu am cunoaște apusul , precum ziua este zâmbetul nopții .

vesele sau triste. Nu am aprecia răsăritul dacă nu am cunoaște apusul , precum ziua este zâmbetul nopții . Sunt recunoscătoare pt clipele Retro ca parte a acestui dar numit VIAȚĂ.
Vă voi iubi mereu !❤️

Ligia

E bine să ne bucurăm și să acceptam emoțiile autentice. De această bucurie avem parte în Cenaclul Retro

Felicitari poeților, muzicienilor și muzelor. Și mai ales iubirilor.
Ați fost la inaltime.
"Te vom iubi,
Cenaclul Retro,
In orice anotimp
Te vom iubi mereu
❤️ "
după cum spune mărturisirea poetică a Corinei.

Monica >

Draga Anda, felicitari inca odata pt spectacolul minunat de aseara! Ne-a

aseara! Ne-a facut mare placere sa va re-vedem si asteptam urmatorul! Asa cum ti-am spus si mai demult, you are a natural! Sa aveti o duminica placuta!

Biserica Sfantul Andrei
Felicitari si recunostinta tuturor pentru aceasta aleasa lucrare de a mentine vie si cunoscuta o minunata traditie romaneasca! Domnul Iisus Hristos sa va dea putere si sa va ocroteasca.

Vio Podar
A fost superb !
Extraordinar !
Ce placere sa va avem printre noi
!!!

1d   Love   Reply   4

Anda Si Stefan
Vio Podar e o placere sa fiți alături de noi. Doar așa putem continua misiunea noastră.

Vio Podar
A fost superb , mă bucur mult si eu ; si abea
astept sa putem din nou impreuna,sa ne bucuram ,de un spectacol fabulos !
Multumiri tuturor , pentru pasiunea depusa !
Sinteti profesionisti !
Felicitari !!!

Oare este ultimul spectacol, înainte de apariția acestei cărți? Tocmai am aflat că am fost invitați să susținem un spectacol lîngă Kenosha, Wisconsin, în septembrie... Picnic la fermă...

Deci, povestea noastră continuă...
Un pic de organizare şi mult mai mult entuziasm...

Anakin

Dragilor, v-am trimis un email cu lista de pana acum. Mai adaugati si vorbim maine ce si cum😘

1:35 PM

Corina

Mulțumim Ștefan .
Gând la gând cu bucurie.
Chiar ma gândeam sa va scriu cd intru în pauza...

Corina

Mulțumim Ștefan .
Gând la gând cu bucurie.
Chiar ma gândeam sa va scriu cd intru în pauza...
Sa va scriu ca in timp ce lucram, am închis ochii și am zâmbit ...

De ce ?
Iar sunt intr-o explozie de bucurie existențiala, m-am

De ce ?
Iar sunt intr-o explozie de bucurie existențiala, m-am gândit la voi!
Și nu pot sa las sa treacă așa,
neîmpărtășit 🔥

Picnic la fermă, *4 Septembrie 2022*

Vă invităm să fiţi alături de noi la un picnic găzduit de comunitatea românească din Kenosha, WI, la iarbă verde, într-un cadru rustic şi acorduri de chitară.

Duminică, 4 Septembrie, 2022
12 PM - 6 PM
Pentru detalii şi înscrierea la acest eveniment, vă rugăm să ne scrieţi un mesaj sau să trimiteţi un email la
cenaclulretro@gmail.com

Freamăt de colind cu miros de mere coapte,

10 Decembrie 2022

@ ROCO Chicago, 5406 N Kedzie Ave, Chicago, IL 60625, United States

Intrarea la spectacol este gratuită. Locurile sunt limitate însă, vă rugăm să răspundeți la https://www.rocochicago.org/retro_dec22
* Parcare gratuită pe durata evenimentului este disponibilă - detalii la https://www.rocochicago.org/parking

Cred că acesta e ultimul spectacol care apare în această carte, sincer nu sunt sigură... povestea noastră continuă mai armonioasă și mai frumoasă ca niciodată...Participarea multor persone din comunitate, oameni talentați și cu mult drag și dăruire pentru arta cuvântului și a cântecului, au adus un plus acestui spectacol. Scena a fost deschisă multor momente din public, momente care au colorat și au bucurat pe toți cei din sală...
Copiii, ah copiii, au fost minunați iar contribuția lor a fost de neuitat.

Cântec pentru public

Noi vă mulţumim şi vă oferim
Un cântec vioi, compus pentru voi, noi vă mulţumim
Că ne ascultaţi, şi ne răsfăţaţi
Prin voi retrăim clipe de dor ce ne dau fiori

Refren: Retro vă spune Crăciun Fericit
        Căldură în suflet şi vis împlinit
        Dragoste multă şi-un gând luminous
        S-aveţi parte de tot ce-i frumos....

Prin versuri cu voi renaştem şi noi
Sunteţi minunaţi, vă apreciem că nu ne uitaţi
Noi vă mulţumim, că ne inspiraţi
Cu voi lângă noi, putere găsim şi nu ne oprim

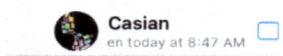

Casian
en today at 8:47 AM

Am urmarit pe pagina
cenaclului.
A fost fabulos.
Sunt mandru si fericit
sa va stiu promotorii
acestui act artistic si
de cultura.
Va apreciez in
aceeasi masura in
care va iubesc.
Imi este f dor de voi si
sunt extrem de
nerabdator sa ne
revedem.
Va imbratisez cu dor

PUBLICAȚII

Urmează câteva publicații care ne-au onorat prin cuvinte și gânduri de suflet. Acestea sunt *trunchiate* aici din motive de spațiu, însă vă invităm să vizitați pagina cenaclului www.cenaclulretro.org pentru articolul complet.

Creneluri Sighișorene – iulie-decembrie, 2013

Bine ai venit în lumea poeziei, Ștefan!

Arta cuvântului face parte din aceeași lume de vis cu arta sunetului, iar Ștefan Cristolțean le abordează deopotrivă. Rândurile poemului intitulat metaforic "Muntele îngenuncheat" sunt străbătute de patos purtând un impresionant mesaj patriotic. Personificarea muntelui conferă dinamism demersului liric al poetului. Merită ca "toți să-l fim cetatea lui..." iar peomul merită a fi citit de români pentru a le trezi conștiința națională!

Sub titlul "Semnele de punctuație" am intuit, ca învățătoare, valoarea versurilor și ca uz didactic. Se vede că poetul e înnobilat și cu calitatea de părinte. Poezia are subtilitate și conotație socială. Cu nostalgie și adânca trăire emoțională, abordează motivul plecării, în poezia *"Între astre"*. *Elemente concrete şi abstracte conlucrează la redarea atmosferei sufleşti "Pe coama de văzduh am pornit fără gînd". Se va regăsi cu prisosinţă, cititorul şi în originala împletire de abstract şi concret, prin formularea "Am străbătut trei nuanţe de vânt".*

Poezia emană dorul celui care constată, în finalul poemului şi al meditaţiei existenţiale, că: "E lumină şi aici,/ iar locul de unde am plecat /Arată ca un licurici." E lumina depărtării geografice rămasă totuşi atât de aproape de suflet. Faptul că deseori inspiraţia revarsă spectrul luminii inspiraţiei şi în limba lui Shakespeare, denotă nu numai adaptare în plan geografic în spaţiul de adopţie-american, ci şi o înrudire spirituală cu acesta.

Poezia ce poartă semnătura **Ştefan Cristolţean** *e străbătută şi de sacralitatea întru frumos, adevăr şi credinţă. Acele texte, în alcătuirea lor, de factură clasică, cu ritmul şi rima ce-i dau muzicalitate, sunt cantabile. Nu o dată, autorul lor, le-a dat glas prin compoziţii muzicale şi aleasă interpretare vocală şi instrumentală. Arta cuvântului, săvârşită de poetul şi cantautorul Ştefan Cristolţean, nu este tributară mijloacelor artistice specifice, deşi recurge la utilizarea lor. În demersul său poetic, starea emoţională fiind prioritară, efectul receptării este pe măsură. Astfel, prin sobrietatea lor, poeziile cu iz de clujean, emană profunzimea ardeleanului, dar şi nostalgicul romantism al sensibilului creator, ce se simte uneori strămutat întorcându-se spre sine. Identificându-l sufleteşte pe poet, ne regăsim pe noi înşine. Faptul că autorul se adresează şi unui auditoriu larg, prin spectacole de muzică şi poezie, fac din arta sa o creaţie vie şi prin rostire.*

Este salutară înscrierea rândurilor, aparţinând poetului Ştefan Cristolţean, prin intermediul publicaţiei literare "Creneluri sighişorene", pe filele de piatră ale basmului burgului nostru transilvan.

ANA MUNTEANU DRĂGHICI

Confesiuni

Zgomotele vesele ale primului grup de arheologi de pe dealul cu tunel mai trec şi acum, ca un ecou, prin centrul cultural şi medieval al Europei. Sighişoara nu uită şi ştie să-i recompenseze pe cei îndrăzneţi, care aduc în lumină tot mai multe vestigii. Sighişoara îşi trimite solii culturali în căutarea tuturor celor care au adăugat sau descoperit un rând al istoriei sale. Doamna Ana Munteanu-Drăghici, în vizitele dânsei prin ţări îndepărtate, a întâlnit, nu întâmplător, pe cel care a netezit cu coasa prin iarba aspră a lunii iulie, petecul de pământ care urma să devină un loc arheologic pentru mulţi ani care au urmat.

Cosaşul eram eu, Ştefan Cristolţean, student la Universitatea Tehnică din Cluj- Napoca pe vremea aceea, şi simt parcă şi acum când scriu aceste rânduri, greutatea coasei. Încă îmi sună prin urechi şuieratul ei prin iarbă, împreună cu chicotitul prietenilor, unii ironici, alţii invidioşi, iar alţii uimiţi. Mă simţeam ca şi Ion din "Blestemul Pământului", îndârjit şi de asemenea plin de viaţă.Mâinile mele, obosite de munca de la săpăturile din timpul zilei, se înviorau în fiecare seară la focul de tabărăşi vesele prindeau acorduri pe o chitară cu douăsprezece corzi. Prietenul meu bun din copilărie – Casian, ataca şi el o chitară. Era ca un ritual de împlinire a unei zile petrecute într-un spaţiu, care ne lega de strămoşii noştri.

Chiar dacă linia profesională m-a purtat într-o direcţie ştiinţifică, am îmbrăţişat şi domeniul cultural din plin. Am absolvit facultatea Tehnică din Cluj în 1993 şi am un Master Degree primit de la International Technical University din Bruxelles. M-am născut şi am crescut în Cluj-Napoca, iar pentru mine, **U** – nu este doar o literă din alfabet. Am fost dansator în ansamblul studenţesc "Mărţişorul" în timpul studenţiei, iar după aceea am dansat în ansamblul "Someşul-Napoca". Mama m-a învăţat să cânt la pian şi vioară când eram în gimnaziu şi chiar dacă nu eram un virtuos, tata se bucura de fiecare dată când cântam. Chitara am studiat-o spre sfârşitul liceului şi în armată. Este instrumentul care mi-a adus multe bucurii, a fost elementul cu care am cucerit şi inima soţiei mele – Anda. Acum suntem stabiliţi în Chicago şi avem trei copii. Combinaţia aceasta, dintre muzică şi dans, m-a ajutat să câştig o audiţie pentru un rol într-un serial difuzat de canalul ABC Family în 2004.

Poezia plutea printre notele muzicale, de când am început să cânt la chitară, dar se pare că a aşteptat un mesager al cuvântului, ca să poată elibera exprimarea. În cadrul primului cenaclu "Vox Maris" (Chicago, Mai, 2011), împletirea de cântece şi poezie a fost un condiment puternic pentru mine şi ca urmare, am dat frâu liber imaginaţiei poetice. În cadrul acelui cenaclu am întâlnit cei doi soli ai cetăţii Sighişoarei, mesagerii artei cuvântului, Ana Munteanu Drăghici şi fiica dânsei – Ligia Ana Grindeanu. Acel cenaclu a avut o dublă însemnătate în viaţa mea. A fost evenimentul în care împreună cu prietenul meu Dan Păduraru, cu care cîntam deja de mai bine de un an, am întâlnit alţi doi soli culturali, Adrian Nechiti şi Dan Rizo, şi pentru prima dată am cântat împreună, de parcă am fi cântat de o viaţă. Ca urmare a acestei experienţe, toţi patru am pus bazele trupei româneşti de folk-rock din diaspora română "Vox Maris Band". Trupei s-au alăturat încă doi membri – Dan şi Marcel, iar între timp am avut experinţe extraordinare pe scenele din Chicago, Portland şi Houston.

Familia mea are un loc special în sufletul meu. Îmi dau toată silinţa să-mi învăţ copiii – Andrei, Paul şi Sonia, să îmbrăţişeze toate bucuriile din viaţă: muzica, sportul, dar şi să primească o educaţie adecvată. Soţia mea – Anda, mă încântă şi acum şi mă susţine în hobiurile mele – muzică şi sport. Am rămas aceleţi suporter înflăcărat al Universităţii Cluj, joc fotbal şi hockey săptămânal.

Ştefan Cristolţean, vara 2013

Muntele îngenuncheat

Plângea un munte-ngenuncheat,
De umbra vorbelor grele,
Că noi românii l-am trădat,
Pentru o pungă de lovele.
El ne-a ales pe-acest pământ,
Să-i fim poporul lui cel sfânt,
Și-n vremuri grele ne-a păzit,
În codrii lui ca-ntr-o cetate,
Să nu pierim din lumea asta
C-ar fi o mare nedreptate.
Nu ne-a cerut nimic în schimb,
Și ne-a dat tot ce a putut,
Semeț în orice anotimp,
Ne-a fost străjer de la-nceput.
Și dintre noi au luptat mulți,
Să-l țină falnic printre munți,
Deci trebuie înconjurat,
Și toti să-i fim cetatea lui,
Căci Dumnezeu ni l-a creat
Să nu îl vindem nimănui.

Chicago 17.09.2013

Între astre

Din adâncul luminii am plecat ademenit de-
ntuneric,
M-au atras licăriri din tabloul feeric,
De la-nceput am știut că-i departe,
Dar nu m-am descurajat,
Nu știam ce e zi, ce-i noapte.

Pe coama de văzduh am pornit fără gând,
Și-am străbătut trei nuanțe de vânt,
Nu sunt culori din vreun spectru anume,
Și nici nu sunt note muzicale aș spune,
Erau parca idei șuierind.
Nu!
Poate că totuși mă grăbesc,
Când explic ceva neconcludent, Și parcă
nici nu am fost prea atent.

Acum simt că ma apropii de destinație

Și chiar dacă nu mai vreau să fac nici o
comparație
E lumina și aici,
Iar locul de unde am plecat,
Arată ca un licurici.

Chicago 23. 08. 2013

Semnele de punctuație

Niște semne de punctuație,
Pline de inspirație,
Au plecat într-o călătorie.
Erau ca pe o câmpie,
Plina de umbre întortocheate,
Pe alocuri îngrămădite, dar bine așezate
Care uneori se repetau,
Și din când în când, brusc se terminau.

Așa că toate au ales,
Să dea un înțeles,
Scorniturilor întunecate,
Dar e grea viața în două dimensiuni,
Să n-ai cum să sari să vezi ce și cum,
Să așezi și să grupezi,
Înșiruiri de forme fără rost,
Și să dai până la urmă un sens,
Sau o idee cu folos.

Deci în lumea furnicilor de pe hârtie,
Ele au un scop clar, se știe,
E oarecum la alegerea lor,
Să dea rostul cuvintelor.

Chicago 30. 08. 2013

*articole publicate în revista literară, Creneluri Sighișorene, în 2013

Creneluri Sighișorene – Toamna 2017

Editor ASOCIAȚIA LITERARĂ „CRENELURI SIGHIȘORENE"
Redactor-șef Gabriella Costescu •ISSN 2343 – 7693•Anul V Nr. 11 (iulie-decembrie) 2017

LIGIA ANA GRINDEANU

La taifas

Mi-e dor de-o ninsoare la
mine acasă,
Cu brazi aplecați peste
ramuri de vis,
Atât de aproape de clipa
măiastră
Cum cerul, la munte, de
pise.

Poeți la taifas cu iubirile
muze,
Visând la poteci petrecute
de cerbi
Și zgomotul carului întors
din pădure,
Anotimpuri- ecouri pe
veci...

Acolo m-aș duce să uit și
să plâng,
Icoane să caut, în
genunchi, printre frunze,
Să fie amiază, să uit să
mănânc,
Cu lacrimi pe-obraz,
călăuze...

Și sete să-mi fie la izvor de
lumină,
Cuvânt de-nceput de
poem,

În clipa cea grea, care știu
c-o să vină,
Mă-nvălui și strig și sunt
eu!

Iowa City, ianuarie, 2005

Lacrimă și cânt

Mă simt lacrimă și cânt
Mă adie un cuvânt
Dar mă las în grija zării
Să-mi aducă lăutarii.

Mă simt lună, dar și soare
Și mă rog la-ntinsa mare
Să-mi dea valuri de aubă
Castele de-mpodobit.

Prea rămân cărările
Și ne pleacă zborurile
Sărutul culorilor
Din prea plinul zorilor.

Cum să pleci și cum să uiți
Ploaia cum cădea în munți,
Toamna apunând în vie
Țesătura de pe ie.

Pâinea cum se coace-n
vatră
Izvor luminând pe piatră
Jocul ierbii despletit
Legendele-n chip zidit.

Nu te-ntoarce prea târziu
Când e totul un pustiu...
Vino când lumina cade
Peste luncile din sate.

Iowa City, 14 martie, 2007

Mai rămâi, colindă...

Colindă, colindă,
Pentru a câta oară
La vreme de seară
Te cânt și te plâng.

Departe de țară...

Colindă, colindă,
Cu brazi înclecați
Și luceferi frați
Amintiri arzânde
În pridvoare sfinte.

Colindă, colindă
Mai rămâi în tindă
Preț de mângâiere
Ninsoarea se cerne
E încă devreme...

Iowa City, 8 ianuarie,
2004

Ora exactă a plecării

Aș fi rămas cu tine
Dacă mi-ai fi iubit
Clipele
Numărate în palmă.

Oriunde îmi întorceam
privirea
Ceasurile lumii
Arătau ora exactă
A plecării.

Undeva ne grăbeam,
Poate frica de un mâine gol
Și fără chemări
Poate pustiul s-a ascuns
între noi
Construind castele de
nisip,
În care doar amintirile
Își reazămă fruntea.

Cam atât am avut să-ți
spun,
Pădurea se pregătește de
toamnă,
Gândul meu se pregătește
de uitare,
Cuvântul se pregătește de
necuvânt.

*Următorul articol (*trunchiat*) a fost publicat în *Tribuna Românească,*
iar apoi în revista *Creneluri Sighişorene*

Armonii de Toamnă
O seară de neuitat cu Cenaclul „Retro"

„A venit, a venit toamna, acopera-mi inima
cu ceva,
Cu umbra vreunui copac, sau mai bine,
sau mai bine cu umbra ta..."
(Nichita Stănescu)

Stimaţi cititori,

Am avut plăcerea de a participa sâmbătă 4 Noiembrie 2017, la spectacolul organizat de Cenaclul „Retro" în biblioteca sediului Romanian Heritage Media Center din Niles, sub găzduirea d-lui Steven Bonica, redactor şef al ziarului „Tribuna Românească" din Chicago.

Ligia a recitat apoi poezia „Strigarea Numelui" din volumul „Măreția Frigului" de Nichita Stănescu, publicat în 1972. Poezia este o odă iubirii, marcată de teamă ca iubirea va dispare odată cu venirea toamnei și căderea frunzelor.

Corina a interpretat în continuare cântecul „Frunza Galbenă", compus de Mircea Baniciu pe versuri de Dan Verona, o reverie de toamnă, marcată ca și versurile lui Nichita de o senzație de teamă ca iubirea va pieri odată cu venirea toamnei și apariția primei frunze galbene.

A urmat cântecul „Așteptare", compus și interpretat de Traian Bălan, o declarație de dragoste scrisă în timpul liceului și dedicată unei iubite din vremea inocenței. Traian este originar din București dar a petrecut multe veri ale copilăriei în Ardeal. El a cunoscut chitara prima dată la 12 ani la Casa de Cultură „Mihai Eminescu" din București și a început să scrie versuri în liceu, participând la Festivalul Cântarea României și apoi la Festivalul Creației Studențești. A făcut o pauză lungă în viața artistică după venirea în SUA, reîntorcându-se la primele iubiri atunci când i-a cunoscut pe membri Cenaclului „Retro".

Poezia „Greierele și Furnica", o parodie la fabula lui LaFontaine scrisă de epigramistul Sorin Olariu, a fost recitată de cuplul Anda și Ștefan Cristoltean. Acest cuplu de artiști s-au întâlnit în facultate la Cluj, el fiind localnic, ea din Satu Mare, el căuta o chitară în căminele studențești și ea avea o chitară la ea în cameră, așa că Ștefan nu numai că a găsit o chitară, dar și a parteneră de viață. Anda a început să cânte la chitară în clasa a 2-a și a participat la diverse evenimente organizate de Filarmonica de Stat din Satul Mare. Împreună cu Ștefan, au fost de asemenea dansatori de dansuri populare în ansamblul Școlii Populare de Artă din Cluj. Această experiență le-a folosit atunci când, odată ajunși în SUA în 1996, au condus grupul de dansuri „Miorița" de la biserica „Nașterea Domnului". Ștefan a început și el să cânte la keyboard și chitara prin clasa a 7-a și a continuat apoi să activeze în liceu și armată. După venirea în SUA, el a inițiat și condus grupul muzical de copii „Cireșarii", grup care activează și astăzi. Ștefan a fost membru fondator al grupului „Vox Maris", împreună cu care au înregistrat albumul „Călători prin vise". A inițiat apoi Cenaclul „Retro" în 2016 cu misiunea de a actualiza în inimile românilor din SUA mișcarea culturală care a fost Cenaclul „Flacăra" și să lase în urmă o frântură din cultura noastră românească.

Cântecul „La fereastra ta", popularizat de grupul „Semnal M" din Cluj-Napoca în 1980 a fost apoi interpretat de Monica Topârceanu-Blaga. Acest cântec a fost unul din imnurile studenției noastre, un cântec cu un vis, al unei iubiri tăinuite dar de o intensitate mare, pură și nevinovată. Cuplul Monica și Lucian Blaga este un cuplu de profesioniști, ea cu o voce excepționala și el cu o maiestrie deosebită la keyboards. Lucian este muzician de profesie, fiind absolvent al liceului de muzică „George Enescu" din București și obținând mai târziu două masterate în muzica, unul de la Conservatorul din București și al doilea de la Roosevelt University in Chicago. El a început sa cânte la pian de la 6 ani, evoluând mai târziu în cadrul grupului Barock și participând la diverse spectacole de rock alături de trupe ca și *Compact, Roșu și Negru*, etc. El compune de asemenea muzica proprie pe versuri scrise de soția lui Monica și preda clase de pian și teoria muzicii.

În continuare am ascultat un alt cântec de demult: „Singur", popularizat de formația FFN în 1981 și interpretat de Sorin Griza. Acesta este un cântec dedicat naturii și dorinței oamenilor de a evada câteodată din jungla urbană, de a uita de stresul zilnic și de a trăi, chiar și pentru câteva zile fără

„Nirvana" şi este deţinătoare a numeroase premii literare, fiind activă în viaţa artistică din România.

Corina a interpretat apoi cântecul „Tânăr şi liber" pe versuri de Ovidiu Mihăilescu, un cântec al exuberanţei tinereţii şi al libertăţii pe care orice pământean o simte în mijlocul naturii.

Traian a interpretat în continuare o compoziţie proprie „Vis din cutier", o declaraţie de dragoste învăluită de o atmosferică feerică sub clar de lună, puternică şi categorică.

A urmat Ligia cu două poezii proprii intitulate „Caietul Amintirilor" şi „Plecări", prima aducându-ne aminte de caietele de amintiri din şcoala, de frânturi din viaţa noastră care au trecut ca şi anotimpurile iar cea de-a doua o expresie a nostalgiei după meleagurile în care am crescut şi care sunt încă vii în noi.

Ştefan şi Anda au interpretat apoi cântecul „Ce bine că eşti" pe versuri de Nichita Stănescu, un poem dedicat iubirii adânci dintre doi îndrăgostiţi, un sentiment puternic care le cuprinde toată fiinţa.

Cântecul „Amintire" de pe discul „galben" al lui Mircea Baniciu din anii '80 era pe buzele noastre în anii liceului şi a fost interpretat de Sorin în aceasta seara. Versurile lui George Topârceanu descriu întâlnirea a doi îndrăgostiţi în mijlocul naturii la miez de noapte şi apoi despărţirea în zori de zi urmată de dor şi nostalgie.

Anda a recitat în continuare poezia „Nu e toamna, eşti tu" de Camelia Radulian, un poem al vieţii trecătoare şi efemere, a tristeţii pe care o aduce trecerea timpului.

A fost o seară de neuitat pentru mine şi mă simt binecuvântat să fiu împreună cu oameni atât de talentaţi care nu au uitat ca în venele lor curge sânge românesc şi ca noi românii din diaspora ducem dorul de hrana sufletească pe care aceşti artişti ne-au oferit-o. Sunt sigur ca sentimentele mele au fost simţite de toţi cei prezenţi în sala şi aşteptăm cu nerabdare să ne revedem cu Cenaclul „Retro".

Radu Russell Răcean
Chicago, Noiembrie 2017

CORINA VLAD

S-a născut în Satu Mare. De mic copil s-a bucurat la maxim de lucrurile mărunte din lumea înconjurătoare, a îndrăgit muzica, poezia și natura.

Suflet timid, dornic de afirmare, Corina și-a regăsit EUL odată cu stabilirea sa în SUA în anul 2004. Din 2016, este membră activă a Cenaclului „Retro" din Chicago, împlinindu-și visul de a cânta la chitară. În același timp, compune și poezii.

Așa sunt eu

Nu mi-e rușine să admit
Sunt o romantică avidă
Căci dacă simt, știu că exist,
Știu că trăiesc, sunt vie!
Nu trec nepăsătoare
Prin istovitul ceas prielnic:
Respir, iubesc și tot admir
Lucrul duios, vremelnic!
Trăind frumos, pulsez prin timp
Orice ieșire a firii
Nu vreau să pierd acel copil
Ce saltă-n inima tăcerii!

Așa sunt eu, un suflet viu!

Veselia sufletului

Veselia sufletului
Se măsoară în trăiri
De licăriri în gol închis
Și nostalgii în timp deschis!

Zâmbind, plutești peste uitări
Pierdute în amurgul serii
Și te cobori, zvâcnind flori
Scrutând valtorile tăcerii!

Ah, ce duios la tine-n suflet
Înmuguresc frunzișuri goale,
Copacii împânzesc înaltul
Seninului ce curge-n zare!

Un fir de iarbă te-mpresoară
Și-ți mângâie obrajii arși
De-a soarelui săgeți de aur
Ce scânteiază înșiși, azi!

Veselia sufletului
Se măsoară în trăiri
Cu sclipiri de vis simții!

Mâini în dar

Mâini în dar am dobândit
Aripi de cer desprinse-n trup
Chemări mărețe spre împliniri
Slujind un vis în fiecare zi!

Fără de ele aș fi neant
Scăldat de valul desecat
Aș fi fost stol căzut din zbor
În drumul meu spre depărtări!

Mâini ce lucrează,
Mâini ce dansează,
Mâini ce se joacă,
Mâini ce visează,
Mâini care cântă
Pe-al strunelor dor
Mâini care scriu
Gânduri nespuse în zori.
Mâinile mele, trăirile mele...

Dor de Basarabia – August 2017

Seri culturale la Chicago

În faţa spectatorilor evoluează membri ai Cenaclului „Retro". La microfon – consulul general Tiberiu Trifas, Sala de festivităţi a Bisericii „Sfin

Tribuna Românească – Noiembrie 2017

Tribuna Românească – Decembrie 2017

| 6 | Nr. 297 ● Anul 16 Nr. 22 ● 16-31 decembrie 2017 | TRIBUNA Românească |

Deschide uşa creştine – Spectacol de colinde cu Cenaclul Retro

Îngerii cu flori în mână,
Împărate mândră cunună
Pe cununi-i scris frumos:
Astăzi s-a născut Hristos..."

Deschide uşa creştine,

Traian a cântat apoi cântecul propriu „Vine iarnă, nu te mai preface" pe versuri de Lucian Vaka, o poveste a iubirii nelolgtene şi a lipsei de romantism în timpul iernii.

„Primiţi cu colindă" ne susţine o voce dinspre uşa laterală a sălii. „Primim" am

Sculaţi gazde din pătură", o altă colindă tradiţională din Ardeal a fost interpretată de Ştefan cu acompaniamentul întregului grup. Anda a recitat apoi poezia „Viziem" de Adrian Păunescu, o poezie tristă a iubirii pierdute.

a cuplului Monica şi Lucian Blaga este o creaţie superbă cu versuri minunate care ne îndeamnă la rugăciune în noaptea de Crăciun şi a fost interpretată de vocea angelică a Monicăi.

Doamna Ana de Sighişoara a recitat

Creneluri Sighișorene - 2021

CRENELURI SIGHIȘORENE

Editor ASOCIAȚIA LITERARĂ „CRENELURI SIGHIȘORENE"

Redactor-șef Gabriella Costescu •ISSN 2343 – 7693• Anul VIII Nr. 18 (ianuarie - iunie) 2021

DE PESTE OCEAN

LIGIA ANA GRINDEANU

Membru nou al Asociației Literare „Creneluri Sighișorene"

Cu toate că avem o colaborare... cam dintotdeauna cu Ligia Ana Grindeanu, oficial s-a înscris în Asociația Literară „Creneluri Sighișorene", doar din luna ianuarie 2021.

S-a născut la 24 octombrie 1971, la Sighișoara, fiica poetei și scriitoarei sighișorene Ana Munteanu Drăghici. A urmat Școala Gimnazială „Nicolae Iorga" și Liceul Teoretic „Joseph Haltrich" din Sighișoara.

Este absolventă a Universității de Medicină și Farmacie „Iuliu Hațieganu" din Cluj-Napoca, activă în viața culturală atât în orașul natal cât și peste ocean. Locuiește de ani buni la Chicago – SUA, unde este medic specialist pediatru.

Este membră a Cenaclului „N.D. Cocea-Anotimpuri" din Sighișoara, membru-fondator și președinte a Cenaclului „Dor" din Iowa City și membru-fondator a Cenaclului „Retro" și „Seara Culturală Românească" din Chicago. Ligia este implicată în organizarea de întâlniri literare și spectacole în comunitatea românească din Chicago SUA.

A publicat de asemenea și în editoriale mureșene precum și Poeme în antologiile:
- „Anotimpuri sub turnul cu ceas –Veșnicia Secundei";

- Efigii Lirice,
- Vise Târzii,
- România, țara mea de dor;
- Scriitori români uniți în cuget și simțiri la Centenarul Marii Uniri;
- Antologia Poeților Români Contemporani din Întreaga Lume;
- Poeți și Prozatori Români în Regal Eminescian
- Românul s-a născut Poet, Antologia „Universum" – Canada.
Cărți publicate:
- „Dincolo de liniște" – Casa de editură Mureș, 2003
- „Anotimpuri de dor" – editura „Ardealul"

Aproape de cer

Jumătate cer, jumătate piatră,
Harpă a naturii
Învăluită în nori
Ce aproape e cerul de noi...
Pădure de veghe și aripa dor
Șoaptele apusului
Căzut într-un somn,
În care lumina își caută fior.
Drum spre Atlantic,
drum spre Pacific
Gândurile curg
spre aceleași cărări.
Urcușuri abrupte - treptele vis
Piatră de piatră și destin de destin.
Insule albe-tăcute așteaptă
Primăvara promisă-n adânc
La întâlnirea cu zarea,
Într-o scurtă paradă
Delicată și mândră e floarea.

Noua apariție editorială, punte de legătură între Sighișoara și Chicago. „Anotimpuri de dor" poate fi găsit de către iubitorii de versuri care cred în puterea de vindecare a Cuvântului la Librăria „Hyperion" din Sighișoara.

Ceea ce ni se întâmplă

Ceea ce ni se întâmplă
Nu ajunge
Ziua cu ore
Miezul clipei- scrum
În necredite zale, la răscruce
Iubirile au parcă gust de fum.
Eu te visam

În cartea nedeschisă
Adus de-albastre regăsiri șirag
Și-am înțeles târziu
Că nu sunt tristă
Șoptitul dor
Ți l-am adus în prag.
E dansul tău
Ți-e lumea la picioare
De-ai încerca
Să-ți cânți iubirea iar
Eu ți-aș ieși cu râurile-n cale
Lumina să o treci peste ocean.

Gândurile

Gândurile-țipete de ploi
Într-un glas răstălmăcit de muze
Eu pe un continent de piatră gol
Tu visând la-ntinsele peluze.

Când să mi te-apropiu, ești suspin,
Un profil dintr-o poveste veche
Și încerc să-mi amintesc
de-un timp
Când citeam în astrele pereche.

Ochiul tău incremenind în sete
Ți-a purtat zadarnicul păcat
La o margine de câmp
atât de verde
Și atât de aproape de înserat.

Lasă merii cei desprinși din teaca
Vântului adulmecând livezi
Lasă-i jos, aproape de tăcere
Și să-i strângi în brațe,
să nu-i pierzi.

Erai mai frumos pe caii repezi
La izvoare pregătind un zbor
N-a mai fost decât lumina pietrei
Gândurile-țipete de ploi.

78

CORINA VLAD

S-a născut în România, dar este stabilită în SUA din anul 2004.

A publicat în revista „Creneluri Sighişorene" din România, în revista „Poezii pentru sufletul meu" din Canada cât şi pe diverse platforme on-line în limba română şi engleză.

Este membră activă a Cenaclului „Retro" din Chicago în cadrul căruia interpretează piese folk ale cântăreţilor consacraţi, dar este şi cantautoare „pe-al corzilor meridian, glasul dulce peste ocean", cum frumos o numeşte Ana Munteanu Drăghici. Poeziile Corinei sunt expresia stărilor şi a trăirilor sufleteşti adunate în sertarele inimii, de cele mai multe ori gasindu-şi popas în mijlocul naturii, ca parte integrantă din existenţa ei.

Întâmplare?

Pe a timpului cărare
Este oare întâmplare
Să te simţi şi mic şi mare
Savurând a ta chemare?

În a vremii nepăsare
Este doar o descărcare
Să mai cazi în apăsare
Privind totul cum dispare?

În a razelor visare
Să fie pură sfidare
Când te pierzi în relaxare
Lăsând totul în uitare?

Nu-i nimic o întâmplare,
Să nu-ţi fie cu mirare,
Tot ce tu trăieşti în zare
Este-o binecuvântare!

Şi de-ar fi

De-i veni la mine pe-nserat
Ţi-oi cânta de dor nu de oftat.

De-i veni la mine în pridvor,
Ţi-oi vorbi de-al nostru drag amor.

Şi de-ar fi să-mi spui că mă iubeşti
Te-aş purta pe plaiuri din poveşti,
Şi de-ar fi să mă săruţi cu foc
Ţi-aş cădea în braţe ca-ntr-un joc.

Şi de-o fi să stai să nu mai pleci
Te-aş cinsti să nu poţi să răneşti
Şi de-o fi să dăinuim pe veci
Am rămâne-un basm din vechiul vers ....

Furori

Furori printre frunze-mbrăcate-n culori
Mângâiate de vântul ce-ţi cântă-n viori,
Pe-un colţ de plai, într-o gură de rai
Ascult al tăcutului grai!

Foşnesc ale cerului albe visări,
Comori nestemate, în suflet cântări
Întinsă pe zestrea de petec străbun
Mai stau, căci tânjesc să rămân!

Clipe-amorţesc în acord cu suflarea
Ce-o-ngheţ pe moment, ador încântarea,
Pământul e rece dar focul din trup
Arde al aurei scut!

Mai stau, savurez divinul din tot,
Îl simt ca un trăznet prin trupul pivot,
Se face târziu dar nu, nu vreau să plec
Pe-al naturii refren mai petrec....!

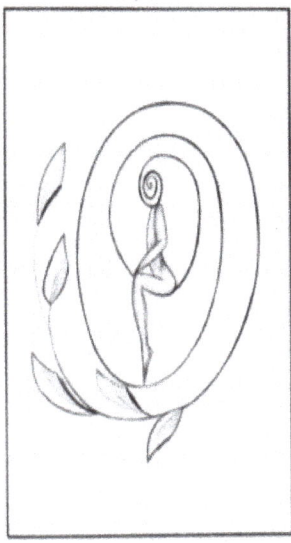

Apariții editoriale:

„UNIVERSUM"

Există un univers al sufletului ce tinde spre astralul ceresc prin arta cuvântului! Antoligia de Literatură Contemporană, cuprinzând autori români de pretutindeni, ne-a situat în „Universum", această carte în care ne-a fost dat să ne întâlnim cu cei dintr-un nimb cu noi, prin înrudire spirituală. Suntem mamă și fiică, respectiv Ana Munteanu Drăghici și Ligia-Ana Grindeanu, născute în aceeași zi și aceeași lună, a două zeci și patra zi a lunii Octombrie. Astfel ne spunem reciproc „La mulți ani!" Fiind născute „sub zodia versului", tindem spiritualicește și spre eternitate prin harul artei cuvântului. Venim din orașul cu glas medieval, numit „Mărgăritar al Transilvaniei", Sighișoara, din România, patria noastră și a Nadiei Comăneci, care a adus aură acestei „Grădini a Maicii Domnului".

Plutire de dor...
(Ana Munteanu Drăghici)

Pe luciul de ape o frunză plutește
Ivită din pomul vieții stârnit
De vântul aprig al cărărilor vieții
Spre drumul uitărilor, nestăvilit...

Culorile se-ntorc
în oglinzile firii.
Verdele crește în undele reci
Ca să redea tinerețea privirii!
Apele fac din privire poteci...

Galben din amiezile vieții
Aurește sub razele soarelui viu.
Mă-mbrățișează aduceri aminte,
Clipa privește
spre ceasul pustiu...

Un ruginiu se topește-n tăcere
Pe nicovala arzând neiertări...
Frunza se-adună în răsuflare
Purtată de apele altor zări.

Suntem un strop de dor în plutire,
Cântecul frunzei purtând anotimp,
Între suspinul ivit din iubire
Și umbrele mărilor trimise de-Olimp...

Întru iubire

Privirea ta să-mi fie stea
Spre dăinuire
Fără sfârșit să ne vorbim
Cu tăinuire.

Să-ncrucișsăm pașnic în doi
Spadele noastre,
Ce ucigând orgoliul din noi
În lumea-albastră,
Va-ngemăna clipe de vis
Iubirea noastră ...

Gloria perfecțiunii Nadiei Comăneci, ca gimnastă, la marile competiții de la Montreal, Canada, a făcut pe tot globul pământesc cunoscută țara noastră! A avea numele înscrise într-o magnifică antologie, publicată la Montreal-Canada-2020, înseamnă a ne reîntoarce în timp spre a reveni în actualitate cu aplauze pentru Nadia Comăneci, dar și pentru realizatorii cărții „Universum", respectiv redactor coordonator Mihaela Miha Miha C. D, senior editor coordonator Johnny Ciatlos-Deak și întregii echipe editoriae „Globart"!

ă

Cu adevărat, potrivit afirmației lui P.T. Barnum, citat în deschiderea cărții „Literatura este una dintre cele mai interesante și semnificative expresii ale umanității". Dacă sufletul cititorului va fi deschis de o singură literă luminată din scritura noastră, înseamnă că ne vom întâlni prin lumina puterii cuvântului în constelația cerească a firii!

**Ana Munteanu Drăghici &
Ligia Ana Grindeanu
Iunie 2021, Chicago**

Ziarul Tribuna Românească, la aniversarea de 18 ani –
CRONICA SERII DE ANIVERSARE

*A doua serie de mesaje video prezentate audienței au fost din partea
echipei Cenaclului Retro: Anda și Ștefan Cristolțean (fondatorii acestui
cenaclu), Corina Vlad, Ligia Grindeanu, Ana Drăghici Munteanu, Călin
Mărincaș, și nu în ultimul rând din partea cronicarului și
folkistului Radu Răcean.*
Cu apreciere și mulțumire,
Tribuna Românească

Steven & Simona Bonica – Redactori Șefi, Chicago
Timotei Dinică – Redactor Șef, București

<u>Creneluri Sighișorene</u> - Iunie 2020

Dialoguri literare și muzicale

cu Cenaclul „Retro"

Cenaclul „Retro" din Chicago nu și-a dezis crezul, desfășurându-și continuu activitatea, sub genericul: „Renaștem Elogiind Trăirile Românești Oriunde am fi!" Pandemia n-a izolat spiritul românesc. S-au găsit modalități de a se reuni și în condiții neprielnice socializării. Astfel repetițiile acestei formații literar-muzicale, cu suflu românesc, au continuat în spații disponibile în aer liber, grădini ale unor gazde primitoare. Au avut loc dialoguri literar muzicale și spectacole online dăruite celor setoși de hrană spirituală. În cadrul unui spectacol desfășurat în acest mod, interviul muzical acordat de cantautoarea reghineană Magda Pușcaș a fost unul bogat ideatic, estetic și emoțional! Cu prietenie și dăruire, Magda Pușcaș a arcuit coarda inimii sale peste ocean prin mijloacele moderne devenite atât de eficente atunci când „bietul om a fost supus vremurilor..."

Atmosfera de vis creată de starea de poezie și armonia muzicală, a desfășurat eșarfa curcubeului artelor peste apele spațiului și ale timpului, peste ocean, confirmând faptul că : „Depărtările-s aproape, când le cheamă gândurile..."

În perioada ce au urmat, ca urmare a instituirii stării de relaxare privind regulile impuse de pandemie, a fost respectat un grafic al repetițiilor pentru spectacolele programate în perspectivă. Astfel la focul de tabără ce a luminat succesiunea armonioasă a muzicii și poeziei, a fost sărbătorită flacăra limbii române, dar și a iei românești. În curând cenaclul „Retro" își va urma proiectele prin spectacolele sezonului. Astfel ne va introduce în lumea mirifică a muzicii și poeziei în „Dumbrava minunată" prin spectacolul cu același nume. Spectacolul va avea loc la un domeniu privat, în luna iulie, prin bunăvoința unor primitoare gazde americane.

Aceeași „Dumbravă minunată" își va deschide mioriticile bolți ale firii pentru un spectacol la Biblioteca Publică din Cedar Rapids, Iowa, la 1-8-2021, la invitația Organizației Românești și a

În „Dumbrava minunată", sunt așteptați toți culegătorii roadelor artei sunetului și al cuvântului. Potrivit mesajului poematic al Ligiei Ana Grindeanu, Cenaclul „Retro" dăruiește cu prietenie și iubire din harul său:

„Amintiri de acasă/ Ninsori și culori/ Iubire,buchete de flori/ Armonii și cuvinte/ Rămase în noi/Atingere caldă, fior".

Între cele două lumi continentale, trăirile, simțirile românești, trec ușor oceanul devenind universale!

ANA MUNTEANU DRĂGHICI
30 iunie 2020, Chicago

Creneluri Sighișorene – Decembrie 2021

Din Nou Împreună cu Cenaclul „Retro"

Mulțumim, Cenaclul Retro! Mulțumim pentru încă un spectacol minunat! Mulțumim că existați și ne încălziți sufletele cu focul iubirii de artist! O după-masă de vară târzie în care vântul toamnei a încercat sa ne pătrundă și sufletele! Noroc... cu haiducii Cenaclului „Retro" care ne-au amintit să trăim clipa!

Trăiește clipa! într-o armonioasă și duioasa cântare de vioară ce-ți alină orice durere și te face să mergi mai departe! Să nu te dai bătut! Viața e frumoasă!

Și vom birui!

Minunate poeme în recital, frumos interpretate! Gânduri despre frumos, despre speranță, despre iubire și despre biruință! Multumim! Avem nevoie de frumos! Avem nevoie de mesaje încrezătoare! Moment românesc ce ne-a uns sufletele...

Multumim, Cenaclul Retro: Anda și

MĂNUNCHI DE GÂNDURI

*SAU – Prin ochii celorlalţi...
O idee năstruşnică, menită să bucure pe toţi cei care au contribuit la succesul cenaclului în timpul acestor cinci ani. Mai jos veţi găsi mesajul trimis cândva în ianuarie 2022 şi mănunchiul de gânduri care a urmat.

Dragă Retro,
Te invit la un popas în spatele cortinei. Lucrez la un proiect (că dacă nu m-aş complica, n-aş fi eu...) şi am nevoie de implicarea fiecăruia (în măsura în care se poate...)
Vă rog să completaţi forma următoare cu impresii, gânduri, versuri, cuvinte frumoase, descriind pe toţi (sau doar pe unii) din Retro. Nimic complicat, un singur cuvânt ajunge...Incercaţi să vă omiteţi numele, ceilalţi vă vor descrie.
Menţionez că voi păstra răspunsurile (anonim) însă le voi folosi pentru a creea un "Mănunchi de gânduri" cu ocazia amiversării a cinci ani de când ne numim Cenaclul Retro. Vă mulţumesc,

Anda
GO RETRO!

Alina Celia Cumpan
O romantică incurabilă
Imigrantă-i pe planetă, atipică-n vers, cochetă, cultura e ia pe hartă, pe care cu drag ea o poartă
Alina e contagioasă prin pasiune şi curaj
Luptătoare
Poetă sensibilă, cu dăruire pentru tradiţiile româneşti
Tradiţie şi poezie, Drag şi dor de Românie! Cu farmec rostiri pe scenă Drăgălaşă şi boemă
Involved
Sensibilitate poetică cu dor de plaiuri mioritice

Ana Munteanu Drăghici
Poezie suflet
O persoană far' de care, Valoarea n'ar fi valoare.
D-na Ana de Chicago aduce în prim plan sensibilitatea
Albastră visare,   Cu iubirea pe buze, Măiastră îmbinare, A cuvintelor muze
Ana de Sighişoara, doamna poeziei, ne încurajează şi ne motivează în demersul artistic
Ana de Sighişoara, muzelor purtând comoara
Charismatic
Doamna poeziei, inspiraţie şi mentor pentru noi toţi

Anda Cristolţean
O veşnică pelerină pe al aripilor timp...
Anda ne apropie prin stil şi eleganţă
Incântată pe cărare pune scenarii la cale, Furnicuţa în roşu, recită şi cântă, pe cărări de vacanţă, mereu se alintă!
Dăruire, talent, suflet cald şi nobil, promovează frumosul şi armonia
 "Lady in red", furnicuţa fermecătoare
Devoted
Numitorul nostru comun, cea care ne uneşte şi ne încurajează să continuăm aventura Retro.

Călin Mărincaş
Călător prin timp
Jucăuş şi nebunatic cu inima pe jăratic.
Călin este un prezentator atacant!
Voia bună o transpune în file de poveste
Entuziasm şi prietenie
Nepotul poetului, mesagerul versului
Easygoing
Vesel, optimist şi dansator de excepţie. File din poveste...

Cătălin Lari
In muzică sufletu-i vorbeşte
Glumeţul cald care îmblânzeşte orice arcuş ieşit din fire
Talent şi sensibilitate pe Portativul viorii, un muzician cu har
Cătălin Lari, relevant, Dintr-al gândului liman, Către largul infinit
Prin muzică regăsit! De pe strunele viorii, Curg secundele visării...
Muzician şi muzicant, violonist şi ceteraş, tata şi soţ iubitor, dar mai presus de toate, un om minunat

Iulian Grindeanu
 Un discret mediator, al artelor purtător
Un gând cald şi talentat
Cald ca o adiere de vară
Iulian absoarbe şi emite energie solară
Îşi" face" paşii "în spatele lentilei" dând veşnicie amintirilor
Observă şi ne observă, fotografiile şi filmările realizate la spectacolele Cenaclului Retro stau mărturie
Classy
Susţinător ardent al Cenaclului, omul care ne dăruieşte amintiri video de nepreţuit

Corina Vlad
Focul viu în suflet îl poartă
O inimă mare, o minte zburătoare şi o lacrimă pe-o floare.
Corina are o voce de cristal
O voce cristalină ca apele izvoarelor, un suflet în care trăieşte copilăria şi candoarea
Pe-al corzilor meridian, glasul dulce peste ocean
Cheerful
Foc viu care arde continuu pe vatra muzicii şi poeziei. Vă e dor de copilărie? Sunaţi-o pe Corina

Cătălin Nicolae
Umor fin de clasă
Învolburat ca un pahar de şampanie de clasă
Cu barbă sau fără barbă, Cătălin cucereşte scena şi publicul
Actor dibaci, serios în privire, te-ajută de vrei, tu doar dă-i de ştire!

Un actor cu farmec
Actorul iubitor și aducător de umor
Eloquent
Actor desăvârșit, maestru al improvizației

Ligia Grindeanu

Mesagera muzelor prin lacrima poemelor
Suflet poezie
O voce care aduce cu ea seninul albastru al poeziei și mirosul
încântător al cetinei verzi
Ligia e călăuza noastră prin țara de piatră albă
Înger sălbatic, chip gingaș-senin, prin anotimpuri de dor, se țese
sublim
Serene
Poetă de o sensibilitate deosebită dar cu o tărie de caracter care
poate îmblânzi până și "mistrețul cu colți de argint"

Ștefan Cristoltean

Greierașul talentat, de noi toți apreciat
Talent desăvârșit
Liantul și sufletul Retro. Un om fain de pe la Cluj, care mi-aș fi dorit
să-l cunosc mai dedemult
Ștefan are un talent muzical imens. Din Cluj!
În probleme dă soluții, Cu solouri încheie discuții, Chitara-i portul
drag pe spate, Cântând de vise înaripate
Dăruiește și se Dăruiește: talentat cantautor și liderul Cenaclului
Retro
Relaxed
Fondator, organizator, rocker, manager și mai presus de toate,
ardelean cu inima de aur

Monica Blaga

 Pe ram de suflet-privighetoare
 Dulce voce primăvara
Cu vocea ei minunată, Monica ne cântă și ne încântă
Vocea-i coarda de la pian, acasă dar și pe hotar

O voce minunată
Organized
O voce extraordinară, talent deosebit

Lucian Blaga
Profesorul perfecţionist, la clapele firii artist
Lucian povesteşte cu degetele
Pianu-i este sfânt altar, în orice zi din calendar
Compozitor şi pianist talentat
Meticulous
Compozitor şi maestru al pianului, expert in domeniu

Sorin Griza
Faimos doctor uman, artist cu priza la fani
Blândeţea întruchipată
Un suflet mare care e totdeauna deschis în larg
Sorin e o pasăre Phoenix din Banat
Modest şi blând, cu suflet mare, nu-ţi aduce supărare, din bass îţi cântă cu răbdare
Cântă şi ne încântă: muzică, interpretare, mediatizare
Enthusiastic
Prieten loial, perfecţionist, chitarist de excepţie, primarul oraşului Retro

Laura Şişu
Arta sunetului o prinde pe actriţa ce ne cuprinde cu un glas melodios Emoţie în cântec
Sensibilă, dar puternică
Laura e o galbenă gutuie la fereastra noastră
Fata de " 20" de ani care dă emoţie chiar şi umbrei
O voce minunată, iubeşte scena şi îi stă bine pe scenă
Honest
Interpretă desăvârşită, prin cântecele ei, ne aduce într-o "lume de douăzeci de ani" Priveşte mamă jocul şi taci, nu întreba....

Sergiu Vlad
Discret simpatizant al cenaclului, galant, chiar şi scenă construieşte căci locul sacru iubeşte!

Mereu aproape de sufletul Retro
Sergiu tace cu subînțelesuri
Tace și face
Un suflet de aur
Un prieten deosebit, alături de Retro cu trup și suflet

Radu Răcean
Patriot prin cântul său, tricolor purtând mereu
Gratitudine ție, Radu!
Un suflet mare care bate pentru cei din jurul său
Radu e înflăcărat ca un cenaclu
Cu steagul înainte și credință în cele sfinte , vrea să cânte orice-ar fi
Cântă și interpretează cu mult patos, entuziasmul lui ne menține
dorința de a continua misiunea Cenaclului Retro
Dreamer

Traian Alex Bălan
Nume de împărat roman, când l-asculți ești meloman
Simplitate
Timbrul lui Traian e poetic și Poesis
Charmant te privește, frumos îți zâmbește, în versuri vorbește și
te ademenește
Pasionat al muzicii folk, cu frumoase interpretări și compoziții
Compozitor și interpret cu tentă unică și melancolică

Marius Stan
Distins creator, captivant recitator
Perfecționist
Spiritual și pregătit
Pe sub gene îți recită, te mustră, te și ridică
Versuri și interpretare din perspectiva omului de știință
Approachable

*Mesaj - SAU - **Când nici nu te-aştepţi**
La ceas aniversar...Retro, La mulţi ani!!!
Orice poveste începe cu: " A fost odată"...aşa cum a început şi povestea Cenaclului Retro în Chicago....în urmă cu 5 ani.
A fost odată...ca niciodată, (că de n-ar fi ...nu s-ar povesti) .... un grup de oameni minunati, sufletişti şi pasionaţi de ceea ce fac, la nivel uman; trubaduri romantici şi visători, care încearcă să aducă un pic din cultura românească peste ocean, prin muzică şi poezie.
Profesionişti, şi nu numai, purtători de bucurie şi voie-bună; aceşti oameni trebuiesc încurajaţi şi susţinuţi, pentru că avem nevoie de cultură, spre nu a uita cine suntem cu adevărat în sufletele noastre: Români...oriunde ne-am afla!

Alina Celia Cumpan,
Poetă tânără care scrie poezie în limba română, dar şi în engleză, scormoneşte stările sufleteşti, în metafore îndrăzneţe. Are o pasiune deosebită pentru cuvinte...le face şi le desface pe dinăuntru, le construieşte şi reconstruieşte...jucându-se mereu cu dorurile noastre:
"Şi prin soare...şi prin ploi, / Dorurile cresc în noi"...

Povestea continuă mai departe, prin cuvintele şi creaţiile acestor două poete, mamă şi fiică: Ana Munteanu Drăghici şi Ligia Grindeanu.
Ana Munteanu Drăghici, numită Doamnă a poeziei româneşti, ne dojeneşte şi ne învaţă cum trebuie înţeleasă şi trăită viaţa, prin însăşi vivacitatea şi pofta ei de viaţă, racordate la tot ce este frumos, la muzică, la poezie, la simţăminte autentice româneşti ...
Pe de altă parte, moştenind din talentul mamei sale, **Ligia Grindeanu**, mai aduce un plus de fineţe şi sensibilitate aparte, atât prin creaţiile sale, cât şi prin prezenţa-i diafană şi suavă...ca o Crăiasă a zăpezilor, cu ochii albaştri şi senini, ca nişte limpezi lacuri de munte..Purtătoare a dorului românesc peste ocean, Ligia contureză cele două lumi, prin emoţii şi stări sufleteşti, care adesea îţi lasă un nod în gât, şi un surâs nostalgic.
"Cum să pleci...şi cum să uiţi,/Ploaia cum cădea în munţi, /Toamna apunând în vie.../Ţesătura de pe ie"...

O prezență masculină, autentică, prin recitarea poeziilor din creațiile moștenite din famile, dar și din creațiile altor poeți români, recitator cu glas ardelenesc, neaoș, **Călin Mărincaș** este purtător al prieteniei și voiei-bune.

Marius Stan,
Actor, scriitor, recitator, îndrăgostit de matematică și de știință...o îmbinare între fermitate și flexibilitate, cu un bogat bagaj cultural și intelectual, impune calitatea lucrului bine-făcut, a structurii și a disciplinei. Privitor și vizionar de ansamblu, organizează și re-organizează ...până ce lucrurile capătă sensul dorit.

Corina Vlad este purtătoarea Focului viu, prin trăiri pe aripi de iubire, speranță și bucurie...Suflet de copil, curat și încrezător în oameni și în frumos, iubitor de muzică, dar și de poezie, încearcă mereu să-și descopere noi valențe. Corina aduce mereu în spectacole, energia bună și pozitivă...

Monica și Lucian Blaga,
profesioniști în domeniul muzicii, compozitor muzical și o cântăreață cu o voce aparte, frumoasă și caldă, au adus prin colaborarea cu Cenaclul Retro un plus de professionalism munca lor fiind bine înțeleasă, contextualizată...și apreciată...

Anda Cristolțean,
"Furnicuța", care tot timpul lucrează la câte ceva, construiește-reconstruiește, câte o idee, câte un proiect, preocupată în permanență de evoluția lucrurilor, cu o viziune de organizare la toate nivelurile artistice...estetice, culturale...contextuale...

Ștefan Cristolțean,
"Greierele" cu chitara.... pasionat de tot ceea ce face, mereu încrezător în el, și în oamenii din jurul lui, dându-le încredere și curaj... are o întelegere artistică și umană amplă a contextului social-cultural în care suntem, flexibil cu capacitatea de a se adapta repede atunci când situațiile se precipită, oferind soluții pentru a duce lucrurile mai departe.

Povestea continuă, cu **Sorin Griza,** care este un "Frate tânăr, care crede în dreptate"... şi care poate de multe ori: " a surâs cu întristare, când speranţele păreau înşelătoare"....Pasionat de muzică dar şi de proiecte video-muzicale, purtător al prieteniei şi al loialităţii, oferind tot ce are mai bun, din timpul său şi din cunoştiinţele sale, oamenilor din jur. Răbdător, încrezător, ajutător...

Cătălin Nicolae,
purtător al zâmbetelor şi râsetelor spectatorilor, actorul carismatic care aduce voia-bună în spectacolele în care apare, povestind din aventurile vieţii sale...

Cătălin Lari s-a alăturat Cenaclului Retro, aducând dulcele glas al viorii... şi profesionalismul lui, spre o colaborare benefică...

Traian Bălan, trubadurul cu eşarfă, acest "Mircea Baniciu" al Cenaclului urmărit mereu de acele tristeţi provinciale, nostalgice obsesii, doruri sau amintiri , care se "ţin mereu scai de capul lui"....

Radu Răcean,
care a descoperit bucuria, cântecul şi poezia cu Cenaclul Retro... crezând că era pierdut prin amalgamul vârtejului american, de fapt a redescoperit toate dorurile de ţară şi de neam, care au fost (de fapt, tot timpul) în sufletul său.

Iulian Grindeanu, participator activ, spectator şi privitorul atent din spatele camerei de filmat....

Sergiu Vlad, omul pe care te poţi baza de a ajuta, oriunde este nevoie de o mână de ajutor.

Felicitări Retro, Felicitări tuturor,
şi să continuaţi să duceţi povestea mai departe.... prin bucuria şi energia frumoasă pe care aţi adus-o mereu în spectacolele voastre.

La mulţi ani şi La multe spectacole.
Laura şi...
CONSTANTIN C. NICOLAE
Artistic Director

"Recunoștiința este cea mai de preț valută"

In călătoria aceasta, deloc ușoară am întâlnit oameni care m-au ajutat foarte mult, și aș dori să le mulțumesc.

Mulțumesc încă odată familiei mele pentru răbdarea de care a dat dovadă în tot acest timp, și pentru dragostea cu care mă înconjoară și susține în toate proiectele, unele mai *nebunatice* ca altele. *You guys rock!*

Mulțumesc *Laetitia Alex-St. Patrick,* pentru sinceritatea, franchețea și răbdarea ta. Ești singura persoană care a citit ediția *necenzurată* a acestei cărți și care mi-a dat cele mai bune sfaturi legate de conținut și publicare.

Mulțumesc *Patty McAnally* . Deși nu cunoști limba română ai avut răbdare și entuziasm să mă ghidezi pe căile întortocheate ale editării. Sper ca într-o zi să citești despre Cenaclul Retro în versiunea în limba engleză pe care îmi propun să o public curând.

Mulțumesc *Michael Latza (a fellow author)*. Cu tact și umor, cu răbdare și entuziasm m-ai ghidat prin propriile experiențe. Informațiile despre paginație, copertă și publicare, m-au ajutat foarte mult. Am prins curaj! Versiunea în limba engleză apare în curând.

Mulțumesc *Corina Vlad* pentru toate informațiile legate de publicarea cărții în limba română. Și pentru bucuria și entuziasmul tău.

Mulțumesc *Ana Crișan.* Mi-ai fost alături și m-ai încurajat tot timpul. Mi-ai dat și cele mai bune sfaturi legate de aspectul legal al publicării. Vreau să le mulțumesc și celor care și-au exprimat dorința de a **nu** fi menționați nicăieri în această carte. Mă bucur că am putut să le îndeplinesc dorința.

Mulţumesc membrilor, colaboratorilor, şi susţinătorilor Cenaclului Retro pentru entuziasmul lor. De asemenea şi celor care au fost la spectacolele noastre,care s-au implicat şi au participat sau doar ne-au privit de peste ocean şi ne susţin prin simpla bucurie de a fi alături de noi (chiar şi numai virtual).

De fapt, cu toţii am scris această poveste... pentru că aceasta este povestea noastră, a tuturor.

Cu gratitudine, Anda

Dragă Retro,

Îți mulțumim pentru că exiști! ♡ Și pentru că ne-ai înconjurat cu oameni frumoși, buni și talentați... și ne-ai învățat să fim mai buni și să iubim mai mult. Arta nu moare niciodată și prin ea devenim și noi nemuritori.

Cu drag toți cei nebunatici și cuminți din Retro

<u>Misiunea Cenaclului Retro:</u>
Dorința noastră este să vă aducem frumosul în viață și lumina în suflet. Vă invităm să fredonăm împreună cântece dragi, să ne amintim de versurile din bibliotecile de acasă, să creem poeme și melodii noi, să simțim românește.

Renaștem Elogiind Trăirile Românești Oriunde-am fi...

Să citiți peste timp, să citiți despre noi
Am găsit niște ani și vi-i dăm înapoi
Anii noștri cuminți, anii noștri nebuni
Amintiri ce străbat anotimpuri și lumi..

-adaptare după versurile lui Adrian Păunescu-